Alberigo · Johannes XXIII.

Giuseppe Alberigo

Johannes XXIII.

Leben und Wirken des Konzilspapstes

Matthias-Grünewald-Verlag · Mainz

Titel der Originalausgabe:
Papa Giovanni (1881–1963)
Edizioni Dehoniane, Bologna, 2000
© Giuseppe Alberigo, 2000

Aus dem Italienischen übersetzt von Ansgar Ahlbrecht

Der Matthias-Grünewald-Verlag ist Mitglied
der Verlagsgruppe engagement

Die Deutsche Bibliothek – CIP-Einheitsaufnahme
Ein Titeldatensatz für diese Publikation ist bei Der Deutschen Bibliothek
erhältlich.

Umschlag: Harun Kloppe, Mainz
Umschlagphoto: Johannes XIII. © KNA Bild
Satz/DTP: Manfred Werkmeister, Mainz
Druck und Bindung: Freiburger Graphische Betriebe
ISBN 3-7867-2288-9

Inhalt

Vorwort

Mehr als vierzig Jahre nach seiner Wahl zum Papst im Oktober
1958 und 37 Jahre nach seinem Tod am 3. Juni 1963 stellen die
Person und der Pontifikat Johannes' XXIII. immer noch einen Be-
zugspunkt und eine Zeitspanne einer unumkehrbaren Entwicklung dar für das Leben der Christen unserer Zeit und vor allem des
römischen Katholizismus.
Wenn man sich also näher mit seinem Leben befaßt, indem
man die Abfolge seiner Ereignisse kritisch durchgeht, dann bedeutet das nicht nur, sich eine beispielhafte christliche Erfahrung zu
vergegenwärtigen und Hilfen zum Verstehen einer uns jetzt zeitlich ferngerückten Persönlichkeit zu bieten, sondern in seinem Lebensweg geradezu Deutungsschlüssel für das Verständnis der be-
schleunigten Gangart zu finden, mit der die Kirche dieser Zeit ihren Weg zurückgelegt hat. Die Wurzelgründe dafür liegen in großem Ausmaß in dem, was Giuseppe Roncalli an Neuem in die Geschichte des Papsttums eingebracht hat.
Andererseits muß schon die unterschiedliche Art und Weise,
wie seine Persönlichkeit und sein Pontifikat interpretiert worden
sind, als Zeugnis dafür verstanden werden, wie einschneidend sie
auf eine kirchliche Wirklichkeit eingewirkt haben, die sie entweder akzeptiert oder abgelehnt hat, die aber in beiden Fällen nicht
von ihnen hat absehen können. Auch der langsame und mühevol-
le Verlauf seiner Kanonisierung – die schon auf dem Konzil blok-
kiert wurde – weckt den Eindruck, daß versucht wurde, ein Ereignis wie jenes „johanneische" zu „normalisieren", das doch unermeßliche Hoffnungen, aber auch hartnäckig andauernde Befürch-
tungen geweckt hatte.
Noch heute dürfte nach Meinung mancher Leute Roncallis
Pontifikat für die Kirche katastrophal gewesen sein, wobei sie so
weit gehen, eine dringende und radikale Wiederherstellung der alten Zustände zu fordern. Für andere hat es sich da um einen guten alten Mann gehandelt, der mit seiner Offenherzigkeit ein vor-
übergehendes Zwischenspiel gewinnender, wenn auch unsinniger
Menschlichkeit in die päpstliche Amtsführung eingeschoben hat.

Andere haben, um die Gestalt Johannes' XXIII. vor solchen übereilten und eigensüchtigen Charakterisierungen zu bewahren, in Erwartung besserer Zeiten ihre Zuflucht zu einem „Mysterium Roncalli" nehmen müssen. Die Entwicklung der Forschungen über Papst Johannes – die angeregt wurden durch die suggestive Herausforderung durch einen denkwürdigen Vortrag Kardinal Lercaros im Jahre 1965 und die vor allem dadurch begünstigt wurden, daß nahezu alle sein Leben betreffenden Quellen zugänglich sind – ermöglicht es, viele sichere Elemente zu einem Verstehen herauszuschälen, die eine unparteiische und ausgewogene Einschätzung dieses „guten Riesen" ermöglichen.

Der Tod von Papst Johannes ist seine große theologische, pastorale und evangelische Predigt über den christlichen Glauben als öffentliche Tugend gewesen, die er im Angesicht der Menschheit gehalten hat.

Je mehr man über diese Erfahrung nachdenkt, um so weniger kommt man umhin, darin eine dem „guten und treuen Knecht" erwiesene Gnade und zugleich einen Impuls des Geistes Gottes für die ganze Kirche zu sehen. Das Eigenbewußtsein des Glaubenden schrumpft sozusagen zu Nichts und läßt als treibende Kraft das prophetische Wirken Christi, die prophetische Botschaft vom Kreuz, die prophetische Botschaft von der Auferstehung durchscheinen: Der Mensch verschwindet fast, er nimmt ab, aber dafür bricht nun die öffentliche Bezeugung des Glaubens durch.

Für Roncalli ist dieses „Abnehmen, damit Christus wachse", wenn es auch in diesen Stunden deutlicher sichtbar wurde, schon während seines ganzen Lebens eine Konstante gewesen, die dann in die zur Epiphanie werdenden Tage der Agonie und des Sterbens einmündete. Angesichts dieses Ereignisses kommt spontan die Frage auf: Warum haben die Menschen, und zwar alle Menschen, ob gläubig oder nicht, den von Johannes XXIII. während seines Lebens gesprochenen Worten der Barmherzigkeit und des Friedens Glauben geschenkt, und warum haben sie seinen Tod als eine Stunde des Schmerzes und zugleich des Heils erfahren, als Ereignis, das alle Menschen anging? Darauf gibt es nur eine einzige Antwort: Weil die Menschen in der leuchtenden Transparenz seines Lebens und Sterbens das barmherzige Antlitz Gottes wiederfanden, und weil sie unmittelbar im Herzen des Papstes die Gegenwart der Liebe Gottvaters spürten. Der, welcher in seiner institutionellen Rolle der Papst der katholischen Kirche war, erschien in den Augen aller als das lebendige Bild des Guten Hirten.

Auch der Petrusdienst war wie alle anderen kleinen oder großen Dienste, die in der Kirche zu tun er gebeten wurde, für ihn eine Gelegenheit, alle die christlichen Tugenden, die man vielfach immer noch für „private" Tugenden hält, auf eine öffentliche, kirchen- und gemeinschaftsbezogene Weise zu üben.

Jahrhunderte hindurch hatte sich die Überzeugung gefestigt, das, worauf es auch bei den großen Dienern der Kirche ankomme, sei ausschließlich ihre private Tugend und niemals ihre Fähigkeit, ihren Dienst mit schöpferischer Treue zum Gebot des Evangeliums zu tun. Die Kirche hat es immer vorgezogen, die privaten Tugenden zu rühmen: Wachen, Fasten, Sittenstrenge, das Tragen von Büßerhemden, lauter echte und wichtige Dinge, die sich aber oft dahingehend auswirkten, die öffentliche Beispielhaftigkeit zu verschleiern, die Gott in seine Kirche hineingelegt hat und mit der nicht leichtfertig umgegangen werden dürfte. Das Leben Johannes' XXIII. dagegen ist gerade durch die unauflösliche Einheit seiner religiösen Persönlichkeit und seines päpstlichen Dienstes, der zum bevorzugten Schauplatz seines Weges zur Heiligkeit wird, gekennzeichnet.

Im Sterben von Papst Johannes wird diese öffentliche Beispielhaftigkeit in ihrer ganzen Kraft, im Durchbruch ihrer ganzen Vitalität wiedergewonnen. Es bleibt nicht dabei, daß der Herr bloß die privaten Tugenden schenkt, kultiviert, wachsen und blühen läßt; er schenkt damit auch seiner Kirche Gaben „pastoraler Beispielhaftigkeit".

Das ist ein Glaube, der mit absoluter Milde bezeugt wird, der niemandem aufgedrängt wird, sondern dem es einfach überlassen bleibt zu leuchten, der nicht versteckt oder getarnt oder auf irgendeine Weise privatisiert wird. Johannes weiß wie jeder gute Christ – und mehr als dieser –, daß er „das Abbild des guten Jesus" sein muß.

Papst Johannes gibt Zeugnis für den Glauben als eine von Christus in die Geschichte eingebrachte wirkende Kraft. Sehr selten hat es diese einzigartige Übereinstimmung zwischen Papstamt, Heiligkeit und Prophetie gegeben, wie sie sich in Johannes XXIII. ereignet hat. Mit ihm hat die Prophetie auf eine Weise in die Geschichte eingegriffen, die in keine vorgegebenen Schemata einzuordnen ist.

Papst Roncalli hat mehr auf die prophetische Stimme gehört, die sich drängend in seinem Inneren zu Wort meldete, als auf die Anforderungen seiner Funktion und der traditionellen Normen, die dahin tendieren, jedem Pontifikat Zügel anzulegen. Es ist klar, daß es nur ein einziges Evangelium und einen einzigen Herrn gibt: Papst Johannes hat den Menschen und damit auch uns einfach geholfen, das einzige und einzigartige Evangelium Jesu in seiner ganzen Fülle, seiner ganzen Kraft und Souveränität wiederzufinden.

Gewiß, wenn man einen Propheten wie Papst Johannes nach dem Muster eines Papstes, dem alles gut gelingt, interpretiert, dann begeht man einen Verrat an jener Botschaft und eine Verfälschung des Bildes seiner Persönlichkeit. Die Treue zu einer prophetischen Verkündigung kann nicht bedeuten, diese als etwas Banales, als etwas dem gesunden Menschenverstand Entsprechendes oder Selbstverständliches auszugeben; die Prophetie ist wie das Evangelium selbst Urteilsverkündigung, scharf schneidendes Schwert und unterscheidende Einmischung.

Am 16. Januar 1903, im Alter von wenig mehr als einundzwanzig Jahren, schrieb er: „Von einem bin ich überzeugt: Daß der Begriff, den ich mir von einer auf mich anzuwendenden Heiligkeit gebildet habe, falsch ist. [...] Von der Tugend der Heiligen muß ich das Wesentliche und nicht die zufälligen Erscheinungsformen übernehmen. [...] Gott will, daß wir in der Nachfolge der Beispiele der Heiligen daraus den Leben weckenden Saft der Tugend in uns aufnehmen und diesen dann in unser eigenes Blut verwandeln und ihn an unsere individuellen Anlagen und besonderen Lebensbedingungen anpassen." Damit war seine christliche Bestimmung für das ganze Leben vorgezeichnet.

Dem Lauf des Lebens von Angelo Giuseppe Roncalli nachzugehen vermittelt einen Eindruck von Harmonie, heiterer Gelassenheit und „Planmäßigkeit", und zwar so sehr, daß man meinen könnte, man stehe vor einem Lebenslauf, der selbstverständlich, an sich unbedeutend gewesen sei, und daß er Bedeutung gewonnen habe nur in dem Maße, wie eine geheimnisvolle Hand von außen her seiner Person eine providentielle Aufgabe im Dienst der Kirche zugewiesen habe. Allein eine strenge Untersuchung der Quellen, eine kritische Interpretation der Akten kann zu einer Überwindung dieser Schlußfolgerung führen. Dies macht es erforderlich, sich auf eine unbedingte geschichtswissenschaftliche Durchleuchtung des ganzen Lebenslaufes von Roncalli einzulassen, nicht im Sinne einer Leugnung von deren gnadenhaften Dimensionen, sondern um die Möglichkeit einer historischen Erklärung dieses Lebenslaufes geltend zu machen, womit wir die Grenze jenseits alles dessen, was dem bloßen Anschein nach so ist, überschreiten, womit wir der Gefahr entgehen, Einfachheit mit Einfalt, Gehorsam mit Passivität, Demut mit Persönlichkeitsschwäche, Armut mit Banalität zu verwechseln.

Bei dem Versuch, diesen Anforderungen treu zu bleiben und uns die wertvolle Dokumentensammlung und die nunmehr eingefahrene reiche Ernte tiefgründiger Forschungen zunutze zu machen, müssen wir die Hauptstränge des Lebens, Denkens und Wirkens Roncallis identifizieren, um die wichtigsten Komponenten und Faktoren in seiner Entwicklung sichtbar zu machen. Bei einer Sichtung der Quellen zeigen sich drei Hauptpole, die schon bald bei Roncalli sichtbar werden und die dann in seinem ganzen Leben – wenn auch mit jeweils unterschiedlicher Gewichtung – Konstanten bleiben werden.

Die Aufmerksamkeit Roncallis hat sich vor allem – wie die während sechzig Jahren gemachten Aufzeichnungen in seinem „Geistlichen Tagebuch" bezeugen – ununterbrochen auf die Bemühung um die eigene Heiligung konzentriert. Dabei hat er auf die klassischen Instrumente der christlichen Spiritualität zurückgegriffen. Sein Bemühen um die Treue zur Gnade seiner Berufung hat nie aufgehört. Eine unangemessene Wertung des Gewichtes, das dieses Bemühen im Leben Roncallis hat, oder die Überzeugung, daß es eine „private" und daher von seinen übrigen Erfahrungen isolierte Dimension sei, würde zu einer nicht mehr gutzumachenden Verarmung des historischen Verstehens seiner Persönlichkeit und seines Werkes führen. Zu behaupten, daß es sich nicht um einen isolierten Aspekt handle, bedeutet, daß man nicht die vorgefaßte Meinung teilt, die Spiritualität Roncallis sei die einzige Dimension seines ganzen Lebens, im Vergleich mit der alle anderen Aspekte nur Randerscheinungen seien. Im Gegenteil: Es ist unumgänglich, daß man die zirkulare Dynamik erkennt und gelten läßt, die Roncalli kennzeichnet, und zwar in dem Sinne, daß es in ihr eine harmonische Wechselwirkung von Elementen des geistigen und geistlichen Innenlebens und äußeren Elementen gibt, die Gleichgewichtszustände verwirklichen, die von Mal zu Mal verstanden werden müssen, ohne daß es dafür irgendein schematisches Verfahren gäbe.

Einen zweiten Pol bildet Roncallis Aufmerksamkeit für die Ereignisse der kleinen und der großen Geschichte. Es ist überraschend zu sehen, wie die Intensität des Glaubens das engagierte Interesse Roncallis für die Geschichte, ja seine Leidenschaft für die Geschichte des Menschen und ihr tieferes Verständnis nicht zunichte macht, sondern erst recht zu wecken und zu nähren scheint. Der komplizierte und lange Lebenslauf, der ihn in Gebiete geführt hat, die bezüglich Kultur, Wirtschaftsform, Religion und politischer Ordnung untereinander völlig verschieden waren, hat ein Wissen genährt, das sich mehr und mehr in Weisheit verwandelt. Es verfeinerte sich nämlich seine Fähigkeit, die „Gegebenheiten" zu transzendieren und ihre tiefere Bedeutung zu erfassen.

Einen dritten Pol, der zuinnerst verbunden ist mit den beiden vorausgehenden, stellt die Kirche dar. Sie ist der unmittelbare Hintergrund, vor dem das ganze Leben Roncallis seinen Ort hat, und zwar nicht bloß in materiellem Sinne, sondern aufgrund einer Entscheidung, die unablässig bewußter und fruchtbarer wird. Er versteht sich als Glaubender und als Priester Christi in seiner Kirche, und er will vor allem dies sein. Ohne diesen ausdrücklichen und nie unterbrochenen Bezug wird das Leben Roncallis unverständlich.

Wenn die entscheidenden und schöpferischen Momente von Roncallis Leben bestimmte Zeiten und besondere Bereiche betreffen, so ist nicht zu bezweifeln, daß seine Wahl zum Bischof von Rom und damit zum Papst der katholischen Kirche das wohl wichtigste Ereignis und die Vollendung einer Laufbahn ist. Diese 55 letzten Monate rekapitulieren, bestätigen und verwandeln zugleich das gesamte vorausgegangene Leben, sie sind seine Krönung, aber auch seine Überhöhung und Bestätigung.

Zwischen dem Roncalli der Jahrzehnte von 1881 bis 1958 und dem Papst Johannes XXIII. gibt es einerseits eine wesentliche Kontinuität, einen unbestreitbaren Zusammenhang, eine genaue und bewußte Übereinstimmung, gleichzeitig aber gibt es da etwas qualitativ Neues, das starke Seiten der Frömmigkeit, der Kultur und des historischen Bewußtseins enthüllt, deren sich vielleicht nicht einmal Roncalli selbst bis zu diesem Augenblick bewußt war.

Die Aufmerksamkeit, die ich seit Monaten gerade dem Pontifikat gewidmet habe, hatte sich schon entwickelt seit den nahezu vier Jahrzehnten, in denen ich mich bemüht habe, die lange Lebensgeschichte Roncallis zu rekonstruieren und zu verstehen. Im Verlauf dieser Jahrzehnte haben das Sammeln und das Studium der großen Menge seiner Schriften für mich eine der reichsten und tröstlichsten Zeitspannen dargestellt, die in dem Beitrag gipfelte, den ich Anfang der neunziger Jahre zur Vorbereitung der Dokumentation für den Seligsprechungsprozeß geleistet habe. Auch die hier vorliegende Biographie geht auf diese Zeit zurück, und der beste Anlaß zu ihrer Veröffentlichung ist wohl die bevorstehende Seligsprechung von Angelo Giuseppe Roncalli.

Angelo Giuseppe Roncalli

Eine Kindheit zwischen Sotto il Monte und Bergamo

Angelo Giuseppe Roncalli wurde am 25. November 1881 als Sohn von Giovanni Battista Roncalli und Marianna Mazzola (verheiratet seit dem 25. Januar 1877) in einer patriarchalischen Großfamilie in der Ortschaft Brusicco, Gemeinde Sotto il Monte (Bergamo), geboren. Nach drei Mädchen ist er der erste Sohn, und ihm folgen noch weitere acht Kinder, so daß es in der Familie insgesamt zwölf Kinder gibt. Getauft wird er schon am selben Tag vom Pfarrer der Gemeinde, Don Francesco Rebuzzini. Taufpate ist der Großonkel Zaverio Roncalli, das Haupt der Großfamilie und auch der am meisten gebildete: Tatsächlich wird der kleine Angelino von ihm die erste Einführung in den christlichen Glauben erhalten, die solide und traditionell zugleich ist. Am 13. Februar 1889 wird er in Carvico von Bischof Camillo Guindani gefirmt; am darauffolgenden 3. März wird er zur ersten heiligen Kommunion zugelassen. In den Jahren 1887–1890 erhält Roncalli seinen ersten Elementarschulunterricht; 1890–1891 erteilt ihm der Pfarrer von Carvico, Don Pietro Bolis, den ersten Unterricht in den Anfangsgründen der italienischen und lateinischen Grammatik und Satzlehre.

Das familiäre Milieu ist gekennzeichnet von der großen Zahl der Mitglieder der Sippe – etwa dreißig Personen zum Zeitpunkt seiner Geburt – und von der Tatsache, daß die finanziellen Mittel begrenzt und bisweilen unzureichend sind. Bis 1893 hatten die Roncalli in der Ortschaft Brusicco in dem Bauernhaus, das „Palazzo" genannt wurde, gelebt. Am 21. November 1893 zogen die Familien der Brüder Zaverio und Angelo, der Großonkel und der Großvater von Angelo Giuseppe, als Pächter in das Bauernhaus La Colombera um, das ebenfalls wie schon das bisher gepachtete Haus zu den Liegenschaften der Familie Morlani gehörte. Die vier Hektar Grund und die Colombera wurden dann am 9. Mai 1919 von der Familie Roncalli um den Preis von 50 000 Lire gekauft, und zwar mit Hilfe eines von Carlo Ambrosioni aus Chignolo d'Isola gewährten Darlehens. Die Schuld wurde noch im selben Jahr um 11 000 Lire, die aus einem Verkauf von Seidenraupenkokons kamen, vermindert. 1946 teilte sich die Großfamilie nochmals, und zwar so, daß die Brüder Zaverio, Alfredo und Giovanni in der Colombera blieben; Giuseppe zog um in ein neues Haus, das Gerole genannt wurde. Und schließlich nahmen die beiden unverheirateten Schwestern Roncallis, der nunmehr Nuntius in Paris war, das Haus in Camaitino in ihre Obhut, wo er selbst schon während der Zeit von 1925 bis 1958 Urlaubszeiten verbracht hatte und wo bis heute immer noch einige Dinge und Bücher von ihm aufbewahrt werden.

Geistlich war die Familie gekennzeichnet von einer kraftvollen Frömmigkeit, wie sie dem bäuerlichen Milieu einer Landpfarrei eigen war. Die Brennpunkte dieser Frömmigkeit waren das abendliche Rosenkranzgebet und der tägliche Besuch der Frühmesse. All dies hat auf Roncalli in allen Phasen seines langen Lebens einen Einfluß ausgeübt, dessen Betonung man nicht übertreiben kann. Zeugnis davon legt der imponierende Briefwechsel mit der Familie ab, der sich von der frühesten Jugend ununterbrochen bis zu seinem Lebensende hinzieht und dessen erhaltener Teil in zwei dickleibigen Bänden[1] veröffentlicht vorliegt. In seiner ruhigen Gelassenheit und seiner von hellwacher Aufmerksamkeit geprägten Spontaneität hat Roncalli sich niemals mit leichten Lösungen zufriedengegeben, wie sie denkbar gewesen wären bei einem angesehenen und herablassenden Onkel Prälaten oder bei jemandem, der meint, sich im Namen eines echten Eifers für die eigene Sendung aus der Familiensolidarität zurückziehen zu dürfen. Mit natürlicher Schlichtheit und freimütiger Offenheit ist er nicht auf diese Verhaltensmuster hereingefallen, und es ist ihm statt dessen gelungen, eine alltägliche Solidarität aufrechtzuerhalten und an den wirtschaftlichen und seelischen Problemen der Familie Anteil zu nehmen, die den Ausgangspunkt dafür bildeten, daß Roncalli die Fähigkeit entwickelt hat, auch als er Johannes XXIII. werden wird, ein gewöhnlicher Christ zu bleiben und als solcher auch innerhalb und außerhalb der Kirche wahrgenommen zu werden.

„Ich bin Josef, euer Bruder", so hat er es immer aufs neue wiederholt, wenn er sich als Patriarch an die Venezianer oder als Papst an die Römer, an die Juden und so viele andere wandte. Und so konnte er sich freihalten von allem rhetorischen Tonfall, und zwar weil dies nichts anderes war als eine Ausweitung seiner in jahrzehntelangen Gewohnheiten gereiften und verinnerlichten Grundeinstellung. Man kann auch im Blick auf dieses Thema sagen, was man dann zu so vielen anderen Aspekten der Persönlichkeitsstruktur von Papst Johannes immer aufs neue wiederholen muß: Seine Art, die Beziehungen zur Familie zu leben, ist nichts anderes gewesen als die treue Verwirklichung eines Modells, das in Dutzenden von Handbüchern und Ermahnungen immer wieder für die Gestalt des Priesters entworfen worden ist; eine Aktualisierung allerdings, der Roncalli eine persönliche Prägung zu geben verstanden hat, indem er das Modell seinem eigenen Temperament und den konkreten Umständen seines Lebens anpaßte. So hat er eine selten erreichte Ausgewogenheit zustande gebracht, in deren geistigem Haushalt die Familie einen vorrangigen Faktor für das Glaubensleben wie für die Gestaltung des kirchlichen Dienstes dargestellt hat.

Die tiefwurzelnden Grundeinstellungen im geistigen Profil Roncallis sind in entscheidendem Ausmaß geformt worden im Rahmen seiner Beziehung zur Familie: einer Familie, in der Angelino die grundlegende Prägung seines Charakters und selbst seines Glaubens erhalten hat – woran zu erinnern er niemals müde geworden ist. Aber es wäre ein Irrtum zu meinen, der Einfluß der Familie habe sich auf die Jahre vor dem Eintritt ins Seminar beschränkt. Wie die Hunderte von Briefen bezeugen, die Roncalli aus allen Teilen der Welt nach Hause geschrieben hat, hat er tatsächlich den Kontakt zu der Familie, aus der er kam, immer aufrechterhalten, und zwar als eine wesentliche Dimension seiner eigenen Lebenswirklichkeit. Es stimmt zwar, daß es sich dabei um ein Verhalten handelte, das unter Klerikern sehr verbreitet ist. Aber was hier das Besondere bei Roncalli ist, das ist das nie abgerissene Engagement, das er so gelebt hat, daß es auf respektvolle Weise sowohl dem eigenen Priestersein als auch den Lebensbedingungen der Familie gerecht wurde.

Im Juli 1901, in den Tagen, bevor er aus Rom in den Heimaturlaub fährt, schreibt er einen Brief, der in seiner lebhaften Unmittelbarkeit seine tiefgründende Aufrichtigkeit und Herzlichkeit bezeugt: „... Richtet mir mein gewohntes Zimmerchen her! Ich komme nämlich nicht heim in der Absicht, mich zu vergnügen, sondern um tüchtig zu studieren ... Seht, ich bin doch noch derselbe wie früher, nicht mehr, nicht weniger, und deshalb will ich nicht, daß Ihr Euch wegen des Essens usw. besondere Sorgen macht; und hört nicht auf die, die Euch einreden wollten, mich wie einen kleinen Herrn zu behandeln." Noch von Rom aus, im Januar desselben Jahres, hatte er in aller Deutlichkeit klargestellt, was es für ihn bedeute, für den Priesterberuf bestimmt zu sein, nämlich vor allem anderen eine ihn und seine Familie betreffende Erwählung durch den Herrn: „Der Herr will mich als Priester haben. Deshalb hat er mich mit so vielen Wohltaten überhäuft ... Dies ist ein wahres Glück für mich und für Euch, wofür Ihr dem gütigen Gott immer danken sollt." Und um alle eventuelle Ungewißheit von ihnen zu nehmen, fügte er hinzu: „Aber ich will nicht Priester werden aus menschlichen Rücksichten, um Geld zu verdienen, um Bequemlichkeit, Ehren und Vergnügungen zu finden. Wehe mir! Sondern vielmehr und allein, um nachher dem armen Volk auf irgendeine Weise Gutes zu tun.

Und deswegen möchte ich, daß die ersten, die an diesem geistlichen Gut teilnehmen, Ihr seid, die Ihr so viel für mich getan habt – Ihr, deren geistliches Heil mir so sehr am Herzen liegt ..."[2]

Einige Jahre später bekennt er in einem der Briefe an seinen Vater spontan: „Verzeiht mir, wenn ich Euch immer Predigten halte! Die Liebe, die ich zu Euch empfinde, gibt mir diese Worte ein. Andererseits bin ich gerade deshalb Priester: nicht um Euch materiell reich und glücklich zu machen, sondern geistlich zufrieden in diesem Leben und selig im anderen."[3] In Wirklichkeit aber war die Beziehung schon intensiver und umfassender und sollte immer noch intensiver und umfassender werden. Jahrzehnte hindurch nämlich verstärkt Don Angelo noch sein Bemühen, ein Gleichgewicht herzustellen zwischen Anteilnahme und Zurückhaltung, zwischen tatkräftigem – nicht nur geistlichem, sondern auch finanziellem – Engagement und zugleich der Eigengesetzlichkeit seines eigenen Priesterseins. Man gewinnt den Eindruck, daß Roncalli an dem Restbestand menschlicher Bindungen, den seine Familie für ihn bedeutete, unbewußt und daher spontan Maß nahm für die Kriterien und den Stil seiner Beziehungen zu den Menschen überhaupt. Er hat da zahlreiche und ganz verschiedenartige Männer und Frauen vor sich, einfache und arme, die einer bescheidenen, aber nicht banalen Alltagswirklichkeit verpflichtet sind, die von konkreten Problemen gekennzeichnet ist, so armselig oder dramatisch diese auch immer sein mögen.

Der „Onkel Priester" versteht es zu vermeiden, die stereotype Rolle zu spielen, die seine Stellung ihm zuzuweisen scheint. Seine Beziehung zu den Seinen bleibt unmittelbar und menschlich, getragen von der Fähigkeit, den richtigen Ton zu treffen und daher wirklich Anteil zu nehmen, was eine respektvolle Liebe und tatkräftige Geschwisterlichkeit voraussetzt.

Die Ausbildung im Seminar in Bergamo

Die kurze Schullaufbahn Roncallis besteht im Besuch der drei Klassen der Elementarschule, in einer summarischen Vorbereitung in italienischer und lateinischer Grammatik und Satzlehre beim Pfarrer des nahegelegenen Dorfes Carvico, Don Bolis, und im wenige Monate dauernden Besuch des Kollegs von Celana -. Die Ausdauer, die dieser kleine Junge von neun und zehn Jahren trotz aller Beschwerlichkeiten beweist – die ganze Woche während Abwesenheit von der Familie oder tägliche kilometerlange Fußmärsche, um in die weit entfernte Schule zu kommen –, überzeugt die Familie und vor allem den Pfarrer, Don Francesco Rebuzzini, davon, daß er sowohl zum Studium als auch zum Priesterberuf geeignet ist. Gerade der Pfarrer wird in einem Brief vom 12. Juni 1895 seine Überzeugung von der Berufung des jungen Roncalli zum Klerikerstand beteuern, und er fügt hinzu: „Und daran zweifle ich nicht: Er wird für die Kirche von größtem Nutzen sein können; und wenn ich den geringsten Zweifel daran gehabt hätte, daß er zu diesem Stand berufen ist, hätte ich gewiß nicht so große Opfer gebracht – und ich fühle mich auch weiterhin dazu verpflichtet –, damit er im Seminar bleiben kann ...“[4]

So wird Roncalli im Alter von elf Jahren, im Oktober 1892, in die dritte Gymnasialklasse des Seminars von Bergamo aufgenommen, und damit beginnt seine Vorbereitung auf den Priesterberuf. Bischof von Bergamo war damals C. Guindani, ein Schüler von Bischof Bonomelli. Von Bischof Guindani empfängt der erst vierzehnjährige Roncalli am 24. Juni 1895 das Klerikergewand. Im darauf folgenden Jahr empfängt er die Tonsur, 1898 die Weihe zum Ostiarier, 1899 die Weihen zum Exorzisten und Akolythen. Die Eingliederung ins Seminar geschieht auf eine sehr mühelose und normale Weise. Dabei fehlt es auch nicht an Wohltätern: Es sind der Kanonikus Giovanni Morlani, der für die Zahlung der Studiengebühren sorgt, welche die kargen Möglichkeiten der Familie übersteigen; und, wie schon gesagt, der Pfarrer, Don Francesco Rebuzzini.

Bischof Guindani, so schrieb Roncalli in einem Brief vom 19. Oktober 1929, „war die erste Gestalt eines Bischofs, die mir in meinem Leben begegnete. Und im Licht jener edlen Gesichtszüge, jener liebenswerten und würdigen Gestalt des Hohenpriesters, des Hirten und Vaters lernte ich alle Bischöfe der Kirche Gottes schätzen und lieben. Von seinen gesegneten Händen empfing ich die heilige Salbung mit dem Chrisam, die Tonsur, die vier niederen Weihen. Mit meinem ganzen Gemüt hatte ich mich ihm zugeneigt, als ich vor nunmehr 25 Jahren in die geöffneten Hände des Prälaten, der mich zum Priester ordinierte, mein Gelöbnis des Gehorsams und der Ehrfurcht ablegte; jenes Gelöbnis, welches das wohlgefälligste Ganzopfer ist, das aus einer jungen Priesterseele aufsteigen kann. Und ich erinnere mich noch mit leiser Trauer an den Empfang, den er mir in seinem kleinen Studierzimmer dort oben im Bischofshaus bereitete an jenem letzten Tag, an dem er sich noch auf seinen Füßen halten konnte; denn nachdem er mich mit großer Güte verabschiedet und gesegnet hatte, ließ er sich auf das ärmliche Lager niedersinken, das zum Lager seiner letzten Schmerzen werden sollte, auf dem er wenige Wochen später sterben würde, betrauert von allen seinen Söhnen und Töchtern."[5]

Die geistlichen Notizen, mit denen sein Ende 1895 begonnenes und dann mit einzigartiger Treue bis in die letzten Tage seines Lebens geführtes „Giornale dell' anima" eröffnet wird, sind Zeugnisse einer normalen inneren Anlage und eines normalen geistlichen Eifers. Damit will ich sagen, daß sie in nichts abweichen von den bewährten und überall anzutreffenden Leitlinien, denen man damals in den Seminarien Norditaliens in dieser Hinsicht folgte – wohl in der Überzeugung, sich damit auf sicheren Geleisen zu bewegen. Es handelte sich dabei um jene „Lebensregeln", die dem „Manuale del maestro dei novizi per Bernardino Baretti chierico" (Bergamo 1895) entnommen waren. Diese – aus jesuitischer Tradition kommenden – Lebensregeln wenden sich an die entschiedensten und auch intelligentesten Alumnen, die sich zu einer „Compagnia spirituale" zusammenschließen, in die auch Roncalli am 8. Dezember 1897 eintreten wird. Die Tatsache, daß er schon vor seinem Eintritt den Text dieser Regeln gehabt hat, deutet darauf hin, daß er schon zu den entschiedensten und intelligentesten Seminaristen gezählt wurde.

Es wäre schwierig und würde etwas Gewaltsames an sich haben, wenn man versuchte, in diesen Anfangsjahren der Seminarausbildung bei Roncalli schon besonders originelle Akzente zu entdecken. Sicherlich würde man damit sogar in die Irre gehen, da ja das eifrige Bemühen des jungen Klerikers im Gegenteil darauf gerichtet war, sich mit aller Kraft in die Spur der christlichen Frömmigkeit und Gläubigkeit zu begeben, wie sie schon von den Oberen des Seminars gezogen war.

Während der Exerzitien im Jahre 1896 hatte er eine Reihe von Vorsätzen gefaßt: Neben den normalen Bemühungen darum, Beständigkeit zu beweisen in den zahlreichen Frömmigkeitsübungen, die er sich vorgenommen hatte, erschien hier auch der Entschluß, der Gewöhnung zu entgehen: „Ich nehme mir vor und verspreche, niemals aus bloßer Gewohnheit oder Gleichgültigkeit zu den Sakramenten zu gehen." Die Sorge, „daß das Unkraut des Stolzes nicht in mir wächst", läßt ihn sagen: „Der einzige Zweck meines Studiums soll die größere Ehre Gottes, der Ruhm der Kirche und das Heil der Seelen sein und nicht meine Ehre, nicht der Wunsch, die anderen zu übertreffen."[6]

Am 12. Juni 1895 berichtete Pfarrer Francesco Rebuzzini von Sotto il Monte an den Seminarrektor über das Verhalten Angelinos in den Ferien: „Er nimmt, ohne je zu fehlen, täglich an der heiligen Messe, am abendlichen Rosenkranzgebet in der Kirche teil; und täglich kommt er, um vor dem Tabernakel zu beten. Eifrig beteiligt er sich an allen gottesdienstlichen Veranstaltungen und auch am Sakramentenempfang. Immer schon hat er sich von aller Kumpanei und leichtfertigen Vergnügungen ferngehalten, so wie er dies auch jetzt noch tut; während der Ferien lebt er zurückgezogen bei seiner Familie oder in der Kirche oder bei seinem Pfarrer. Alles in allem: Soweit mir bekannt ist, befleißigt er sich täglich, alle seine Frömmigkeitsübungen zu verrichten, und er verrichtet sie mit Andacht, so wie er auch mit Anstand und andächtiger Sammlung an den Gottesdiensten teilnimmt."[7]

In der Abfolge der Eintragungen in das Geistliche Tagebuch begegnet man der ersten wirklich persönlichen Note erst im September 1898, als er während der in Sotto il Monte verbrachten Sommerferien den unvorhergesehenen Tod seines Pfarrers erlebt und als Andenken an ihn das Büchlein „Die Nachfolge Christi" erhält, „das Büchlein, mit dem er heilig geworden ist", notiert Roncalli am 26. September. Interessant ist die ganze lange Notiz von diesem Tag:

„Welch ein Kreuz ist mir heute auferlegt worden! Mein Gott, schon beim Gedanken daran überkommen mich Schauer. Mein guter Vater, der soviel für mich getan hat, der mich erzogen und auf den Weg zum Priestertum geführt hat, mein armer Pfarrer Don Francesco Rebuzzini ist gestorben, plötzlich gestorben. O Jesus, du weißt, was für ein Schmerz das für mich ist. Heute Morgen trugen mich meine Beine nicht mehr, ein Nagel stach mir ins Herz, ich hatte keine oder fast keine Tränen. Ich weinte nicht, doch innerlich war ich erstarrt. Wie er so auf dem Boden lag, den Mund offen und blutig, die Augen geschlossen; sein Gesicht kam mir vor – ach ich werde diesen Anblick nie vergessen –, er kam mir vor wie Jesus, als er tot vom Kreuze abgenommen wurde. Er sprach nicht mehr, schaute mich nicht mehr an. Gestern abend hatte er mir noch ‚Auf Wiedersehen' gesagt. Vater, auf Wiedersehen, bis wann? Im Paradies. Ja, ich schaue hin zum Paradies. Er ist dort, ich sehe ihn, er lächelt mir von dort zu, er blickt mich an und segnet mich.

Was für ein Glück, daß ich in der Schule einen solch vortrefflichen Lehrer haben durfte! Der Tod traf ihn unverhofft, doch schon seit 73 Jahren hatte er sich darauf vorbereitet. Er starb, als er dabei war, sich selber, seine Krankheit zu bezwingen; und das alles, um die heilige Messe feiern zu können. Trotz allem, ein edler und

21

beneidenswerter Tod. Ach, könnte auch ich so sterben! Wie ich schon sagte, deutete die Stellung, in der ich ihn fand, darauf hin, daß er sich hingekniet hatte und nach hinten gestürzt sein muß, als ihn eine Schwäche überfiel ... Mögen sich insbesondere seine beispielhafte Demut, seine Einfachheit und Rechtschaffenheit meiner Seele einprägen, damit ich meinen Hochmut abtöte, Gott wohlgefälliger werde und nicht vor Gott hochmütig, sondern wie mein Pfarrer als ‚ein frommer und gottesfürchtiger Mann' erscheine ... O Jesus, erbarme dich meiner, indem du meine Augen so leuchtenden Beispielen öffnest."[8]

Es könnte geradezu paradox erscheinen, daß diese persönlich gehaltene Notiz zustande gekommen ist durch die Begegnung mit der nach den Evangelien am weitesten verbreiteten Schrift der „devotio moderna"! Aber gerade die „Nachfolge Christi" wird durch Jahrzehnte hindurch eine der geliebtesten und fruchtbarsten Quellen für Roncalli sein; dies geht so weit, daß sie einen der unentbehrlichen Schlüssel zum Verständnis seiner Persönlichkeit und seines Werkes darstellt. Eine aufmerksame Lektüre des Geistlichen Tagebuchs hilft uns, Einblick zu nehmen in die unablässige Bemühung, sich diesen Klassiker der katholischen Spiritualität auf eine sehr persönliche Weise zu eigen zu machen, so, wenn Roncalli z.b. notiert: „Jedenfalls ist es immer besser, fröhlich als traurig zu sein." [Giornale dell' anima, ohne genauere Quellenangabe, Oktober 1898] Oder wenn er mit weitsichtiger Selbstironie anmerkt: „Man denkt und sagt, ich sei ein Trottel." (Ebd.)

Einige Wochen später bringt das Tagebuch Notizen, die auf einen gehobeneren geistlichen Ton gestimmt sind und die Zeugnis geben vom Engagement des jungen Klerikers. So schreibt er am ersten Tag des November anläßlich des Festes Allerheiligen: „Was meine heutigen religiösen Übungen betrifft, so war ich nicht gerade sehr eifrig; doch glaube ich ausreichend entschuldigt zu sein, da ich aus Anstandsgründen den Geistlichen, die beim Herrn Vikar zu Besuch waren, Gesellschaft leisten mußte. Trotz dieser Zerstreuung betrachte ich diesen Tag mit einer gewissen Genugtuung, da mir scheint, diesmal nicht hochmütig gewesen zu sein, wie es sonst bei solchen Gelegenheiten geschah. Währenddessen demütigen wir uns, preisen Gott und beten ihn an! Möge dies nicht der erste und nicht der letzte Tag sein, an dem mein alter Freund, die Eigenliebe, der Wunsch zu glänzen und gelehrt zu wirken, mit Erfolg auf die Probe gestellt wurde. Dazu wird auch die heilige Kommunion von heute morgen etwas beigetragen haben. Deo gratias! Heute abend begann die Feier des Gedächtnisses aller verstorbenen Seelen, und Traurigkeit hat mich erfaßt. Allerseelen weckt in mir die Erinnerung an meinen lieben Pfarrer. O, nicht alle Gedanken lassen sich aussprechen! Der morgige Tag sei dem besonderen Gedächtnis dieser heiligmäßigen Seele gewidmet, deren beständige Fürsorge ich erkenne."[9] Die Reflexion wird einen Monat später anläßlich des Festes der Unbefleckten Empfängnis Mariens fortgesetzt: „Es lebe die Unbefleckte Jungfrau Maria! Das einzigartigste, das schönste, das heiligste, das Gott wohlgefälligste aller Geschöpfe. O Maria, wie wunderbar erscheinst du mir, daß ich dich anbeten würde, wüßte ich nicht, daß man nur Gott allein die höchste Ehre erweisen darf. Du bist schön; doch wer vermag deine Güte ganz zu beschreiben? ... O Maria, da ich nicht so gewesen bin, wie ich sein sollte, da du mich eindringlicher als sonst an meine besonderen Pflichten erinnerst, erhalte mir immer diese Bereitschaft, mit größerem Eifer das Gute zu tun. Ich weihe mich dir, meiner Mutter, aufs neue; gib mir ein wenig von jener wahren Freude, von jener Vortrefflichkeit im Guten, die mir fehlen und die meine Werke um vieles vollkommener machen würden. Laß meine Gedanken oft sich dir zuwenden, laß meinen Mund von dir reden oder mein Herz nach dir verlangen. Vor allem empfehle ich dir jenes Anliegen, das du ja kennst; du verstehst mich, mache mich demütig, und ich werde heilig werden; mache mich noch demütiger, und ich werde noch heiliger werden; dir bringe ich die kleinen Opfer dar, die ich mir vornehme, mit deiner Hilfe zu leisten. Du aber sei immer bei mir, wenn ich bete oder studiere; erleuchte meinen Geist in all der Wahrheit, die deinen Sohn und dich betrifft. Schließlich, o mächtige, unbefleckt empfangene Mutter, führe mich zu Jesus, hilf mir, in der Liebe zu Jesus ganz aufzugehen."[10]

Die Marienverehrung wird auch das Thema der ältesten Predigt Roncallis, deren Text erhalten ist, sein. Am 22. Mai 1899, kurz vor der Feier des Pfingstfestes, hält er nämlich im Seminar von Bergamo vor den Seminaristen eine kurze Rede über „Maria im Abendmahlssaal", von der einige Skizzenblätter erhalten geblieben sind:

„Dieser Ort, an dem wir uns zu Gebet und Studium versammeln, unser Seminar, das ist unser Abendmahlssaal. Wir, die wir hier leben in der Übung der kirchlichen Tugenden, den Blick auf den Altar gerichtet, wir sind die neuen Apostel, die eines Tages die Wunder des ersten christlichen Pfingstfestes wiederaufleben lassen und die verirrten Schafe in die liebende Umarmung Jesu, des Göttlichen Hirten, zurückführen werden. Aber wer wird auch hoch über uns die Herabkunft des Heiligen Geistes erflehen? Wer wohl wird uns in diesen Tagen der Vorbereitung jene priesterlichen Gaben zuteilen, deren wir bedürfen, um die Schlachten des Herrn zu schlagen? Wir wollen nicht das Vertrauen verlieren, und es möge uns nicht an Mut fehlen. Schon ist das hohe Urteil gesprochen. Jesus Christus wird herrschen müssen in den Tagen, die wir erwarten, so wie die Sonne ihren mittäglichen Glanz auf die Erde ausstrahlt. Gerade eben sehe ich hinter den Hügeln des Vatikans eine wunderbare Morgenröte aufsteigen, die das verehrungswürdige grauhaarige Haupt eines alten Mannes in weißem Gewand umstrahlt, und nachdem sie über das Meer hinweggezogen ist, leuchten ihre lebenskräftigsten Strahlen gen Westen, wo sie sich über einer Grotte sammeln, die im Laufe von wenigen Jahren zum Schauplatz der unerhörtesten Wunder geworden ist. Ihren Namen hat Sie Selbst einem unschuldigen Geschöpf offenbart; mit ihrem Namen verflechten die Engel auf goldenen Saiten die keuschesten Harmonien: Es ist Maria, die aufsteigt wie die Morgenröte (Hld 6,10), es ist die unbefleckt Empfangene."[11]

Als guter Seminarist unterbricht Roncalli seine Tagebucheintragungen, als der neue Spiritual zu erkennen gibt, daß er von einer solchen Gepflogenheit nicht viel hält: „Der Tod meines geliebten geistlichen Vaters Isacchi und die Umstellung auf den neuen haben zwar meine Aufgaben nicht erheblich gewandelt, doch immerhin einige kleine Veränderungen mit sich gebracht: Zum Beispiel kennt mich der neue Spiritual noch nicht so gut wie Isacchi, und daher fehlt mir meine frühere Vertrautheit; doch mit der Zeit wird sich das finden. Was meine Gewohnheit betrifft, meine kleinen Angelegenheiten zu Papier zu bringen, wie ich es seit vorigem Jahr bis vor einem Monat getan habe, so scheint der neue Spiritual davon nicht so eingenommen zu sein wie der frühere. Einer hält eben dies für besser, der andere jenes. Daher die Lücke seit dem letzten Datum bis heute. Aber dies nur am Rande bemerkt. Kommen wir lieber zum ‚tu autem ... du aber'."[12]

Der Beginn des neuen Jahrhunderts regt Roncalli zu einer umfassenden Reflexion an:

„I. Wer bin ich? Woher komme ich? Wohin gehe ich? Ich bin ein Nichts. Alles, was ich besitze, Natur, Leben, Geist, Willen, Gedächtnis, alles wurde mir von Gott gegeben, und doch gehört alles ihm ... Auch vor diesen zwanzig Jahren bestand schon alles, was mich umgibt; es gab die Sonne, den Mond, die Sterne, die Berge, die Meere, die Wüsten, die Tiere, die Pflanzen, die Menschen; unter dem wachsamen Auge der göttlichen Vorsehung nahmen alle Dinge auf Erden ihren ordnungsgemäßen Lauf. Und ich? Ich existierte nicht. Alles erfüllte sich ohne mich, niemand dachte an mich, nicht einmal im Traum, denn ich war nicht vorhanden.

Und du, mein Gott, der du am Anfang und vor allen Zeiten warst, du hast in einem unaussprechlichen Akt deiner Liebe mich aus dem Nichts emporgehoben, mir Natur, Leben, Seele, alle geistigen und körperlichen Fähigkeiten geschenkt; du hast meine Augen diesem Licht geöffnet, das um mich her seinen Glanz verbreitet; du hast mich erschaffen. Darum bist du mein Herr, ich dein Geschöpf. Nichts bin ich ohne dich, und durch dich bin ich alles, was ich bin. Ohne dich vermag ich nichts. Wenn du mich nicht jeden Augenblick trägst, sinke ich ins Nichts zurück, aus dem ich gekommen bin. Das also bin ich aus mir selber! Und doch überhebe ich mich; und doch prahle ich vor den Augen Gottes mit diesen Gaben, mit denen er mich überhäuft hat, als ob es meine eigenen Leistungen wären. Ich Tor! ‚Was hast du denn, was du nicht empfangen hättest? Und wenn du es empfangen hast, was rühmst du dich, als hättest du es nicht empfangen?‘

Gott hat mich erschaffen, obgleich er mich nicht braucht und obgleich die Ordnung des Weltalls, die ganze Welt um mich, auch ohne mich bestehen würde. Wieso also glaube ich für diese Welt so notwendig zu sein? Was bin ich denn anders als eine Ameise, ein Sandkörnchen? Warum also mache ich mich so groß vor mir selbst? Stolz, Hochmut, Eigenliebe! Wozu bin ich auf Erden? Um Gott zu dienen! Er ist mein unumschränkter Herr, weil er mich erschaffen hat; weil er mich erhält, bin ich sein Knecht. Also muß mein Leben ganz ihm geweiht sein, seinen Willen zu erfüllen, stets und in allem. Wenn ich nicht an Gott denke, wenn ich meine Bequemlichkeit, meine Eigenliebe befriedige, mein Lob suche, fehle ich gegen meine größte Pflicht und werde ein ungehorsamer Knecht. Was wird Gott dann mit mir tun? O Herr, schleudere nicht die Blitze deiner Gerechtigkeit auf mich, und vertreibe mich nicht aus deinem Dienste, wie ich es leider verdient habe.

Knecht Gottes! Welch ein Titel, welch ein herrlicher Auftrag! Hast du nicht selber gesagt, Herr, dein Joch sei sanft und deine Bürde leicht? Und steht denn nicht in deinen heiligen Büchern, daß ‚dir dienen herrschen‘ ist? Ist es nicht die größte Ehre für einen Heiligen, wenn man ihn Diener Gottes nennen kann? Und schmückt sich dein Pontifex, dein Stellvertreter auf Erden, nicht mit dem Titel ‚servus servorum Dei – Knecht der Knechte Gottes‘? Welch große Ehre, dir zu dienen, o mein Gott! Dennoch vergesse ich so leicht diese meine Pflicht! Was für eine Schande, einem so guten, gerechten, heiligen Herrn, wie du es bist, nicht zu dienen!

Gott dienen, und dann? Der Lohn ... die Heimat ... der Himmel ... das schöne Paradies ... Ja, das Paradies ... das Paradies ist mein Ziel, mein Friede, meine Freude. Der Himmel, wo wir unsern Gott sehen, wo wir Gott anschauen ‚von Angesicht zu Angesicht, so wie er ist'.

O Herr, ich danke dir für diese Belohnung, die du mir für vier Tage Dienst bereithältst, für die hohe Ehre, für die du mich bestimmt hast. Ich bin ein Pilger auf Erden und blicke zum Himmel, zu meinem Ziel, zu meiner Heimat, meiner Wohnung. O Himmel, Himmel, du bist schön, und du bist für mich! In allen Widerwärtigkeiten, in Betrübnis und Mutlosigkeit ist dies mein Trost: Der Hoffnung das Herz weit öffnen und dann zum Himmel aufschauen, an den Himmel, an das Paradies denken. So haben es die Heiligen getan, der hl. Philipp Neri, der hl. Franz von Sales, der selige Cottolengo, der sich nicht genug tun konnte, auszurufen: ‚Paradies, Paradies!'

Das sind die schönen Wahrheiten, die du, mein Gott, mich gelehrt hast; ich kenne sie, und doch begreife ich sie nicht. Nichts bin ich und halte mich für einen großen Mann! Ich komme aus dem Nichts und bin stolz auf mich wegen der Gaben, die mir Gott verliehen hat. Ich soll meinem Schöpfer dienen, und statt dessen denke ich oft nicht an ihn, vergesse ihn sogar bisweilen, diene meinem Ehrgeiz, meiner Eigenliebe. Ich bin zur Seligkeit des Himmels berufen und denke nur an den Ruhm dieser Erde. Ach, was für ein Widerspruch!

II. Ich besitze eine Seele. Wie erhaben! Ich bin kein Stein, keine Pflanze, auch nicht irgendein Tier; ich bin ein Mensch, ein Mensch dank der Seele, die mich belebt. Dank der Seele leuchtet ein Strahl des göttlichen Antlitzes über mir, durch das Gedächtnis bin ich dem Vater ähnlich, durch den Verstand dem Sohn, durch den Willen dem Heiligen Geist. Nicht allein dies: Die menschliche Seele eines Wilden ist deswegen kostbarer als alle Reichtümer der Erde. Sie ist bestimmt, an der Freude Gottes teilzunehmen. Wie kann ich die Stirn haben, diese Seele, die schön ist durch die Schönheit Gottes selbst, zu beleidigen?"[13]

Roncalli verbringt die Sommerferien zu Hause, und Ende August notiert er: „Im ganzen nicht schlecht; das aber ist sicher, daß den Tagen ohne heilige Kommunion etwas fehlt. In dieser Novene vor dem Fest Mariae Geburt werde ich besonders darauf achten, nicht zu sehr meiner Naschhaftigkeit nachzugeben; jetzt in der Obstzeit bin ich oft versucht, zuviel des Guten zu nehmen. Heute abend ist etwas geschehen, was mich beunruhigt hat und, obwohl in sich ohne Bedeutung, einen tiefen und schmerzlichen Eindruck hinterlassen hat. Meine Mutter fühlte sich durch einige Worte (die ich, um die Wahrheit zu sagen, behutsamer hätte vorbringen können) etwas gekränkt. Ich hatte mich dabei ein wenig gegen ihre

Neugier ausgesprochen. Sie war sehr beleidigt und redete zu mir so, wie ich es von meiner Mutter nie erwartet hätte, von ihr, die ich nach Gott am meisten liebe. Es hat mir weh getan, von ihr hören zu müssen, daß ich zu ihr immer unhöflich und ohne Manieren sei, während ich in Wirklichkeit glaube sagen zu dürfen, daß dies alles durchaus nicht zutrifft. Und wenn sie meinetwegen traurig gewesen ist, so war ich es noch viel mehr, wenn ich ihre Traurigkeit sah und, offen gesagt, ihre Schwäche. Daß ich, nach so vielen Zärtlichkeiten, hören mußte, wie meine Mutter wiederholt behauptete, ich könne sie nicht leiden und anderes mehr, an das ich mich nicht mehr erinnern will, das ist zuviel für das Herz eines Sohnes, der die innigsten Gefühle der Natur empfindet. Das war ein Schlag, der mich mit Bitternis erfüllte und die innersten und feinsten Fasern meines Herzens getroffen hat. Mußte ich da nicht weinen? O Mutter, wenn du wüßtest, wie sehr ich dich liebe und wie sehr ich dich zufrieden sehen möchte, nein, du könntest dich vor Freude nicht fassen. Du aber, Jesus, nimm dieses wirkliche Opfer an, das ich dir bringe und ins Herz lege, und schenke mir immer größere Milde und Güte, bei allem notwendigen Ernst, und schenke meiner guten, armen Mutter größere Kraft. Du Schmerzensmutter Maria, stehe uns immer bei."[14]

Ein paar Tage später hat er Gelegenheit, dem Tagebuch einige bedeutsame Notizen anzuvertrauen: „Gestern Abend war ich müde, völlig erschöpft von der Fußreise von Bergamo nach Sotto il Monte, bei der man fast umkommt. Zudem müde vom Gottesdienst und von allem, was mit der Glockenweihe in Carvico zusammenhängt. Das ist der Grund der zwei Lücken in meinem Tagebuch. Jetzt kehre ich mit meinen Aufzeichnungen wieder zu mir selber in diesen Tagen zurück. Außer der Zerstreutheit bei den Gebetsübungen, hervorgerufen durch die Änderung der Methode und durch die Unterbrechung der Gleichförmigkeit meines häuslichen Lebens, will ich zwei charakteristische Dinge notieren. Das erste betrifft im besonderen den 30. und 31. August. Es handelt sich darum, daß ich mich bisweilen hinreißen lasse, vor den Geistlichen ein wenig in Politik zu dozieren, kreuz und quer zu reden, zu diesem und jenem Ereignis das Meine zu sagen, kurz, mich in alles einzumischen, mehr als einem Kleriker meines Standes geziemt. Es ist wahr, jedesmal, wenn ich es bemerke, tut es mir leid, aber warum nicht vorher daran denken? Kurzum, besonders in diesen Dingen, die vielleicht auch etwas heikel sind, muß man den Eifer beiseite lassen, der wirklich in diesen Fällen unzweckmäßig ist, und sich erinnern, daß ‚alles seine Zeit' hat. Wenn ich einmal Priester sein werde! Aber jetzt? Lesen, soviel ich kann, daraus lernen, um mir wahrhaft gesunde und klare Prinzipien zu verschaffen. Im übrigen zuhören und in diesen Angelegenheiten lieber den Dummen spielen, besonders bei Unterhaltungen auf etwas höherem Niveau als mit den Familienangehörigen, dem Pfarrer und dem Vikar. Wie würde sich in diesem Fall Franz von Sales benehmen?"[15]

Das Jubiläumsjahr 1900 bedeutete nach einer autobiographischen Notiz „die Eröffnung eines neuen Horizontes im Leben des Klerikers Angelo Roncalli. Im September läßt ihn eine Wallfahrt zur Erlangung des großen Jubiläumsablasses die ganze Majestät des päpstlichen Rom entdecken, das seitdem seinem Geist so vertraut wurde und immer vertraut bleiben wird."[16]

Man kommt nicht umhin zu betonen, wie schon in dieser ersten Periode seiner Führung des Tagebuches dieses eine Unmittelbarkeit und Schlichtheit erkennen läßt, die bisweilen reich ist an Poesie, wie wenn er über Maria spricht, die bisweilen von einer leichten, wenn auch zurückgehaltenen Betrübnis angehaucht ist, weil er sein Tagebuch nicht schreiben konnte, die aber manchmal von wirklichem Schmerz erfüllt ist wie bei der Auseinandersetzung mit der Mutter. Die Art und Weise, wie er seinem Glauben Ausdruck verleiht, offenbart immer Aufrichtigkeit und Großherzigkeit.

„Gott ist alles" – Die Ausbildung im Römischen Seminar

Von 1901 an wird der Kleriker Roncalli nach Rom geschickt, um dort die theologischen Studien fortzusetzen. Dabei kommt er in den Genuß eines Stipendiums, das ihm von einer Stiftung, der „Fondazione Collegio Cerasola", gewährt wird. Bis zu seiner Priesterweihe im Jahre 1904 wird er in Rom bleiben.

„Im Jahre 1900 wurde die Entsendung von bergamaskischen Alumnen ins Päpstliche Römische Seminar wieder aufgenommen. Ein überraschendes Zusammentreffen von Umständen wollte es, daß der erste Alumne, der in den Genuß dieses Beneficiums kam, gerade der Kleriker Angelo Roncalli war, der sich zusammen mit zwei weiteren Seminaristen aus Bergamo, dem frühverstorbenen Achille Ballini di Boltiere und Guglielmo Carozzi di Curnasco, seit gut vierzig Jahren arbeitsamer und wohlverdienter Erzpriester von Seriate, in die edle Kette der Cerasola-Alumnen einreihte."[17] Im Jahre 1959 konnte Roncalli diese Personalnotiz in sein Tagebuch übertragen. Sie war vom damaligen Rektor des Seminars von Bergamo, Davide Re, nach den Examina im Sommer 1901 verfaßt worden. Die sehr guten Ergebnisse dieser Examina[18] bewirkten, daß der Antrag Roncallis auf Zuteilung dieses römischen Studienstipendiums bewilligt wurde.

Dann aber unterbrach der aufgrund der Wehrpflicht fällige Militärdienst, den Roncalli vom November 1901 bis Ende 1902 in Bergamo ableistete, die römischen Studien. Interessant ist, wie Roncalli auch diese Erfahrung mit ungewöhnlicher innerer Gelassenheit erlebte, wie er Ende 1901 an Msgr. Bugarini schreibt: „Was kann ich Ihnen außerdem noch an guten Nachrichten schreiben? Ich habe sehr gute Vorgesetzte gefunden, die mir ersichtlich wohl wollen, die mich sehr respektieren und wollen, daß ich auch von anderen als Kleriker respektiert werde. Sie bezeigen mir eine Achtung, der ich selbst mich noch gar nicht würdig erachten kann, und mehr als alles andere lassen sie mir in weitem Maße freie Hand für meine religiöse Praxis. [...] Außerhalb der Kaserne treffe ich dann allabendlich den hiesigen sehr lieben Herrn Rektor. Er nimmt mich auf wie ein Vater und hat mir ein kleines Reglement gegeben, das – wenn ich mich nicht irre – dem gleicht, das den Kleriker-Soldaten des Römischen Seminars vorgeschlagen wird.“[19] In Wirklichkeit erwies sich die Erfahrung des Soldatenlebens als sehr hart für den jungen Kleriker, der hier mit Realitäten konfrontiert wurde, die ihm fremd waren und vor denen ihn das abgeschiedene und geregelte Leben im Seminar bis jetzt bewahrt hatte. Daher rührt der besonders dramatische Ton einiger Notizen von Ende 1902: „Wie häßlich ist die Welt, wie abstoßend, wie schmutzig, während meines Militärjahres habe ich es mit Händen greifen können!“ Vor allem frappiert ihn die Tatsache, daß der Herr so große Ruchlosigkeit selbst bei seinen Dienern ertragen kann, ohne sie augenblicklich zu bestrafen, ja, daß er sogar fortfährt, in ihre Hände herabzusteigen: Das war ein Blick auf die menschliche Schwäche und die unermeßliche Barmherzigkeit Gottes, der ihm bisher noch unbekannt war. Wie es jungen Menschen oft widerfährt, die erstmals eine erschütternde Erfahrung gemacht haben, sagt er: „Heute verwundert mich nichts mehr; gewisse Geschichten machen keinen Eindruck mehr auf mich.“ Wenn diese Aussage auch ein wenig zu absolut erscheint, so war Roncalli während dieses Jahres wirklich in seiner menschlichen Erfahrung gewachsen, vor allem, weil er Gott dafür danken konnte, daß er ihn vor einer solch großen Verderbnis bewahrt hatte, und weil er sogar das Gefühl haben konnte, „von jetzt an in dieser Hinsicht noch gewissenhafter zu sein, selbst wenn die ganze Welt mich verspottet“[20]. Jedenfalls spricht er in einer autobiographischen Aufzeichnung aus dem Jahr 1959 von jener Zeit als von „zwölf Monaten, an die er eine sehr wertvolle Erinnerung bewahrt, nämlich als einer Erfahrung kraftvoller Disziplin, als Anbahnung eines Wissens um die junge Seele der Söhne Italiens und die sehr praktischen Möglichkeiten, sie zum Guten und zu den höchsten Gipfeln menschlichen und christlichen Empfindens mitzuziehen.“[21]

Am 12. April 1903 empfängt er anläßlich des Osterfestes die Subdiakonatsweihe und notiert dazu: „Das ist der Tag, den der Herr gemacht hat; da laßt uns frohlocken und fröhlich sein. Alleluja. Jesus hat mir wirklich in diesem Jahr ein großes Osterfest des Friedens geschenkt. Der heutige Tag zeichnet einen Abschnitt in mein Leben ein. Vorbereitet durch die heiligen Exerzitien, erhielt ich von ihm einen Beweis seiner innigsten Liebe; er hat mir auch einen Vorgeschmack dessen gegeben, daß ‚servire Deo regnare est – Gott dienen herrschen ist‘. Als neuer Subdiakon, offiziell angesichts des ganzen himmlischen Hofes und der ganzen Kirche der Sache Jesu als sein Diener geweiht, war ich heute wirklich trunken im sicheren Bewußtsein, mich frei zu fühlen, in jener heiligen

Freiheit, die er uns durch seinen Tod und seine glorreiche Auferstehung gebracht hat; frei von allen Bindungen der Erde, unbeschwerter als bisher, noch mehr bereit, mich mit ihm und für ihn zu den Höhen des Opfers zu erheben. Zitternd vor Ehrfurcht und vor Liebe, werfe ich mich vor dir, o Jesus, nieder, bevor dieser langersehnte und erträumte Tag zu Ende geht. Ich komme nochmals, dir zu danken, und werde dir immer danken, solange mein Leben währt, für die Freude, die du in mein Herz ergossen hast, für die Ehre, die du mir erteilt hast, indem du mich in die Zahl deiner Auserwählten eingereiht hast. Ich bin mit dir auferstanden, vom Glanz des Ruhms und der Liebe deines Herzens am feierlichen Tag deines Triumphes erleuchtet worden. Ach, daß ich doch immer diese deine Gnade, die mir gestern in der heiligen Weihe zuteil geworden ist, wie am ersten Tag bewahren möge. Möge ich von diesem Tag an wahrhaft fortschreiten ‚von Tugend zu Tugend, bis ich gesättigt werde im Anblick deiner Herrlichkeit‘."[22]

Acht Monate später wird er zur Diakonatsweihe zugelassen, die er am 19. Dezember 1903 empfängt.[23] Zum Abschluß der Vorbereitungsexerzitien notiert Roncalli: „Gott hat etwas mehr den Schleier von meiner Armseligkeit, meinem Stolz, gehoben. Er gab mir starke Impulse, ernsthaft an meiner Heiligung zu arbeiten, während der Heilige Geist in der Diakonatsweihe im Begriffe ist, in meiner Seele die übernatürliche Heiligung zu vollziehen. Wollte ich weiter ins einzelne gehende Vorsätze schriftlich niederlegen, so würde ich mich nutzlos wiederholen."[24]

Im August 1904 schließlich, als er sich auf die Priesterweihe vorbereitet, fragt er sich: „Was wird aus mir werden? Werde ich ein tüchtiger Theologe werden, ein gewandter Jurist, ein Landpfarrer oder ein einfacher, armer Priester? Was kümmert mich das alles? Ich kann nichts von alledem sein oder sogar mehr, ganz wie es dem Willen Gottes entspricht. Mein Gott ist alles, ‚Deus meus, et omnia‘. Wenn ich von Zeit zu Zeit ehrgeizigen Vorstellungen nachhänge, dann sorgt der Herr dafür, daß diese Träume bald wie Rauch verfliegen.

Ich muß mir folgendes einprägen: Da Gott mich liebt, darf es für mich nichts geben, was mit Ehrgeiz zu tun hat. Es ist also unnütz, daß ich mir darüber den Kopf zerbreche.

Ich bin ein Sklave: Ohne den Willen des Herrn vermag ich mich nicht zu rühren. Gott kennt meine Talente und weiß, was ich alles zu seiner Ehre, zum Wohl der Kirche und zum Heil der Seelen beizutragen oder nicht beizutragen vermag. Es ist daher nicht notwendig, daß ich ihm in der Person seiner Vertreter, die meine Vorgesetzten für mich sind, Ratschläge erteile."[25]

Der Tag seiner Priesterweihe ist Thema einer Tagebuchnotiz mit einem bewegten Rückblick auf den Verlauf dieses Tages: „Der Morgen des Festtages des hl. Laurentius brach an. Mein Vizerektor Spolverini holte mich ab im Konvent [von SS. Giovanni e Paolo, wo Roncalli seine Weiheexerzitien gehalten hatte]. Schweigend ging ich den Weg durch die Stadt. Die unvergeßlichen Weihezeremonien fanden in der Kirche Santa Maria in Monte Santo an der Piazza del Popolo statt. Ich kann mich noch an alle Einzelheiten des Geschehens gut erinnern. Die Priesterweihe wurde mir von Bischof Ceppetelli, dem stellvertretenden Generalvikar der Diözese Rom, gespendet. Ein paar Alumnen des Capranica-Kollegs ministrierten am Altar. Als die Weihe vollzogen war und ich das Versprechen ewiger Treue gegen meinen Ortsordinarius abgelegt hatte, hob ich den Blick und sah das ehrwürdige Bild der Madonna, das mir vorher – ich muß es gestehen – nicht aufgefallen war. Sie lächelte mir gleichsam vom Altar herab zu und schenkte mir mit ihrem Blick ein Gefühl von Milde und innerer Ruhe, ein Empfinden von Großmut und Sicherheit, so als wollte sie mir sagen, daß sie zufrieden sei und mich immer beschützt habe. Kurzum, sie erfüllte meinen Geist mit innigem Frieden, den ich nie vergessen werde.

Mein verehrter Vizerektor begleitete mich zum Seminar zurück. Dort war alles leer, die Alumnen befanden sich in Ferien auf dem Land, in Roccantica. Als erstes schrieb ich einen Brief an meinen Bischof, Msgr. Guindani. Ich berichtete ihm in wenigen Worten, was ich dem Herrn zu Füßen von Bischof Ceppetelli gesagt hatte, und erneuerte ihm mein ‚Promitto oboedientiam – ich verspreche Gehorsam und Ehrerbietung‘. Ich bin sehr froh, mich nach acht Jahren an dieses Versprechen zu erinnern und es zu erneuern. Danach schrieb ich meinen Eltern und teilte ihnen und der Familie das Glück meines Herzens mit und bat sie, mit mir dem Herrn zu danken und ihn zu bitten, mir meine Glaubenstreue zu erhalten. Am Nachmittag blieb ich allein. Allein mit meinem Gott, der mich so hoch erhoben hatte. Ich war allein mit meinen Gedanken, meinen Vorsätzen und der seligen Freude meines Priestertums. Dann ging ich in die Stadt. Rom schien wie verlassen, so versunken war ich in meinem Herrn. Ich besuchte die am meisten verehrten Kirchen, die Altäre der mir vertrautesten Heiligen und die Gnadenbilder der Madonna. Es waren kurze Besuche. An jenem Nachmittag meinte ich, daß ich jedem dieser Heiligen etwas zu sagen hätte und auch sie ein Wort an mich zu richten hätten. Und es war auch wirklich so.“[26]

Roncalli, der im September 1900 mit einem bergamaskischen Pilgerzug anläßlich des Heiligen Jahres zum ersten Mal in Rom gewesen war, erlebt den Aufenthalt während seiner römischen Jahre intensiv aufgrund einer ganzen Reihe von Begegnungen mit Lehrern, Mitstudenten und anderen Menschen seiner Umwelt, die derart waren, daß sie ihn prägten. In seinem Kontakt mit Rom war er geteilt zwischen einerseits Bewunderung und andächtiger Verehrung des christlichen Rom und andererseits vorsichtiger Leidenschaft für die kulturellen Impulse.

Alles beherrschend war im Jahre 1902 die Begegnung mit einem außerordentlichen Seelenführer, dem Redemptoristen Francesco Pitocchi. Unter seiner Leitung gelangt Roncalli zur geistlichen Reife, so daß er sich im Dezember 1902 ein Bekenntnis zu eigen macht, das in seiner Radikalität für ihn grundlegende Bedeutung gewinnt: „Gott ist alles, ich bin nichts." Es ist mit Recht betont worden, daß es sich hier um einen entscheidenden spirituellen Durchbruch handelte, was um so mehr gilt, wenn man bedenkt, daß er zeitlich zusammenfällt mit dem Höhepunkt der Faszination des Modernismus, mit der Roncalli sich auseinandersetzen und deren er Herr werden mußte.

Bei derselben Gelegenheit notiert er: „Der geistliche Vater, den mir die göttliche Vorsehung zugewiesen hat, bedeutet mir alles im Hinblick auf die Ordnung meines Lebens. Ich werde mir nie auch nur das geringste ohne seinen Rat und seine Billigung zugestehen; meine kleinen Fehler, und wären es auch Bubendummheiten, müssen ihm so bekannt sein, wie sie mir mein Gewissen vorhält. Ich muß zu ihm so aufrichtig sein wie zu mir selber. Nicht nur in rein geistlichen Fragen, sondern gerade auch in ganz praktischen Dingen will ich gewissenhaft seine Ratschläge und Anregungen befolgen. Was er sagt, soll mir als die innere Stimme meines Gewissens gelten."[27]

Dies entsprach der Erfahrung, die Roncalli mit sich selbst gemacht hatte. 1922 nämlich schrieb er in einem Zeugnis zur Erinnerung an Pater Pitocchi: „Ein Motto, das er mir mitgab als abschließende Zusammenfassung jener ersten Begegnung." – am Abend des 16. Dezember 1902 – „das ich für mich selbst mit aller Ruhe, aber regelmäßig wiederholen sollte: Gott ist alles, ich bin nichts, das war gleichsam der Schlüssel zu einer Wende, die mir den Ausblick auf einen neuen, bis dahin noch nicht entdeckten Horizont voller Geheimnisse und geistlicher Faszination erschloß." Mehr noch: Gerade seit diesem Abend erschien ihm das geistliche Leben „als eine wahre Wissenschaft, die Wissenschaft der Heiligen", und nicht mehr die Abfolge guter Taten oder spontane Frucht einer guten Anlage und einer christlichen Erziehung. Dies war nicht nur der Eintritt in den Reifezustand des geistlichen Lebens, sondern auch der Erwerb angemessener Instrumente, um sein Leben zu gestalten „während dieser beiden Jahre [1903–1904], in denen ich häufiger und mit größerer Regelmäßigkeit Nutzen ziehen konnte aus dem Kontakt mit Pater Francesco [Pitocchi]. Diese Jahre zählten zu den schwierigsten für die kirchliche Jugend, die damals in Italien und anderswo heranwuchs als Hoffnung der Kirche. Denn es wehte fast überall jener bisweilen heftige und bisweilen liebkosende Wind der Modernität – der sich dann zum Teil in den sog. Modernismus verkehrte –, der den Atem und die Seele so vieler vergiften sollte und der vor allem in den ersten Monaten eine Versuchung für alle war."[28]

Roncalli erinnert sich gut an die Faszination, die ausging von Büchern wie Loisys *L' Évangile et l' Église,* das gerade im November 1902 erschienen war, von anderen ähnlichen Schriften und vor allem von der Problematik bezüglich der Beziehung zwischen Glaube und Geschichte, zwischen dogmatischen Formulierungen und kulturellen Entwicklungen, zwischen Kirche und Fortschritt, einer Problematik, die sich mit besonderer Dringlichkeit in den ersten Jahren des neuen Jahrhunderts aufgedrängt hatte: „Gott ist alles, ich bin nichts" war nicht die Antwort auf solche Probleme, aber Roncalli hat dieses Prinzip auf eine Weise verinnerlicht und gelebt, daß er die Kraft und Hellsichtigkeit fand, eine eigene Antwort darauf zu geben. Dies gilt um so mehr, als seine Position tatsächlich nicht eine allgemein-theistische, sondern eine auf besondere und kraftvolle Weise christliche war. Von 1903 an begegnet man Eintragungen, die davon zeugen, daß ihm eines voll bewußt ist: „Christus ist mein großes Buch"[29], und er nimmt sich vor, ihm göttliche Lektionen der Weisheit zu entnehmen. Die Bezugnahme auf die zenrale Stellung des Kreuzes ist nicht nur nach und nach in seinem Geistlichen Tagebuch immer öfter zu finden, sondern sie wird auch immer prägnanter und persönlicher.

Es ist unmöglich, sein weiteres Leben zu verstehen, ohne sich auf dieses Prinzip zu beziehen. In dieser Sicht strebt Roncalli nach einer grundlegenden Unterordnung unter den Willen Gottes, den er aus den im Gehorsam befolgten Weisungen der Oberen zu erkennen sucht und dem er in den konkreten Umständen seines Lebens und vor allem in den Menschen begegnet. Das konnte bedeuten, sich auf den Weg einer passiven Untätigkeit zu begeben, aber schon einen Monat später reift in ihm – vielleicht immer noch mit der Hilfe von Pater Pitocchi – ein weiteres entscheidendes Ergebnis dieses Prozesses heran, wenn er es nämlich ablehnt, sich mechanisch nach dem Bild irgendeines Heiligen zu modellieren, und dies nicht einmal nach dem Modell der Heiligen, die ihm bisher lieb und teuer waren. Roncalli begreift nämlich, daß die echte Nachfolge bedeutet, „von der Tugend der Heiligen das Wesentliche und nicht die zufälligen Erscheinungsformen zu übernehmen". Damit gewinnt das geistliche Leben Roncallis eine Elastizität und eine persönliche Prägung, die – ohne eine engagierte Treue zu verkleinern – in der Anpassung an die konkreten Möglichkeiten bei der Suche der Vollkommenheit auch die Freiheit hochhält.

Im Jahre 1902 notiert er: „Zum anderen könnte mir der Gedanke an den vielleicht nahen Tod dazu dienen, mich mit ernsteren Dingen zu befassen. Nieder mit der Eigenliebe, den ehrgeizigen Anwandlungen, der Eitelkeit. Man stirbt, man stirbt, und ich lege Wert auf solche Nichtigkeiten? Wenn ich sogar Papst wäre, was bin ich, wenn ich vor dem göttlichen Richter erscheinen muß, selbst wenn mein Name bekannt und überall in Marmor eingemeißelt wäre? Nicht viel. Ich kann es nicht glauben, daß mein Jesus, der mir heute soviel Vertrauen und Güte erweist, mir eines Tages mit von göttlichem Zorn entflammtem Gesicht erscheinen könnte, um mich zu richten. Und doch ist es ein Glaubensartikel, und ich glaube daran. Und wie wird sein Gericht ausfallen! Alles Reden während der Zeit des Stillschweigens, hier ein etwas spöttischer Ausdruck, dort eine gezierte Geste, jener flüchtige Blick, das Stolzieren mit Gelehrtenmiene, diese einstudierte, übertriebene Zurückhaltung, die zurechtgezupfte Sutane, die Schuhe nach der letzten Mode, das bloß aus Lust gegessene Stückchen Brot; das leise Aufkommen des Neides in flüchtigen Gedanken – auch den kürzesten – das alles wird ans Tageslicht kommen. Und dann erst die schweren Fehler, was wird daraus werden? Mein Gott, wie ist meine Seele verwirrt. Die Ehrungen, das Ansehen eines gebildeten Menschen, wenn er auch eifrig und heilig war, welchen Wert werden sie in dieser Stunde haben? Doktortitel, gute Examensarbeiten und alles eitle Wissen und so fort, wie wird dies alles bewertet werden? Mein Gott, gib mir heute ein wenig von deinem göttlichen Licht, damit ich meine Fehler erkenne und davon frei werde. Öffne mir die Augen, damit mir nichts, auch noch so Unscheinbares, entgehe, was eines Tages deinem Licht nicht entgehen wird. ‚Herr, gib Licht meinen Augen, daß ich im Tod nicht entschlafe.'"[30]

Das Theologiestudium

Roncalli erlebt in diesen Jahren eine vielfältige Begegnung mit der Welt der Bücher, der Ideen, der Kultur. Das Römische Seminar war in den Jahren zwischen dem Ende des 19. Jahrhunderts und dem

Beginn des 20. Jahrhunderts kein kulturell besonders reiches und bedeutendes Zentrum, aber für einen jungen Mann, der aus Sotto il Monte kam, war es dennoch ein Umschlagplatz, auf dem es genug Impulse gab, und dies um so mehr, als es dort auch unterschiedliche, wenn auch oberflächliche Kontakte zu der Welt des kirchlichen Rom gab. Und seit den ersten Wochen besucht der junge Roncalli mit Leidenschaft die Kirchen und auch die Konzerte, die dort veranstaltet werden. Er nahm wahr, welche Faszination Rom ausüben kann. Auch die kulturellen Erfahrungen und vor allem der Nachhall, die Reflexionen, das Problembewußtsein, das die Lektüre, die Diskussionen, die Vorlesungen und verschiedene Kontakte in ihm wecken, finden in seinem Geistlichen Tagebuch ein pünktliches und genaues Echo.

Schon 1901 empfindet er „den vielfach sogar etwas übertriebenen, aber nicht immer von Eigenliebe unbeeinflußten Wunsch, zu studieren, viel zu lernen, einen Reichtum an Wissen zu erwerben, um auf diesem Wege – der nunmehr einer der wichtigsten geworden ist – Seelen für Christus zu gewinnen."[31] Vermutlich hatten manche andere Kleriker, die Altersgenossen von Roncalli waren, ähnliche Empfindungen. Ihm jedoch war es bestimmt, daß dieses Problembewußtsein bezüglich des Verhältnisses zwischen christlichen Werten und Studium und – allgemeiner betrachtet – zwischen Glaube und Geschichte immer größere Ausmaße annahm.

Als er aus dem Militärdienst zurückkommt, ist er überzeugt: „Arm oder reich, geehrt oder verachtet, armer Bergkaplan oder Bischof einer großen Diözese, alles dies muß mir gleich viel gelten, wenn ich nur den Willen meines Herrn, meine Pflicht als treuer Diener erfülle und mein Heil wirke. Ja, wenn man dem einen vor dem anderen den Vorrang geben sollte, dann muß die Armut dem Reichtum, die Verachtung den Ehren, dann müssen die niedrigsten Beschäftigungen den höchsten Ämtern vorgezogen werden. Ich möchte mich einem Spezialstudium widmen. Die Vorgesetzten erlauben es nicht. Nun gut, dann verzichte ich und bleibe fröhlich. Ich möchte gerne zu Ostern die Subdiakonatsweihe empfangen. Die Vorgesetzten dagegen möchten mir ein Amt auftragen, das mich zu erniedrigen scheint und meine Eigenliebe kränkt. Es ist für mich ein sehr großes Opfer zu gehorchen. Gut, um so besser, ich will gehorchen und Mut fassen und fröhlich sein im Herrn. Das ist ein Heilmittel, das alle Ungeduld stillt, die Entbehrungen versüßt und uns auch in allen Bitternissen des Lebens in Freude jubeln läßt."[32]

Zwei Jahre später, während der Exerzitien zur Vorbereitung auf den Empfang der Diakonatsweihe, betont er nachdrücklich, wie wichtig der Glaube sei, und zwar ein bewußter Glaube, aber nicht, weil ein solcher weniger tief in der Kirche verwurzelt wäre, gerade wenn der Geist des Glaubens „allmählich unter den sogenannten Erfordernissen der Kritik, im Klima der modernen Zeit verschwindet"[33]. Der Zusammenstoß mit den kulturellen Herausforderungen ist also sehr wohl vorhanden und bildet den Hintergrund der Verpflichtung, „stets in erster Linie ... die überlieferte Lehre der Kirche zu erforschen und von dieser Grundlage aus auch die neuesten wissenschaftlichen Erkenntnisse zu beurteilen"[34].

Roncalli gibt sich aber damit nicht zufrieden, er empfindet das Bedürfnis, zu sagen, daß er selbst die Kritik positiv würdigt: „Ich verachte keineswegs die Kritik, und erst recht werde ich mich hüten, feindselig gegen sie gesonnen zu sein oder es den Kritikern gegenüber an Respekt fehlen zu lassen. Ich liebe die Kritik sogar und ... halte mich auf dem laufenden über neue Gedankengänge, über ihre unaufhörliche Entwicklung und studiere die Tendenzen. Die Kritik ist für mich Licht, und die Wahrheit ist heilig und unteilbar." Er entscheidet sich für die ihm kongeniale Linie der „Mäßigung, der Harmonie, der Ausgewogenheit und Klarheit des Urteils, verbunden freilich mit einer umsichtigen und klugen Weite der Ansichten". Gerade diese Weite des Blicks ermöglicht ihm zu lernen, daß die Verwunderung eine Tochter der Unwissenheit ist, und deshalb nimmt er sich vor, nicht verwundert zu sein, „wenn gewisse Schlußfolgerungen, auch wenn das heilige Erbe des Glaubens immer unversehrt bleibt, ein wenig überraschend erscheinen müssen". Es ist unmöglich zu erkennen, worauf diese Anmerkungen anspielen, aber es ist bekannt, daß dies Jahre waren, in denen die Bibelkritik und die Debatte über den Modernismus immer schärfer wurden. Unter diesen Umständen beweist Roncalli Neugier, hellwache Aufnahmefähigkeit für die Probleme, ein klares Bewußtsein dafür, wo die Grenzen liegen, die nicht überschritten werden dürfen: „In den strittigen Punkten möchte ich lieber als Unwissender schweigen, als kühne Behauptungen aufzustellen, die auch nur im geringsten vom Glaubenssinn der Kirche abweichen." Aber er ist nicht von Angst oder Pessimismus erfüllt, sondern zeigt sich erklärtermaßen als Optimist, der bereit ist, sich damit zu trösten, „daß Gott den heiligen Schatz seiner Offenbarung immer reiner und klarer hervortreten läßt"[35].

Auch unter ihren theoretischen Aspekten wird die kulturelle Diskussion immer auf die geistlichen Werte bezogen; sie interessiert Roncalli nicht an sich, sondern wegen des Lichtes, das sie auf eine vollkommenere Erkenntnis der Offenbarung Gottes durch die

Menschen werfen kann. Kaum ein Jahr später empfindet er das Bedürfnis, sich selbst an diese Überzeugung zu erinnern, wenn er schreibt, das Studium sei „das zweite Element eines wirksamen priesterlichen Lebens wie auch ein zusätzlicher Heilsweg in unserer Zeit", um daraus den Schluß zu ziehen: „Gelehrt muß ich sein, aber in der Weise wie der hl. Franz von Sales."[36] Mit diesen grundlegenden Kriterien gerüstet, stellt sich der junge Angelo einem der entscheidenden Probleme seines Lebens.

Die im Römischen Seminar empfangene Ausbildung begleitet Roncalli während seines ganzen Lebens unter dem Zeichen der Dankbarkeit und der Treue. Lehrern wie U. Benigni, C. Salotti, F. Faberj; Vorgesetzten wie dem Kanonikus L.O. Borgia, V. Bugarini und D. Spolverini bleibt Roncalli immer dankbar, ungeachtet der eigenen Fortschritte in seiner Laufbahn und in kirchlichen Ehrungen, was Symptom eines geistlichen Stils von großer Dichte ist.[37] Im Jahre 1958, einige Wochen, nachdem er zum Papst gewählt worden ist, wird er sich tiefbewegt erinnern: „Dieser feierliche Lateran hier ist etwas ganz anderes als das Gebäude von Sant' Apollinare, wo ich aufgenommen wurde, wo ich vier Jahre lang lebte und wo meine Berufung zum Priester ausreifte. Aber meine Vorstellung davon entspricht immer noch dem Eindruck, den ich zu jener Zeit gewonnen habe. Ich stelle mir vor, dort dieselben Gestalten wie damals anzutreffen, sie zu erkennen, sie wieder zu begrüßen, eine nach der anderen, so als ob sie wieder zu mir sprächen. Da ist Monsignore Vincenzo Bugarini: Eine schöne Seele, ein Weiser, ein frommer und sehr würdiger römischer Prälat, wissen Sie, unser Rektor Bugarini, der mir später das Glück bescherte, mit mir umzuziehen in eine Wohngemeinschaft in einigen Zimmerchen oberhalb von Santa Maria in Via Lata, wo es mir später beschieden war, ihm in aller Behutsamkeit die Augen zuzudrücken und ihn in seiner letzten Stunde dem Herrn zu empfehlen. Und dann jener Monsignore Ignazio Garroni, der brummige und wohltätige Ökonom, der, wenn er im Refektorium bei uns vorbeiging, immer wieder sagte: ‚Eßt nicht so viel, eßt nicht so viel!' Und man munkelte von ihm, daß er im stillen vielen und abervielen Gutes tue, sowohl was materielle wie geistliche Hilfe betraf. Und jener andere wirkliche Diener des Herrn, Kanonikus Oreste Borgia, der im Ruf der Heiligkeit starb: Er kam immer als Letzter ins Refektorium und weckte den Eindruck, als berühre er kaum die Speisen. Tatsächlich aber wartete er schon auf das, was aus der Küche kam, um daraus auf seine besondere Weise ein Paket zusammenzustellen, das für einen der zwölf ‚Sterne' der ‚Madonna del Portico' bestimmt war, einer kleinen Kongregation bettelarmer alter Frauen, die er geistlich betreute und denen er für die Bedürfnisse ihrer hungrigen Mägen Hilfe leistete.

Von ihm ging das von glaubwürdigen Zeugen bestätigte Gerücht, daß er auf ganz hartem Lager schlafe und daß man bisweilen gesehen habe, wie er, hingerissen im Gebet, sich vom Erdboden erhoben habe.

Was soll ich sagen von Kanonikus Gustavo Corrado, dem ehemaligen Rektor des Propaganda-Kollegs, einem ebenfalls ernsten und guten geistlichen Vater? Und vor allem von dem Redemptoristenpater Francesco Pitocchi, dem großen Beichtvater von Kardinälen und Prälaten, dem verehrten und sehr geliebten Erzieher einer ganzen Generation von Neupriestern, die von ihm auf den Weg des Strebens nach Vollkommenheit geführt wurden? Und mit einem Empfinden besonderer Hochachtung und Zuneigung grüße ich schließlich noch Monsignore Domenico Spolverini seligen Angedenkens, in dem das Leben eines halben Jahrhunderts des Römischen Seminars gegenwärtig wird. All diese Namen rufen mir das geistige und geistliche Leben des Instituts in Erinnerung.

Der Blick auf die intellektuelle Aktivität zeigt das andere Bild, das ich mit lebhaftem Wohlgefallen und Anerkennung betrachten möchte. Hier erscheinen vor meinen Augen die hochverehrten Namen der Professoren: P. Taparelli, Palica, Martinetti, Vizzini, Benigni, Marrucchi und im Fachbereich Kirchenrecht die Namen Sebastianelli, Kardinal Lega, Massimi, La Puma, Sole, ganz zu schweigen von den Spezialfächern: Rhetorik, Orientalistik, Klassische und Höhere Literatur, Dante-Forschung – Fächer, die Papst Leo XIII. durch seine freigebige Förderung ermutigte. Zur kirchlichen Kultur, die unserer Jugend Flügel zu bescheidenen Aufschwüngen verlieh, sie zum Ausblick in weite Horizonte ermutigte, sie aber zugleich davon abhielt, der Versuchung gefährlicher Experimente und Abweichungen zu unterliegen, kam der ganze Komplex der Regeln unseres Gemeinschaftslebens innerhalb des Seminars, der Vorbereitung auf unseren Dienst: Liturgie, Disziplin, kraftvolle und uns teure Frömmigkeit. Und all dies lief darauf hinaus, daß uns dieses Leben im Seminar lieb gemacht wurde."[38]

Ein anderes entscheidendes Moment in der inneren Formung Roncallis kommt Anfang 1903 zum Vorschein, als er sich gedrängt fühlt zu notieren: „Da ich immer wieder darauf gestoßen worden bin, ist mir eines klar geworden: Wie falsch die Auffassung ist, die ich mir von der Heiligkeit, der ich nachstrebe, gebildet hatte. Bei meinen einzelnen Handlungen, meinen kleinen, sofort erkannten Verfehlungen, stellte ich mir das Bild irgendeines Heiligen vor, den ich mir in allen, auch in kleinsten Dingen, nachzuahmen vornahm, genau wie ein Maler ein Bild von Raffael kopiert. Ich fragte mich immer: Ob wohl der hl. Aloisius in diesem Fall so oder so handeln würde oder ob er nicht dies oder etwas anderes tun würde usw. So kam ich dahin, daß ich nie das erreichte, was ich mir tun zu können eingebildet hatte, und das beunruhigte mich. Ich habe ein falsches System. Von der Tugend der Heiligen muß ich das Wesentliche und nicht das Zufällige übernehmen. Ich bin nicht der hl. Aloisius und muß mich nicht genauso heiligen, wie er es getan hat, sondern wie es mein andersartiges Wesen, mein Charakter, meine andersartigen Lebensbedingungen verlangen. Ich muß nicht die kümmerliche und dürre Reproduktion eines wenn auch noch so vollendeten Typs sein. Gott will, daß wir dem Beispiel der Heiligen solcherart folgen, daß wir das Lebensmark ihrer Tugend uns zu eigen machen, es in unserem Blut umwandeln und unseren besonderen Anlagen und Umständen anpassen. Wenn der hl. Aloisius das wäre, was ich bin, würde er auf eine andere Weise heilig werden, als er es wurde."[39]

Nachdem er am 25. Juni 1901 den Grad des Bakkalaureus erworben hatte, wurde er am 13. Juli 1904 zum Doktor promoviert, woran er selbst sich in einer autobiographischen Notiz erinnert: „Mit ruhiger Gelassenheit und Eifer durchlief er die verschiedenen Grade, zunächst des Bakkalaureats und dann Anfang Juli der Promotion zum Doktor. Er wird sich immer daran erinnern, daß er den jungen römischen Priester Eugenio Pacelli zum Assistenten bei der schriftlichen Prüfung für das Doktorat hatte, der ihm genau 50 Jahre später den Kardinalshut verleihen und ihm nach weiteren fünf Jahren seine päpstliche Tiara vererben wird."[40]

Zu Beginn des akademischen Jahres 1904–1905 schreibt sich Roncalli für die juristischen Kurse bei Sant' Apollinare ein. Die Verantwortung als Präfekt im Römischen Seminar behält er auch weiterhin.

Bei G. Radini Tedeschi.
Die Entdeckung der historisch-kritischen Methode

Bald nach der Priesterweihe, an der auch Ernesto Buonaiuti teilnahm, der 1901 zeitweise sein Mitstudent gewesen war, unterbricht Roncalli seine Studien in Rom, um nach Bergamo zurückzukehren, da er ausgewählt worden war, Sekretär des am 8. Januar
1905 neuernannten Bischofs zu werden, des Grafen Giacomo Radini Tedeschi, der führenden Persönlichkeit des ialienischen Katholizismus. Der junge Priester hatte das Glück, daß sich sehr schnell
ein völliger Einklang mit seinem Bischof herstellte. Bis zu dessen
vorzeitigem Tod im Jahre 1914 wird er alle Phasen seines Lebens-
weges mit intensiver Beteiligung begleiten. Radini Tedeschi war
eine der am meisten im Blickfeld des italienischen Katholizismus
stehenden Persönlichkeiten, und zwar verdientermaßen, nämlich
aufgrund seiner Fähigkeit, jene Anliegen zu teilen und sich zu eigen zu machen, die damals die lebendigsten katholischen Kreise
sowohl auf pastoralem als auch auf kulturellem und sozialem Gebiet beseelten.

Zwischen dem Bischof und geborenen Grafen, Sproß einer vornehmen Familie und an einen aristokratischen Lebensstil gewöhnt, und dem bäuerlichen und an ein Milieu und einen Lebensstil so ganz anderer Art gewöhnten Sekretär hätte die Distanz nicht
größer sein können; sie wurde jedoch überbrückt von der Gemeinschaft im Glauben und vom gemeinsamen Engagement für die
Kirche.

Bei Radini macht Roncalli die Erfahrung des hochgemuten und
weiten Denkens; in ihm sieht er einen vorbehaltlos engagierten
Hirten, kommt in Berührung mit liturgischen und ökumenischen
Bestrebungen, wie sie damals in Italien nicht allgemein verbreitet
waren, und er beteiligt sich mit ihm an den ersten faszinierenden
Erfahrungen mit der Katholischen Aktion, wobei er auch in Kontakt tritt mit lebendigen Kreisen katholischer „Feministinnen".
1909 taucht in seinen geistlichen Aufzeichnungen erstmals auch
ein deutlicher Hinweis auf sein eigenes Bemühen um das Studium
der Heiligen Schrift auf. Das gemeinsame Leben mit Radini er-

möglicht es ihm, an dessen Freundschaft mit Kardinal Ferrari in Mailand und Kardinal Mercier in Löwen teilzuhaben. Als er nach Bergamo zurückkehrt, beginnt er, von Grund auf die konkrete Wirklichkeit der Kirche zu erleben. Es sind die Jahre eines vollen und rückhaltlosen Engagements innerhalb der Ortskirche, in die Radini den Stil und den in weite Horizonte gerichteten Blick einbringt, wie er einer außergewöhnlichen Persönlichkeit eignet, die reich ist an Beziehungen auf nationaler und internationaler Ebene, die zu beweisen sucht, daß die unerwartete und sie weit von Rom entfernende Ernennung zum Oberhaupt einer Diözese ihre Gaben nicht abgetötet, sondern in ihrer Wirkkraft erhöht hat.

Innerhalb dieses Rahmens durchläuft Roncalli neun kostbare und anregende Jahre. In diesen Jahren übernimmt er viel von seinem Bischof und bewahrt sich dennoch eine wirkliche innere Selbständigkeit, vor allem was die Einschätzung der Wichtigkeit der verschiedenen Bereiche seines Engagements betrifft. Durch Radini tritt er in Kontakt zu der aufkeimenden liturgischen Bewegung. Dabei gilt seine besondere Aufmerksamkeit der feierlichen Gestaltung des Gottesdienstes und der Beteiligung von seiten des Volkes, vor allem mittels der Verwendung der Muttersprachen. Das ist der Grund, warum Roncalli immer dann, wenn sich ihm eine Gelegenheit dazu bietet, etwas in dieser Richtung zu unternehmen versucht.

Im Gefolge von Bischof Radini Tedeschi lernt Roncalli zu reisen, nicht nur anläßlich der vielen Besuche in Rom, sondern auch in andere Länder Europas und nach Palästina, wohin er im September und Oktober 1906 als Teilnehmer an der italienischen Pilgerfahrt ins Heilige Land kommt. Über diese Reise schickt er interessante Berichte an das Tageblatt von Bergamo.[41] In der zweiten Hälfte des Jahres 1907 macht er als geistlicher Verwalter des Instituts Sforzatica Santa Maria am Stadtrand von Bergamo auch eine unmittelbare Erfahrung seelsorgerlicher Verantwortung.

Daß die Kirche in eine dynamischere Phase eintreten müsse und daß sie nicht der Versuchung des Immobilismus verfallen dürfe – in der Überzeugung, daß die historische Entwicklung ein Weg ist, auf dem die Kirche von Meilenstein zu Meilenstein in die Zukunft voranschreitet –, das ist die tiefe Überzeugung Radinis und seiner Gruppe. Diese Überzeugung hatte 1904 eine Niederlage erlitten, nachdem sie mittels der *Opera dei congressi* versucht hatte, sich in der Kirche zu behaupten, zumindest auf sozialem Gebiet. Radini suchte dann dieses Anliegen im eigentlich kirchlichen Bereich neu zum Zuge zu bringen, indem er sich um eine tiefgreifende Erneuerung der Kirche von Bergamo bemühte. Mit kraftvollem

Zugriff nahm er die vom Konzil von Trient geschaffenen und durch die daran anschließenden Erfahrungen bewährten klassischen Instrumente wieder zur Hand. Bei diesen Erfahrungen denkt man an das Modell des hl. Karl Borromäus, an Pastoralvisitationen, Seminarien, Diözesansynoden. Dabei wurde jedoch auch nicht auf ein intensives soziales Engagement verzichtet.

Roncalli spielt an der Seite Radinis eine Rolle erster Klasse in diesem Programm des *Aggiornamento,* von dem er dann später, sofort nachdem der Bischof gestorben war, ein umfassendes und glänzendes Bild zeichnet, und zwar in einer Biographie, die verhindern sollte, daß ein so reiches, aber noch unvollendetes Werk zugrunde ginge. Es ist kein Zufall, daß Roncalli jedesmal, wenn er vor die Aufgabe gestellt wird, einen pastoralen Dienst zu übernehmen – zunächst in Venedig, später in Rom –, dieselbe Reihe von Aktivitäten [nach dem bewährten Modell] in Angriff nehmen wird. Es ist aber nicht zu verkennen, daß Roncalli innerhalb des Erbes Radinis eine Auswahl getroffen hat, indem er der im engeren Sinne kirchlichen Dimension gegenüber der sozialen Aktion immer eine größere, ja manchmal sogar ausschließliche Aufmerksamkeit widmete. Es stimmt, daß Johannes XXIII. während seines Pontifikates für die großen menschlichen Probleme eine große Sensibilität beweist; diese hat jedoch zutiefst andere Charakterzüge und einen weiteren Atem, als dies bei der Erneuerungsbewegung der *Opera dei congressi* der Fall gewesen war.

Zwischen 1903 und 1907 kommt es innerhalb des katholischen kulturellen Horizontes zu schweren Erschütterungen aufgrund der aufgetretenen Probleme bezüglich der Beziehung zwischen Glaube und Geschichte, zwischen dem theologischen Denken und der nach den Kriterien der positiven Wissenschaft betriebenen Forschung. Das „modernistische" Denken versuchte damals, eine Antwort auf die Herausforderungen durch die laizistische Kultur zu geben, eine Antwort, die sehr bald vom kirchlichen Lehramt desavouiert und abgelehnt wurde. Roncalli seinerseits versucht ebenfalls, eine zumindest für ihn selbst gültige Antwort zu finden. In den Jahren zwischen seinen Exerzitien im Dezember 1903 und einer vier Jahre später (am 4. Dezember 1907) im Auftrag von Bischof Radini Tedeschi im Seminar von Bergamo veranstalteten öffentlichen Feier für Kardinal Baronius kommt er zu einigen für seine Zukunft entscheidenden Schlußfolgerungen.

Wenngleich er nur wenig älter als zwanzig Jahre ist, vertieft er seine Bindung an die überlieferte Lehre der Kirche und macht sich zugleich die Überzeugung zu eigen, daß die kritische Methode unentbehrlich ist. Die feierliche Begehung des Jahrhundertgedächtnisses des Patriarchen der katholischen Geschichtsschreibung, Caesar Baronius, wird größtenteils sogar von dem Wunsch motiviert sein, ihn gerade als den katholischen Begründer einer Kirchengeschichtsschreibung, die auf der nach wissenschaftlichen Kriterien vorgehenden Erforschung von Dokumenten fußt, zu ehren. Im Lauf der Gedächtnisfeier behauptet Roncalli die Vereinbarkeit des Empirismus Bacons mit dem Christentum und die Möglichkeit, die deduktive Schematik der bis dahin maßgeblichen katholischen Schulen zu überwinden.

Er schlägt einen Weg ein, der dem des englischen Kardinals John Henry Newman ähnelt: Er vermeidet es sowohl, den Glauben aufzugeben, als auch, auf die rationale Forschung zu verzichten. Unter diesen Umständen verfeinert er die Unterscheidung zwischen Substanz und Akzidentien, jene klassische thomistische Distinktion, und aktualisiert sie, indem er – ohne Widerspruch – unterscheidet zwischen dem, was der Glaube vorbehaltlos annehmen will, und dem, was der Verstand analysieren kann, weil es kontingentes Produkt der historischen Entwicklung ist.

Der granitharte Entschluß, der Kirche treu zu bleiben, hatte ihn nicht der Notwendigkeit enthoben, eine für ihn gültige und überzeugende Antwort zu suchen. Dies ist ein interessantes Symptom einer aktiven Weise, die Treue zur Tradition zu leben, ohne deswegen vor den Problemen zu fliehen, sondern sich in gelassener Freiheit mit ihnen auseinanderzusetzen. Was Roncalli in diesen Jahren sucht, ist nicht bloß oder auch nicht hauptsächlich eine begriffliche Beilegung der Streitfrage um die Art der Beziehung zwischen Offenbarung und Geschichte, zwischen der Treue zur Tradition und den Veränderungen in der Menschheit, sondern es ist vor allem das Erlangen einer Lebenseinstellung, in der weder seine Glaubensidentität noch sein menschliches und intellektuelles Engagement geopfert wird, das ihn fähig macht, Bruder unter Brüdern zu sein.

Schon im Jahre 1900, im Alter von neunzehn Jahren, hatte er geschrieben: „Alle Menschen auf Erden tragen das Bild Gottes in sich."[42] Und er fügt hinzu: „Wenn alle Menschen Gottes Ebenbild sind, wie könnte ich sie nicht alle lieben, wie könnte ich sie verachten, ihnen keine Ehrfurcht entgegenbringen?" Darin war schon der Kern einer ganzheitlichen Anthropologie enthalten, die keine Privilegien beansprucht und niemanden ausschließt, die ihn in den folgenden Jahren antreibt, mit Zuversicht, wenn auch mühsam und mit Risiken, eine dynamische und fruchtbare Vermittlung zwischen Glaube und Geschichte zu suchen. Dieses Suchen ist nicht nur ein vorherrschendes Thema auf verschiedenen Seiten seines Geistlichen Tagebuches, sondern bildet auch den Hintergrund des Vortrags über Baronius. Bei dieser Gelegenheit kommt es nämlich Roncalli vor allem darauf an, die Fähigkeit des Kardinals aus der Gemeinschaft der Oratorianer, „Mensch seiner Zeit" zu sein, zu würdigen, der „intuitiv die Bedürfnisse der damaligen Kirche und Gesellschaft erkannte und der mit seiner so hartnäckigen Arbeit ein eminent praktisches und auf das Leben bezogenes Werk zu vollbringen beabsichtigte"[43]. Unmittelbar nach dieser zusammenfassenden Würdigung geht er sogar über zur Aktualität des eigenen historischen Augenblicks, indem er an die im Namen der positiven Wissenschaften gegen die katholischen Christen gerichteten Angriffe erinnert.

Roncalli zögert nicht zu behaupten: „Auch wir haben unseren Posten auf dem Feld der positiven Wissenschaften bezogen. Das haben die neuen Zeiten und die neue Notwendigkeit, uns gegen die Angriffe der Ungläubigen zu verteidigen, von uns gefordert: Auf diesem Weg können wir sicher vorangehen."[44] Das war kein kleinmütiger Beschluß in einer Zeit, in der solch gewaltige Sturzwellen niedergingen. Und der junge Vortragsredner macht hier auch noch nicht halt, sondern findet darin die Möglichkeit, die Gültigkeit der *philosophia perennis* des Thomas von Aquin zu bekräftigen, wenn sie nur „in Einklang gebracht wird mit den neuen Erfordernissen der Zeit und mit den Postulaten der zeitgenössischen Wissenschaft". So bringt er die Notwendigkeit zum Ausdruck, sich in einer noch umfassenderen Weise auf die Geschichte einzulassen, was gerade demjenigen möglich sei, der nicht bereit ist, „die hohen Überzeugungen des Glaubens" aufzugeben.

Seine eigene positive Grundeinstellung gegenüber der Geschichte gründet er vor allem auf seine Unterscheidung zwischen Substanz und Akzidentien, zwischen dem Wesentlichen und den zufälligen äußeren Erscheinungsformen, die er schon in bezug auf die Erlangung der Heiligkeit angewandt hatte, die er auch nicht als Reproduktion eines starren Modells verstanden hatte, sondern als Aneignung des Lebensmarkes der Tugend, das an die Anlagen und besonderen Lebensumstände jedes einzelnen angepaßt werden müsse. In dem Maße, wie diese Unterscheidung nicht nur auf das innere Leben, sondern auf das Christentum als ganzes angewandt werden konnte, erschien es in aller Deutlichkeit möglich und notwendig, „den modernen Menschen mit ihren Bedürfnissen die alte Kraft des Christentums nahezubringen". Dies dürfe man nicht als ein unvermeidliches Übel oder als eine Versuchung zur Untreue auf sich nehmen, wenn es doch wahr sei, daß „die Kirche die ewige Jugend der Wahrheit Christi in sich enthält, die für alle Zeiten da ist", so daß man sagen müsse: „Es ist die Kirche, welche die Völker und die Zeiten umwandelt und heil werden läßt, und nicht umgekehrt."[45]

Das Engagement des Radini-Jahrzehnts für die Erneuerung der Kirche war immer von einer eifrigen Treue zum Papst gekennzeichnet, wofür sich in den Tagebuchaufzeichnungen Roncallis immer wieder ein Echo findet. Trotzdem ist auch bekannt, daß die Diözese Bergamo zu wiederholten Malen, vor allem zwischen 1908 und 1911, apostolische Visitationen über sich ergehen lassen mußte, sei es in bezug auf die Diözese als ganze oder auf das Priesterseminar im besonderen. Trotzdem stand das Prestige von Bischof Radini immer hoch im Kurs, wie schon die Tatsache belegt, daß die lombardischen Bischöfe im Jahre 1912 anläßlich der Sechzehnhundertjahrfeier des Ediktes von Mailand gerade ihm die Vorbereitung des gemeinsamen Briefes zur Freiheit der Religion in den Schulen anvertrauen. Um die Abfassung des Textes wurde – mit Zustimmung von Kardinal Ferrari – Don Roncalli gebeten.[46]

Das Kirchenbild Roncallis wird komplexer, nicht so eindimensional und weniger naiv. Schon die Studieninteressen dieser Jahre sind bezeichnend für seinen Wunsch, die Möglichkeiten der kirchlichen Erneuerung zu erhellen: Die apostolische Visitation des Karl Borromäus – deren Akten Anfang 1906, als die Kontakte mit Msgr. Achille Ratti begannen, im Diözesanarchiv von Mailand wieder aufgefunden worden waren –, die Anfänge des Seminars.[47]

Zu diesen größeren Arbeiten kommen die Mitarbeit an der katholischen Tageszeitung L' Eco di Bergamo und das unermüdliche Engagement für das Wochenblatt der Diözese, das seit 1906 ebenfalls von Radini gefördert wird, hinzu. Auch diese Arbeit ist als Beitrag zu demselben Projekt zu verstehen. In La Vista diocesana, der monatlich erscheinenden Zeitschrift für den Klerus des Bistums Bergamo, veröffentlicht Roncalli einen Bericht über den Streik der Arbeiter von Ranica im Jahre 1909. Dieser Streik wurde von den katholischen Gewerkschaften organisiert und von Bischof Radini, der auch Beiträge für die Solidaritätskasse der Streikenden zahlte, öffentlich unterstützt. Roncallis Bericht ist ein Text, der seine tiefe Überzeugung offenbart, daß Jesus Christus selbst gekommen ist und auch seine Apostel ausgesandt hat, „um besonders den Armen eine gute Nachricht zu verkünden", und daß die Kirche ihre Bischöfe lehrt, sich vornehmlich den Enterbten, den Schwachen und den Unterdrückten zuzuwenden. Daraus leitet er die Verpflichtung zur Solidarität mit den Arbeitern von Ranica ab.

Parallel zum Dienst als Sekretär des Bischofs übt Don Roncalli eine Lehrtätigkeit im Diözesanseminar aus. Von 1906 bis 1914 lehrt er Kirchengeschichte, 1908–1910 und 1913–1914 Patrologie, 1908–1914 Apologetik und schließlich 1910–1911 auch noch Fundamentaltheologie. Am 6. November 1912 tritt Roncalli in die Diözesankongregation der Priester des Heiligsten Herzens ein. Das Versprechen, das er ablegt, wird er dann regelmäßig treu erneuern bis zu seiner Bischofskonsekration, nach der er Ehrenmitglied wird.[48] Anläßlich seines Eintritts in die Kongregation findet sich im Geistlichen Tagebuch die folgende Eintragung: „Am Fest des hl. Karl lege ich vor dem Bischof ein besonderes Versprechen ab, durch das ich Priester vom Heiligsten Herzen Jesu werde. Ich gestehe: Einige Schwierigkeiten hätten mich beinahe davon abgehalten. Aber diese Schwierigkeiten und menschlichen Rücksichten waren zum größten Teil in der Eigenliebe begründet. Deshalb bin ich froh, daß ich alles hinter mich geworfen habe, und mit weitem Herzen eile ich dorthin, wohin mich Jesus ruft und wo er mich haben will, wie er mir zu verstehen gab. Mir liegt nichts am Urteil der Welt. Der Herr weiß, daß meine Absicht gerade und rein ist. Besiegelt sei damit, auch nach außen hin, mein Vorsatz aus dem ersten Jahr meines priesterlichen Lebens, mich ganz und gar in den Gehorsam zu stellen, mich meinem Bischof zu überlassen, selbst in den geringsten Angelegenheiten. Das Versprechen, das ich ablegen werde, betrachte ich zugleich als eine Erklärung gegenüber der Kirche, daß ich danach strebe, mich ganz aufzugeben, verachtet und vernachlässigt zu werden aus Liebe zu Jesus und zum Wohl der Seelen, stets in Armut zu leben und mich von allen Interessen und Gütern der Erde zu lösen."[49] Mehr als vierzig Jahre später wird er sich bei der Abfassung seines Testamentes vom 29. Juni 1954 noch einmal lebhaft an dieses Armutsversprechen erinnern: „Ich danke Gott für diese Gabe der Armut, die ich schon in meiner Jugend gelobt habe: Armut im Geiste, als Priester des Heiligsten Herzens, und wirkliche Armut. Sie hat mir die Kraft gegeben, nie etwas zu erbitten, weder Posten noch Geld, noch Gunsterweise, niemals, weder für mich noch für meine Angehörigen oder meine Freunde."

Die Zusammenarbeit mit dem Bischof war sehr eng und derart, daß sie Don Roncallis Energien fast völlig aufzehrte, und zwar in einem solchen Ausmaß, daß sie den Lebensrhythmus, den er sich im Seminar zu eigen gemacht hatte und an den er sich jetzt mit Heimweh erinnert, außer Kraft setzte. Es ist bezeichnend, daß das Geistliche Tagebuch von 1904 bis 1907 verstummt. 1905 hält Roncalli bei den Kamaldulensermönchen in Frascati eine geistliche Einkehr, und 1906 ersetzt die Wallfahrt ins Heilige Land die Exerzitien. Schließlich notiert er während der Exerzitien im September

1907: „Endlich finde ich innere Sammlung; lange schon habe ich mich nach diesen Exerzitien gesehnt. Ich habe meine alten Vorsätze durchgelesen und dabei erneut die früheren Eindrücke empfunden. Mein geistliches Leben bekam das Vielerlei dieser meiner ersten Priesterjahre zu spüren, fand ich doch niemals Zeit, ernsthaft an mich selber zu denken. Meine Seele war ständig wie aufgeteilt zwischen tausenderlei kleinen Aufgaben und Pflichten, zwischen Nichtigkeiten eigentlich, die jedoch nie aufhörten und nie aufhören werden. Es drängt mich, Gott zu danken, nicht nur weil er mich vor schwerer Schuld bewahrt hat, sondern für die unermeßlichen, zahllosen, liebreichen Gnaden, o mein Gott! Allein dieser Gedanke genügt, die Glut wieder zu entfachen und mich in dem Vorsatz eines wahrhaft heiligen priesterlichen Lebens erneut zu bestärken. O Jesus, ich nehme deine Einladung an: Vielleicht ist es die letzte, denn wer weiß, welche Pläne du mit meinem Leben hast. Ich kehre in deine Arme, an dein liebendes Herz zurück.

Meine Pflichten als Sekretär des Bischofs und als Lehrer haben in diesem Jahr noch zugenommen und bestimmen mein ganzes Leben, ein Leben der Sammlung, des Gebets und des Studiums. Mit einem Wort, ich bin wieder Seminarist geworden, und als ein solcher will ich leben. Ich komme auf all das wieder zurück, was ich niederschrieb, als ich in Rom war. Da gibt es tatsächlich praktische Gedanken und weiterhin brauchbare Eindrücke. Ich füge nur wenig hinzu und auch nur sehr wenige Vorsätze, auf die ich jedoch in meiner Gewissenserforschung zurückkommen werde."[50]

Ein Jahr später wird eine entspanntere innere Heiterkeit sichtbar: „In diesen Tagen wollte der Herr mir noch eindringlicher vor Augen führen, wie ich mein Leben als Priester zu begreifen habe. Ich muß mich stets als ein Opfer in den Händen Gottes betrachten, bereit, mich selber, meine Bequemlichkeiten, meine Ehre, alles, was ich besitze, ganz hinzugeben: für die Ehre Gottes, für meinen Bischof, für das Wohl meiner lieben Diözese: ‚Als ein reines, lebendiges, wohlgefälliges Opfer.‘ Ich werde mir zur Gewohnheit machen, stets über die hohe Bedeutung dieser Worte nachzudenken. Auf diese Weise habe ich immer Gelegenheit, ohne nach außergewöhnlichen Dingen Ausschau zu halten, mich selbst zu überwinden, besonders in meiner Eigenliebe und meiner Bequemlichkeit; mich nie über irgend etwas beklagen, bei allem Tun nie die innere Freude des Geistes verlieren, die auch im Äußeren durchschinen soll. Besonders während ich die heilige Messe feiere, will ich daran denken und mich mit Jesus Christus vereinigen, dem Hohenpriester und göttlichen Opfer für die ganze Welt. Wie schön ist es, unermüdlich zu arbeiten, schweigend die kleinen Bitternisse des Tages zu erdulden, ohne dabei die Fassung zu verlieren, ständig den Wunsch frisch und lebendig zu erhalten, immer noch mehr zu leiden, um immer besser zum Wohl der Diözese zu wirken, um dem Meister Jesus Christus zu gefallen."[51] Im folgenden Jahr findet sich eine Aufzeichnung, die auf eine Wende in der Kultur wie in der Spiritualität Roncallis hindeutet: „Mehrmals im Verlauf dieser Exerzitien zog es mich stark zum Studium der Heiligen Schrift. Ich habe bereits in diesen Tagen damit angefangen und lese mit viel Freude die Briefe des hl. Paulus. Ich beabsichtige, damit fortzufahren und als Thema für meine Betrachtungen mir öfters einen Abschnitt aus der Heiligen Schrift, namentlich des Neuen Testaments, vorzunehmen. Jeden Abend, vor dem Schlafengehen, werde ich mit frommer Aufmerksamkeit ein Kapitel aus den heiligen Büchern lesen."[52] Dies ist ein Gipfelpunkt des geistlichen Wachstums Roncallis, der nicht einfach auf den Einfluß dieser oder jener Persönlichkeit zurückzuführen ist. Man kann hier an den Spiritual Facchinetti oder auch an Radini denken, der gewiß viele Aspekte der Spiritualität Roncallis beeinflußt hat. Man darf aber nicht vergessen, daß hinsichtlich der Heiligen Schrift Radini selbst offenbar das Beispiel Roncallis übernommen hat, worauf man schließen kann, wenn er, wie die von Roncalli verfaßte Biographie sagt, nach vertieften Studien der Scholastik und inmitten einer enormen pastoralen Arbeit „die Zeit fand..., die gesamte Heilige Schrift zu lesen, von der ersten Seite des Buches Genesis bis zur letzten Seite der Offenbarung des Johannes".[53]

Während der Exerzitien im Oktober 1910, wenige Wochen nach der Veröffentlichung des Antimodernisteneides, hält Roncalli es für nötig, einen bedeutsamen Text zu schreiben: „Der Herr schenkte mir während dieser heiligen Exerzitien eine besondere Einsicht in die Notwendigkeit, meinen ‚sensus fidei' – meinen ‚Glaubenssinn' – und mein ‚sentire cum Ecclesia' unversehrt und rein zu bewahren. Er ließ mich in neuer, leuchtender Klarheit erkennen, wie weise, zweckmäßig und gut die päpstlichen Anordnungen sind, die darauf ausgehen, besonders den Klerus vor der Ansteckung durch moderne (sog. ‚modernistische') Irrlehren zu bewahren, die auf heimtückische und verführerische Weise die Fundamente der katholischen Lehre zu untergraben suchen. Die schmerzlichen Erfahrungen dieses Jahres, die ich hier und da machen konnte, die ernsten Sorgen des Heiligen Vaters und die Worte unserer Oberhirten haben mich überzeugt, ohne daß ich noch weiteres anführen müßte, daß dieser Wind des Modernismus recht kräftig weht und weiter greift, als es auf den ersten Blick scheint;

49

und es kann ganz leicht geschehen, daß er auch denen ins Gesicht fährt und sie betäubt, die anfangs nur von dem Wunsch getrieben waren, die alten christlichen Tugenden den modernen Bedürfnissen anzupassen. Manche, auch gute Leute sind den Mißverständnissen zum Opfer gefallen, vielleicht unbewußt; sie ließen sich auf das Feld des Irrtums treiben. Das Schlimme ist, daß man von den Ideen rasch zu einem Geist der Unabhängigkeit übergeht und zu frei über alles und alle urteilt.

Ich danke dem Herrn auf den Knien, daß er mich mitten im Strudel und Wirrwarr der Geister und Zungen unverletzt bewahrt hat. Aber die Erfahrungen der anderen, die mir bisher erspart blieben, veranlassen mich, noch mehr auf meine Eindrücke, Gedanken und Gefühle und auf meine Worte zu achten, auf alles, was in irgendeiner Weise von diesem verderblichen Hauch erfaßt werden könnte. Ich muß mich stets daran erinnern, daß die Kirche in sich die ewige Jugend der Wahrheit und Christi birgt, daß sie über allen Zeiten ist; die Kirche muß ihrerseits die Völker und die Zeit umwandeln und erretten, und nicht umgekehrt.

Der größte Schatz meiner Seele ist der Glaube, der schlichte Glaube meiner Eltern und meiner guten alten Freunde. Ich werde genauestens und streng auf mich achten, daß die Reinheit meines Glaubens in keiner Weise getrübt wird.“[54]

Diese Erwägungen und die Selbstverpflichtung zur Wachsamkeit hindern Roncalli jedoch nicht daran, die erregtesten und vor allem die am meisten auf bestimmte Personen zielenden Formen der Polemik abzulehnen. Im September 1911 hatte Bischof Radini ihn um einen Bericht über eine Reihe von Vorlesungen gebeten, die der Jesuitenpater Matiussi, einer der unnachgiebigsten Stimmführer gegen den Modernismus, in Bergamo gehalten hatte. Roncalli schreibt ihm am 29. September in einem Ton ausgewogener Gelassenheit: „Was mich sofort überraschte…, war die Impulsivität und der allgemeine allzu lebhafte Ton – um nichts anderes zu sagen –, wo der Pater diese oder jene Person berührte; und dabei sagte er außer manchem Selbstverständlichen auch anderes, das mir in höchstem Maß von gar nicht guter Art schien … Wenn schon die Wahrheit, und zwar die ganze Wahrheit gesagt werden mußte, dann habe ich doch nicht verstanden, warum sie eher in Begleitung der Blitze und des Donners vom Sinai daherkommen mußte als mit der ruhigen Gelassenheit Jesu, als er auf dem See vom Boot aus redete oder seine Bergpredigt hielt.“[55] Auch hier frappiert die Eindeutigkeit einer unvermeidbaren Stellungnahme, in der es zwar auch die temperamentbedingte Komponente gibt („allzugroß war mir die Unvereinbarkeit dieser Vorgehensweise mit meiner Art"), die sich aber vor allem mit der treuen Nachfolge des milden und sanftmütigen Jesus verbindet.

Aus einigen Tagebucheintragungen Roncallis vom 10. August 1914, die geschrieben sind anläßlich des zehnten Jahrestages seiner Priesterweihe, ist das Echo des beginnenden Weltenbrandes und der wenige Tage später zum Tod führenden schweren Krankheit Radinis herauszuhören: „Während ich meine Gedanken sammle und der Tag zu Ende geht, der mein Herz mit beglückenden Erinnerungen an meine Priesterweihe erfüllte, liegt mein verehrter Bischof, der für mich alles ist – die Kirche, Jesus Christus, Gott –, hier in meiner Nähe darnieder, seit langem schon leidend. Wie ich mit ihm und für ihn leide! Wie traurig und unruhig sind diese meine Ferien. O Herr, laß meinen Bischof bald wieder gesund werden, wenn es dir so gefällt. Gib ihn seiner apostolischen Arbeit zurück, seiner und deiner Kirche, zu deiner Verherrlichung und zur Freude so vieler Söhne.

Bedrängender und quälender als der durch Gottergebenheit gemilderte Schmerz um meinen Bischof ist das Kriegsgeschrei, das sich an diesen Tagen über ganz Europa erhebt. Herr, ich erhebe meine Priesterhände über deinem mystischen Leib und wiederhole unter Tränen das Gebet des hl. Gregor, wiederhole es heute mit besonderer Inbrunst: ,Lenke unsere Tage in deinem Frieden.'

Und was wird aus der Kirche in dieser Sintflut? Rette sie, Herr, rette sie! Zehn Jahre sind es nun her, daß ich in Rom über dem Grab des hl. Petrus meine erste heilige Messe feierte. Beglückende Erinnerung! Damals wandte ich meine Gedanken, meine Hingabe voll Inbrunst dem Papst und der Kirche zu. Nach diesen zehn Jahren ist dieser Gedanke, diese Hingabe nur noch lebhafter geworden.

O Herr, schenke deiner Kirche in diesen stürmischen Zeiten, in diesem Aufeinanderprall der Völker ,Freiheit, Einheit und Frieden.'"[56]

Auf diese Jahre gehen auch die ersten bitteren Erfahrungen Roncallis in der Auseinandersetzung mit der kirchlichen Struktur zurück, was um so mehr gilt, als er sich 1914 gegen die Anklage wenden mußte, er habe Sympathien mit dem Modernismus. Ein Mitbruder hatte ihn bei den römischen Kongregationen dessen verdächtigt. Wenige Wochen vor dem Tod von Radini Tedeschi war Roncalli mit dem Rektor und dem Ökonom des Priesterseminars von Bergamo in Rom, um wegen einer das Landhaus des Seminars betreffenden Angelegenheit Bericht zu erstatten. Da mußte er am Ende einer Audienz bei Kardinal De Lai hören, er solle doch achtsam sein bei seiner Lehrtätigkeit in Sachen Bibelexegese. In Wirklichkeit lehrte Roncalli Apologetik und Kirchengeschichte, aber De Lai bezog sich auf eine aus Bergamo kommende Denunziation. Don Roncalli berief sich bei seiner Antwort auf „die Stimme meines guten Gewissens, das mir bezeugt, daß ich nicht nur niemals anders gedacht habe, als es den Lehraussagen und dem *Geist* der Kirche entspricht, und zwar auch in den kleinen Dingen und in Fragen, die frei disputiert werden dürfen; ich habe sogar – wie mir scheint, mit großer Redlichkeit und soweit meine bescheidenen Kräfte es ermöglichten, mit Großherzigkeit – in Wort und Schrift und mit meinem Beispiel öffentlich und privat in meinem priesterlichen Dienst daran gearbeitet, daß die gleiche frohgemute und vertrauensvolle Gesinnung der Folgsamkeit und der Liebe zur Kirche, zum Hl. Stuhl und deren früheren und neuesten Weisungen in Sachen der Lehre und des praktischen Lebens hochgehalten wird; und dies alles so, daß ich es zu einem der Hauptziele meiner Lehrtätigkeit unter den Seminaristen und den Laien verschiedener Schichten gemacht habe." Weiter berief er sich auf „die bestärkenden und die überaus schmeichelhaften Worte, die ich in dieser Hinsicht immer von meinen verehrten Vorgesetzten zu hören bekam, die mich besonders und unablässig unter ihren Augen hatten, ohne daß in acht Jahren jemals der kleinste diesbezügliche Verweis ausgesprochen worden wäre – und den hätte ich akzeptiert, glauben Sie mir das, Eminenz, und ich hätte ihn mir mit dem lautersten guten Willen zu Herzen genommen und hätte mich unterworfen". Und er erwähnt den „Eindruck, den ich, wie ich glaube und weiß, geweckt habe bei den vielen Menschen, welche die Gelegenheit hatten, mich näher kennenzulernen, Kleriker, Priester, Laien jeden Standes, auf die sich – unter der Wegweisung durch den Gehorsam – mein bescheidener Dienst erstreckte"[57].

Der Tod des Bischofs bringt dann die schroffe Beendigung der zentralen Stellung Roncallis innerhalb der Diözese mit sich.

„Respekt vor der Freiheit". Der Militärdienst und das pastorale Engagement für die Jugend in Bergamo

Das Hinscheiden von Bischof Radini Tedeschi am 22. August 1914, dessen Beispiel Roncalli auf immer dankbar verbunden bleibt[58], läßt den nun mehr als dreißig Jahre alten Sekretär in einer ziemlich prekären Situation zurück, die ganz durch die Lehrtätigkeit im Priesterseminar bestimmt war. Er selbst vermerkt in seinem Geistlichen Tagebuch: „Mein neues Amt hält mich völlig im Seminar fest und läßt mir keine Zeit für die Seelsorge. Ich werde also ein ruhigeres und gesammelteres Leben führen, wie ich es mir immer gewünscht habe. Dies ist eine neue Gnade, die der Herr mir erweist. Ich danke ihm dafür und will daraus Nutzen ziehen. Denn ich liebe meine Kammer und meine Zurückgezogenheit und widme mich völlig dem Gebet und dem Studium.

Insbesondere nehme ich mir vor, immer um halb sechs Uhr aufzustehen. Dann will ich sofort in meiner Kammer Betrachtung halten, um dann nach San Michele zu gehen zur heiligen Messe und um gegebenenfalls Beichte zu hören. Auf die anderen Punkte meines Tagesablaufes will ich nicht weiter eingehen und begnüge mich damit, mich an die bereits gefaßten Vorsätze zu erinnern.

Ich möchte vorbildlich sein können bei Erfüllung aller meiner Aufgaben, als Lehrer und in meinen Beziehungen sowohl zum Rektor des Seminars wie zu den Kollegen und Schülern. Ich will mich allen gegenüber der Demut und Liebenswürdigkeit befleißigen, um damit beizutragen zur allgemeinen Harmonie und zur gegenseitigen geistlichen Erbauung, was dort so wichtig ist, wo gemeinsame Verantwortlichkeit so schwer wiegt. Vor allem will ich mich hüten, zu kritisieren oder mich über irgend etwas zu beklagen, und mir neben anderem stets vor Augen halten, daß ich mich nirgends so sicher fühlen könnte wie hier im Seminar.

Meine Hauptsorge wird sein, dem neuen Bischof, wer es auch sein mag, mit der gleichen Ehrfurcht, dem gleichen Gehorsam und der gleichen aufrichtigen, großherzigen und frohen Zuneigung zu begegnen, wie ich sie dank der Gnade Gottes immer für seine unvergeßlichen Vorgänger empfunden habe. Ich will auch versuchen, in dieser Hinsicht ein gutes Beispiel zu geben, denn ich bin davon überzeugt, in der Person des Bischofs den Stellvertreter Gottes zu sehen. Natürlich werden mir andersgeartete Beziehungen auch andere Verhaltensweisen auferlegen. Aber wie immer diese auch sein mögen, sie werden von dem gleichen Respekt, der gleichen Klugheit und von feinem Taktgefühl getragen sein, die das Wesen der Liebe ausmachen. Wenn ich mich dem neuen Bischof gegenüber so verhalte, wird ihm dies wohltun und ihn stärken, und meine Person wird ihm kein Stein des Anstoßes bedeuten, sondern ein Baustein und eine Hilfe ‚ad aedificationem – zum Aufbau'. Diesen Gehorsam und diese Zuneigung zu meinem Bischof werde ich ihm ‚verbo et opere – in Wort und Tat' beweisen, und ich will Jesus eindringlich bitten, mir zu helfen, meinen Vorsätzen, was immer es kostet, treu zu bleiben."⁵⁹

Der Erste Weltkrieg stand unmittelbar bevor, und vom Mai 1915 bis zum Dezember 1918 leistete Don Roncalli, der schon von 1901 bis 1902 als Wehrpflichtiger Dienst getan hatte, aufs neue Militärdienst, zunächst im Sanitätswesen und dann als Militärkaplan. Dies ist eine Erfahrung, über die es nur eine karge Dokumentation gibt, aus der sich aber ergibt, daß Roncalli hier den Akzent auf die Seelsorgsaufgabe setzt, ohne daß viel vom Krieg die Rede ist. Eine kurze Anmerkung vom Mai 1914 besagt: „Morgen werde ich als Sanitäter zum Militärdienst einrücken. Wohin wird man mich schicken? Vielleicht an die Front? Werde ich wieder nach Bergamo heimkehren, oder hat der Herr bestimmt, daß meine letzte Stunde auf dem Schlachtfeld schlagen wird? Ich weiß nichts. Ich will nur eines: immer und überall den Willen Gottes erfüllen und mich selber zu seiner größeren Ehre aufopfern. So, und nur so, glaube ich der Größe meiner Berufung gerecht zu werden und meine aufrichtige Liebe für das Vaterland und die Seelen meiner Brüder mit der Tat zu beweisen. Der Geist ist willig. Herr Jesus, hilf mir, diese Bereitschaft zu bewahren. Maria, meine gute Mutter, hilf mir: ‚Auf daß in allem Christus verherrlicht werde.'"⁶⁰

In einer Predigt am 7. Januar 1917 sagt er: „Abgesehen von jedem Urteil über die Legitimität und – wie man zu sagen pflegt – die ‚Heiligkeit' unseres Krieges, ist dies gewiß: daß es für das Bewußtsein jedes Soldaten die Stimme Gottes ist, die er in der Stimme des Vaterlandes, das ihn gerufen hat und das ihm so große Opfer auferlegt, gehört hat. All unsere kleinen und großen Entbehrungen und alle Trennungen – die viel weniger wert wären, wenn bloß ein menschliches und natürliches Motiv sie milderte – gewinnen einen übernatürlichen, göttlichen und unendlich verdienstvollen Wert für uns selber, für unsere Familie, für das Vaterland, wenn sie ertragen werden im Geist des Glaubens und mit dem Empfinden christlicher Liebe."[61]

Gegen Ende desselben Jahres schreibt er an seinen Bruder Giuseppe: „Ich weiß, daß Du sehr ergeben bist. Du weißt aber, daß unsere Ergebenheit weder Feigheit noch Schwäche ist, sondern Mut und Stärke. Sie ist auf Gott gegründet, der uns überall sieht, uns hört und erhält, uns sogar im Kanonendonner froh und zufrieden erhält und uns vor allem Übel bewahrt. Viele Soldaten zucken die Schultern, lachen oder lästern und fluchen leider, wenn sie vom Vaterland reden hören. Wir nicht. Wir tun unsere Pflicht und schauen nach oben. Die Menschen, die uns regiert haben und uns regieren, verdienen nicht unsere Opfer, doch das Vaterland, das heute in Gefahr ist, verdient sie alle. Die Menschen vergehen und das Vaterland bleibt."[62] Und dann am 18. Juli 1918, da der Krieg schon zu Ende geht, hatte er Anlaß, zu bemerken: „Wenn ich von dort komme, wo ich die Widerwärtigkeiten, die Schmerzen und wirklichen Sorgen, die der Krieg verursacht hat, miterlebe und zum Mittagessen zum Seminar hinaufsteige, gebe ich mich der Illusion hin, dort oben unter meinen Professoren-Kollegen so etwas wie eine Oase des Friedens und der Ruhe vorzufinden, die mir etwas Ruhe und Aufheiterung beschert. Statt dessen spricht man dort oben an der Tafel, an der es noch nie an etwas gefehlt hat und wo niemand irgendeinen Schaden durch den Krieg erlitten hat, von nichts anderem als dem Krieg. [...] Gewisse Mentalitäten scheinen mir hervorragend geeignet zu zerstören, unfähig, aufbauend zu wirken. Ich spiele dort die Rolle des unverbesserlichen Optimisten. Ich kann aber nicht anders sein. Ich habe noch nie einen Pessimisten gekannt, der irgend etwas Gutes fertiggebracht hätte. Und da wir nun mal dazu berufen sind, eher Gutes zu tun als Schlechtes anzurichten, aufzubauen anstatt zu zerstören, darum scheint mir, daß es meine Pflicht ist, meinen Weg der unermüdlichen Bemühung um das Gute fortzusetzen und mich nicht mehr um andere Weisen zu kümmern, das Leben zu verstehen und zu beurteilen."[63]

Der Krieg hatte Roncalli wieder eine Welt vor Augen geführt, die größer und ziemlich anders war als seine eigene, an die er gewöhnt war, wie er es auch schon während seines ersten Militärdienstes erlebt hatte. Das Leiden, dessen Zeuge er wurde, einerseits und seine größere persönliche Reife andererseits ermöglichten ihm nun eine innere Einstellung des Verständnisses und der Aufgeschlossenheit gegenüber allen – die allerdings schon seiner Natur entsprach –, die aber unterschiedlich beurteilt wurde, wie er selbst vermerkt. In einer Notiz zu Ostern 1918, als er noch Militär-dienst leistete, schreibt er nämlich: „Wenn ich geschätzt und gelobt werde von Menschen, die keinen Glauben oder nur wenig Glauben haben, dann bedrückt mich das gelegentlich, weil ich mich der Gefahr ausgesetzt sehe, daß mich viele für zu nachgiebig halten könnten ... Ich meine aber sagen zu können, daß ich die Wahrheit gegenüber niemandem verleugne, verkleinere oder abschwäche. Soll ich denn mit der Peitsche in der Hand auftreten? Werden also die Ansprüche der Wahrheit und der Liebe, die eng miteinander verbunden sind, diesen Menschen gegenüber nicht mehr gelten? Ich werde beim Gebrauch meiner Worte in ähnlichen Fällen auf der Hut sein müssen. Ich bekenne jedoch, daß das Beispiel Jesu und der Heiligen, die sich bei ihrem Dienst an den Sündern von großer Milde und Langmut inspirieren ließen, mich tröstet und ermutigt.“[64]

Mit gutem Recht ist festgestellt worden, daß diese Worte ganz nah bei dem sind, was Johannes XXIII. 1962 zu einer Praxis der Barmherzigkeit gesagt hat, die er mit großer Kühnheit der ganzen Kirche empfahl. Auch die Barmherzigkeit ist ein Grundzug der Art und Weise, wie Roncalli seine Frömmigkeit und seinen Glauben lebt.

Es zeigte sich, daß Roncalli es nicht leicht hatte, unter dem Nachfolger von Radini, Bischof L. Marelli, seinen Platz zu finden. Anfang 1918 ergreift die Diözese die Initiative, ein „Haus des Studenten“ zu eröffnen, dessen Leitung Bischof Marelli in aller Form Don Roncalli anvertraut. Dies wird in diesen Jahren in Bergamo seine wichtigste und liebste Aufgabe sein, auch wenn er erst am 15. März 1919 offiziell aus dem Militärdienst entlassen wird. Im Frühling dieses Jahres kann Roncalli in seinem Tagebuch vermerken: „Es gab Tage, da ich nicht wußte, was der Herr in der Nachkriegszeit von mir wollte. Jetzt besteht keinerlei Grund mehr zu Unsicherheit und Ausschau nach anderen Dingen: Das Apostolat für die studierende Jugend, das ist meine Hauptaufgabe, das ist mein Kreuz. Wenn ich mich zurückerinnere, wie und unter welchen Umständen und mit welcher Schnelligkeit dieser Plan der göttlichen Vorsehung mit Hilfe meiner Vorgesetzten plötzlich entwickelt wurde und jetzt in der Ausführung begriffen ist, bin ich ganz gerührt und gedrängt, zu bekennen, daß wirklich der Herr hier wirkt. Wie oft, wenn ich abends die Begebenheiten des Tages zusammenfasse, die sich bei der Sorge für meine lieben jungen Menschen ergeben haben, fühle ich etwas in mir, was mich so erbeben läßt wie die Herzen der beiden Jünger auf dem Wege nach Emmaus [Lk 24,32] durch die Berührung mit dem Göttlichen. Wie wahr ist es, daß man sich dem Herrn nur völlig anvertrauen muß, um sich mit allem versorgt zu sehen. Täglich wiederholt sich unter meinen Augen das ‚Nichts-Haben' und das ‚Alles-Besitzen' [2 Kor, 6,10]. Ich möchte keine Schulden haben, und ich habe auch keine. Immer steht die Sorge um die Zukunft vor meiner Tür. Aber noch immer habe ich alles Notwendige erhalten, manches Mal sogar im Überfluß.

Wenn auch diese Erfahrung der göttlichen Hilfe einerseits ein Trost für mein Elend ist, so stellt sie doch andererseits eine Verpflichtung dar, meiner Berufung treu zu bleiben und ‚usque ad finem' – bis ans Ende' mitzuwirken an dem großen Werk, das Jesus mir anvertraut hat für die jungen Menschen, die er besonders liebt.

Alles, was ich tue, meine Gedanken, Mühen, Studien, Demütigungen und Bitternisse, muß ich immerdar dem einen Ziel zuwenden: Durch die Heranbildung einer neuen Generation im Geiste Christi zu seiner Ehre beizutragen. Nichts Ehrenvolleres, nichts Schöneres und nichts Wichtigeres kann es für mich, zumal heutzutage, im Dienst der Kirche Gottes geben."[65]

Im darauffolgenden September wird Roncalli auch zum Spiritual des Priesterseminars ernannt, so daß zur Seelsorge für die jungen Studenten auch die Seelsorge für die Seminaristen hinzukommt. Er vermerkt dazu: „9. Juni [1919]. Als ich gestern Abend mit dem Herrn Bischof in die Seilbahn einstieg, fragte er mich, ob der Herr Rektor nicht über etwas mit mir gesprochen habe. Heute Morgen fragte ich dann den Herrn Rektor, ob es ein Geheimnis gebe, das mich betreffe. Und dieser gab mir zu verstehen, man trage sich mit dem Gedanken, mich für das nächste Jahr mit dem Amt des Spirituals des Seminars zu betrauen. Ich Armer, welche Verantwortung! Hoffen wir, daß sie einen Besseren finden!" Und dann etwas später: „13. Oktober. Im Priesterseminar trete ich mein neues Amt als Spiritual an. Ich habe begonnen, die Vorträge zu den geistlichen Übungen zu halten."[66]

So sieht er sich also veranlaßt, sich über einige bedeutsame pädagogische Grundsätze klar zu werden, mit denen er schon die Richtung vorwegnimmt, die einige Jahrzehnte später die Art kennzeichnen wird, wie Johannes XXIII. sein Lehramt ausüben wird. So notiert er am 24. Januar 1919: „Der Rektor des Römischen Kollegs, Msgr. Rossi, wies mich gestern darauf hin, daß es äußerst wichtig sei, jeden Kontakt meiner Internatsschüler mit auswärtigen Studenten zu verhindern. In diesem Jahr ist das für mich unmöglich. Und wenn ich das richtig bedenke, finde ich, daß es nicht einmal nötig ist. Man muß sich darüber klar werden, daß die Situation meiner jungen Leute völlig verschieden ist von der in den Kollegien. Das eine mag das Ideal sein, das andere aber ist die konkrete Wirklichkeit. Die Kontakte mit der Außenwelt zu verhindern, ist unmöglich. Und statt dessen wird es dann darauf ankommen, alle Sorge darauf zu verwenden, daß diese Kontakte keinen Schaden anrichten, und gerade dadurch *zum rechten Gebrauch und zur Achtung der eigenen Freiheit* zu erziehen. Vielleicht sind aus diesem Geist noch größere Vorteile für die Erziehung zu erwarten, und so wird die Formung eines lauteren Charakters und eines starken Gewissens noch besser gesichert."[67]

Wenige Monate später bemerkt er: „In San Bernardino geht die Vorbereitung des neuen Zirkels immer besser voran. [...] Gestern habe ich an der Verteilung der Preise in der Religionsschule der Jesuiten teilgenommen, wo auch der Herr Bischof anwesend war. Nun wohl: Der gute Pater kümmert sich um jedermann und hat Erfolge damit. Ich aber könnte mir das System, nach dem diese Jungen erzogen werden, nicht zu eigen machen. Auch der in diesem Milieu herrschende Ton scheint mir übertrieben und düster. Auch in den von den Jungen geschriebenen Aufsätzen ist der kämpferische Ton, den man ihnen in den Mund legt, zu übertrieben: Immer die Peitsche in der Hand, immer der Geist des Propheten Elija, nur sehr wenig vom Geist des Heiligsten Herzens Jesu. Keiner von unseren Gegnern, so vermute ich, hätte sich, wenn er anwesend gewesen wäre, überzeugen lassen oder sich von uns angezogen gefühlt. Und dies scheint mir nicht sehr gut zu sein. Oder irre ich mich vielleicht? Kann ja sein."[68]

Zu Ende des Sommers folgt eine Notiz, die Demut, Festigkeit und Klarheit der Gedanken zugleich bezeugt: „Commendatore Gavazzeni, Präsident der Caritas-Kongregation und mein bester Freund, hat mir erzählt, daß der Präfekt von Bergamo zusammen mit anderen einflußreichen Personen die Absicht habe, der königlichen Regierung vorzuschlagen, mich im Hinblick auf den Beitrag, den ich während des Krieges durch mein priesterliches Wort geleistet hätte, durch die Verleihung des Titels eines ‚Ritters der Krone Italiens‘ zu ehren. Daß diese Personen so an mich denken, freut mich wirklich, wenn ich auch mit dem wenigen, was ich tun konnte, nur Gott gegenüber meine Pflicht als guter Militärkaplan tun wollte und nur an seinen Lohn, nicht aber an den Lohn von Menschen gedacht habe. Aber diese – rein weltliche – Ehrung schmeckt mir nicht. Ritter eines königlichen Ordens zu sein, bedeutete für einen Priester früher einmal, *liberal* gesinnt zu sein. Und diesen Eindruck weckt das teilweise auch heute noch. Und ein *Liberaler* will ich nicht sein, und ich möchte auch nicht, daß man mich in irgendeiner Weise für einen solchen halten könnte."[69]

Ganz anders empfand er die Audienz bei Papst Benedikt XV. am 6. November 1919: „Messe in der Kapelle der Päpste vor dem Marienbild ‚Mater mea, fiducia mea‘: Welch geistliche Freude!" Das schien mir ein guter Abschluß dieser Tage der Sammlung und des Gebetes. Mittags dann Audienz beim Hl. Vater. Er empfing Kanonikus Morlani und mich im kleinen Thronsaal. Er war so gütig. Er fragte mich nach der Arbeiterbewegung von Bergamo und gab mir zu verstehen, daß er da einige Sorgen habe. Nachdem er gehört hatte, was ich über die Arbeit für die Studenten berichtete, und es weitgehend gutgeheißen hatte, gab er mir dafür und auch für die Arbeit bei den Seminaristen, die ich gerade beginne, seinen Segen. Ein sehr angenehmer und lieber Eindruck. Der Segen des Papstes wird mich immer als Trost und kostbares Geschenk begleiten."[70]

Ende 1920 erhält Roncalli das Angebot, nach Rom übersiedeln zu können, wo er die Funktion des Präsidenten einer neu einzurichtenden italienischen Kommission für die Verbreitung des Glaubens übernehmen soll, eines Organs, das dazu bestimmt war, die Förderung der Missionsarbeit und vor allem das Sammeln von Geldmitteln dafür zu koordinieren.

Für Roncalli war das ein sehr harter Schlag: Es handelte sich darum, so vieles aufzugeben: sein Bergamo, das Erbe von Radini Tedeschi, die Seelsorgsarbeit und schließlich die historischen Forschungen, denen er sich so leidenschaftlich widmete. Zunächst fühlte er sich sehr geängstigt, aber dann entschloß er sich, dem Ruf Folge zu leisten, bestärkt auch von vielen Freunden, die vielleicht auch damit rechneten, daß sein Bleiben in Bergamo unerträglich werden könnte, da ein harmonisches Verhältnis Roncallis zum Bischof nicht auf Dauer gesichert schien. Er selbst beschreibt seine Gemütsverfassung im Dezember 1920 in einem Brief an seinen Freund Paulo Giobbe, Rektor des Kollegiums Urbiniano der Kongregation zur Verbreitung des Glaubens: „Nun liegen die Batterien offen und ungetarnt da, und ich weiß, von wo die Schüsse gekommen sind, die mich in diesen Tagen regelrecht zu Boden gestreckt haben. Du wirst wissen, wie sehr ich mich immer bereit gefühlt habe, den Willen Gottes zu erfüllen, aber daß so unversehentlich eine Anordnung über mich gekommen ist, welche die gesamte konkrete Ausrichtung meines Lebens verändern sollte, das hat mich aufs höchste überrascht und etwas bestürzt zurückgelassen. Zunächst ein Gefühl tiefster Abneigung gegen das neue Amt, für das ich, wie mir schien, mit allen meinen Neigungen, allen meinen Lebensgewohnheiten ungeeignet sein würde; dann ein innerer Kampf zwischen dem, wie mir scheint, ehrlichen Empfinden für den Vorrang des ‚Dein Reich komme, dein Wille geschehe‘ einerseits und der Eigenliebe und den Beweggründen des Herzens andererseits; schließlich gab es dann doch überraschende Erhellungen, die mich wieder ins Gleichgewicht und zu der Überzeugung brachten, daß mich gerade durch diesen Dienst der Herr selbst rufe: Das waren die verschiedenen Phasen, durch die mein Gemüt in diesen Tagen hindurch mußte. Jetzt fühle ich mich ruhig. Meinem Bischof habe ich ‚das wenige, das ich über mich selbst weiß und was dazu ausreicht, mich zu verwirren‘ alles offen dargelegt, damit er urteile, schreibe und entscheide, und ich bin entschlossen, seine Weisungen entgegenzunehmen. Ich habe auch den sterbenskranken Kardinal Ferrari, der mir in diesen Jahren immer wie ein geistlicher Vater war, nach seiner Meinung gefragt ...“[71] Von Kardinal Ferrari erhielt er trotz dessen Krankheit eine handschriftliche Antwort: „Sehr lieber Don Angelo, Sie wissen, wie sehr ich Ihnen wohl will; das bin ich Bischof Radini schuldig. Gerade deswegen hier mein in aller Aufrichtigkeit und frei von allen Zweifeln geäußerter Gedanke: Der Wille Gottes ist hier mehr als greifbar, der ‚rote‘ Papst [nämlich Kardinal van Rossum, der Präfekt der Kongregation de Propaganda Fide] ist das Echo des ‚weißen‘ Papstes, und dieser ist das Echo Gottes. Daran ist also nichts zu deuten. Wo Gott ruft, da geht man ohne Zögern los und verläßt sich in allem auf seine liebende Vorsehung. So werden Sie ruhigen Frieden haben. Beten Sie für den, der Sie aus ganzem Herzen segnet und der Ihnen in Christus Jesus ganz zugetan ist, † Andrea C. Kard. Erzbisch.“[72] Wie sich Roncalli selbst erinnert, enthob ihn dieser Brief aller seiner Zweifel.

Man möchte gern informiert sein über die Art und Weise, wie Don Roncalli diese turbulenten Monate der Nachkriegszeit gesehen hat, sei es nun insgesamt oder sei es im Blick auf Italien, in dieser Zeit, als sich die sozialistische Ideologie offensichtlich unaufhaltsam ausbreitete. Leider aber schweigen hier die sonst so reichlich vorhandenen Quellen.

Das missionarische Universum. Seine Jahre in Rom im Dienst der Ausbreitung des Glaubens

Von 1921 bis 1925 ist Roncalli in Rom, wo er verantwortlich ist für das Werk der Glaubensverbreitung in Italien. Am 18. Januar 1921 kommt er an, mit einem Brief vom 12. März ernennt ihn Kardinal van Rossum, der Präfekt der Kongregation de Propaganda Fide, zum Präsidenten des römischen Zentralrates der „Frommen Werke für die Ausbreitung des Glaubens". Sehr bezeichnend für den Schwung, mit dem Roncalli sofort die Verantwortung in seinem neuen Aufgabenbereich übernimmt, obwohl er diesen gar nicht angestrebt hatte, ist ein Brief vom 28. Januar 1921 an Kardinal van Rossum nach einer ersten Begegnung mit diesem und seiner Rückkehr nach Bergamo. In ihm spricht Roncalli einige konkrete Probleme an und spricht von „Themen, die derzeit meine Seele leidenschaftlich bewegen". Er fügt hinzu: „Es schien mir angebracht, daß in der päpstlichen Information, mit der die Bildung des Werkes für die Glaubensverbreitung bekanntgegeben wird, nicht viel Konkretes gesagt würde, ja überhaupt nichts außer dem unbedingt Nötigen. Auf den Ton dieser Mitteilungen werde ich das Rundschreiben an die Bischöfe mit meiner etwas bestimmteren Programmplanung abstimmen, an dessen Entwurf ich jetzt gehen werde." Außerdem bittet er um „einen ansehnlichen und *erweiterungsfähigen* Amtssitz für das Werk der Glaubensverbreitung. Wie Sie sehen, habe ich ein großes Vertrauen in die Hilfe des Herrn, der Entwicklunsmöglichkeiten erschließen wird."[73] Andererseits hatte er, als er zu Beginn dieser Phase einen Brief an seinen Bischof schrieb, selbst zugegeben: „Gewiß freut mich und empfinde ich in meinem Kopf und meinem Herzen ‚das Große'..."[74] Roncalli geht also den Weg „seines Bischofs" Radini in umgekehrter Richtung: nicht von Rom nach Bergamo, sondern von Bergamo nach Rom; er hegt aber keine Ressentiments und sucht sich auch nicht mit Hilfe seiner neuen römischen Stellung schadlos zu halten.

Am 28. März 1921 wird Roncalli von Papst Benedikt XV., einem alten Verehrer von Radini Tedeschi, in Privataudienz empfangen. Dazu notiert er: „Er hält mich länger als eine halbe Stunde fest, in schöner Ungezwungenheit, liebenswürdig, sich über vieles äußernd: das Werk für die Glaubensverbreitung (es liegt ihm am Herzen, und er hat die richtigen und großzügigen Grundeinstellungen, ohne daß er dabei auf unbedeutende Kleinigkeiten eingehe), die Situation in Bergamo. [...] Ich bin zufrieden damit, daß ich gelassen auf alles geantwortet habe und dabei, wie mir scheint, mit viel Respekt über Angelegenheiten und Personen gesprochen habe. [...] Ich bin immer noch sehr ermutigt durch diese wertvolle Besiegelung meines neuen Apostolates."[75]

Mitte November bezieht er in der Via Volturno Nr. 58 ein Haus, das von seinen Schwestern betreut wird und das auch Msgr. V. Bugarini, den ehemaligen Rektor des Römischen Priesterseminars, beherbergt. Seit dem vorhergehenden April hatte er eine Reihe ununterbrochener Besuche in allen italienischen Diözesen begonnen, um das Interesse und die Hilfe für die Missionsinitiativen zu fördern.

Als er sich nun in die Lage versetzt sieht, seine Erfahrungen mit „Rom" zu machen, führt das dazu, daß er eine ihm bisher bloß von außen bekannte Dimension der Kirche von innen her kennenlernt. Leider ist diese Zeitspanne eine derjenigen, über die es nur wenige veröffentlichte Quellen gibt, und so sind uns keine direkten Aussagen über die Art und Weise bekannt, wie Roncalli sein römisches Engagement angelegt hat. Erst in einigen Briefen aus den folgenden Jahren schimmern einige interessante Anzeichen dafür durch, wie er sich bemüht hat, eine bürokratische Prägung seiner Arbeit zu vermeiden[76], wie sie dagegen in vielen römischen Kongregationen und Ämtern weit verbreitet war; dasselbe gilt für die dort unter vielen verbreitete unruhige Sorge um die Karriere, ein Spuk, den Roncalli schon sehr schnell wahrgenommen hatte.

In der zweiten Hälfte des Jahres 1921 wird Roncalli beauftragt, sich zusammen mit J.M. Drehmanns, dem Sekretär van Rossums, nach Frankreich und Deutschland zu begeben, um dort die Entscheidung bekanntzumachen, mit Rücksicht auf den Untergang der deutschen Kolonien in Afrika die Institutionen, die in diesen Ländern die Hilfe für die Missionen in den afrikanischen Kirchengebieten der betroffenen Kolonien gefördert hatten, nun in Rom zusammenzulegen. Nach Aufenthalten in Paris, Brüssel, Aachen, Witten, Köln und München verfaßt Roncalli einen detaillierten Bericht, in dem er bemerkt: „Die Erfahrung, die uns auf dieser Reise zugewachsen ist, überzeugt uns auch immer mehr von der Notwendigkeit, die schönen Energien besser zu koordinieren, die nun bei den Katholiken Europas für das Heil der Ungläubigen, und zwar aller Ungläubigen, geweckt werden. Dies kann geschehen, wenn eine einheitliche Weisung bei den verschiedenen Nationen auf unterschiedliche Weise in die Tat umgesetzt wird. Es ist zu wünschen, daß dieses Werk der Koordination, das von Rom ausgehen muß, so bald wie möglich durchgeführt wird, und daß wirklich alle Nationen, in denen katholische Christen leben, sich daran beteiligen. Der Augenblick dafür ist günstig: Die Herzen sind offen dafür. Und wenn man die Dinge von oben her und in ihrer Gesamtheit betrachtet, gewinnt man wirklich den Eindruck, daß der Herr dabei ist, einen großen Plan der Barmherzigkeit für die ganze Welt zu verwirklichen und daß die Kirche und das römische Papsttum noch mehr als in der Vergangenheit als das ‚Licht zur Erleuchtung der Heiden und zur Verherrlichung des Volkes Israel‘ in Erscheinung treten wird."[77]

Die Mission nahm einen positiven Ausgang, wie es auch bezeugt wird durch das Motuproprio *Romanorum Pontificum* vom 3. Mai 1922, das von Roncalli selbst entworfen worden war. Anfang 1922 beginnt er mit der Herausgabe der Zeitschrift *La propagazione della fede nel mondo*.

Wie die Agenden Roncallis dokumentieren, ist er in diesen Jahren ohne Unterbrechung unterwegs auf Reisen in die Diözesen aller italienischen Regionen, die das Ziel verfolgen, die Kenntnis der Missionsprobleme zu fördern und die Bereitschaft zu wecken, den italienischen Missionaren geistliche und ökonomische Hilfe zu leisten.

1924 hat er die Gelegenheit, eine Bilanz der drei vorangegangenen Jahre zu ziehen: „Unter Schmerzen habe ich in Bergamo zurückgelassen, was ich so sehr geliebt habe: das Seminar, wohin der Bischof mich Unwürdigen als Spiritual berufen hatte, und das Haus der Studenten, das mir ganz besonders am Herzen lag. Ich habe mich mit ganzer Seele in mein neues Amt hineingeworfen. *Hier muß ich und hier will ich bleiben, ohne zu überlegen, ohne nach etwas anderem zu streben,* und dies um so mehr, als mir der Herr unaussprechliche Freuden schenkt. [...] Das Werk der Glaubensverbreitung ist für mich der Atem meiner Seele und meines Lebens. Ihm gehören jetzt und immer mein Verstand, mein Herz, meine Worte, meine Feder, meine Gebete, meine Mühen, die Opfer, meine Tage, meine Nächte, in Rom und außerhalb. Ich wiederhole es: All das und für immer. Ich werde gern weitere Aufgaben übernehmen, jedoch nur *‚inquantum possum – soweit ich es vermag‘ und soweit ich sie mit meiner Hauptaufgabe, wegen der ich nach Rom beordert worden bin, vereinbaren kann und sie ihr nützen.* [...] Die Kirche hat mir weit über jedes eigene Verdienst hinaus, in Hinblick auf mein Amt, Würde und Ehre eines Prälaten[78] verliehen.

Dieser Würdigung von seiten der heiligen Kirche möchte ich im Geiste großer innerer Demut antworten (ich werde mich stets für den niedersten und erbärmlichsten aller Menschen halten, was ich ja auch bin) und mit Liebenswürdigkeit gegen alle, insbesondere gegenüber einfachen und bescheidenen Menschen. Ich nehme mir vor, insbesondere meine Zunge im Zaum zu halten: Jedes Wort vermeiden – ich betone: jedes Wort –, das das Gesetz der Liebe verletzen könnte. In diesem Punkt gibt es immer etwas bei mir zu verbessern, und deshalb werde ich bei meinen Gewissenserforschungen besonders darauf achten. Die gleiche Sorgsamkeit in meinen Worten, wie ich sie gegenüber meinen Nächsten und besonders meinen Vorgesetzten anwenden will, möchte ich vor allem in all meinen Andachtsübungen walten lassen, die ich ‚digne, attente, devote – würdig, aufmerksam und fromm‘ verrichten will, zu meiner eigenen geistigen Freude und zur Erbauung des Nächsten."[79]

Am darauf folgenden 8. Februar aber muß er von einem Gespräch mit dem Präfekten der Kongregation de Propaganda Fide berichten: „Er sprach zu mir über den Beitrag Italiens und sagte mir, er zweifle daran, daß die Werbung, die ich für das Werk der Glaubensverbreitung betreibe, schon so intensiv sei, wie es sein sollte, und daß noch viel mehr getan werden müsse." Diese kritische Bemerkung „trifft mich mit voller Wucht, weil ich der Meinung war, daß zwar jeder andere auf meinem und meiner Mitarbeiter Platz es besser machen würde, aber daß er gewiß *nicht mehr und mit größerer Liebe und größerem Eifer* tun würde, *als wir* es getan haben"[80]. „Kreuze" machen sich also auch in Rom bemerkbar.

Jedenfalls werden die Jahre im Dienst des Werkes der Glaubensverbreitung erst viel später ihre ganze Fruchtbarkeit beweisen, in dem Maße nämlich, wie sie dazu beigetragen haben, die geistigen und geistlichen Horizonte Roncallis noch weiter zu machen und ihn Personen und Probleme erkennen zu lassen, wie er sie niemals hätte kennenlernen können, wenn er in seinem geliebten Bergamo geblieben wäre.

Am darauf folgenden 17. Februar erhält Roncalli von Kardinalstaatssekretär P. Gasparri die Mitteilung, daß er zum Apostolischen Visitator in Bulgarien ernannt worden sei. Zwei Tage später informiert der Neuernannte seine Familie über die Neuigkeit: „Was sollte ich im Hinblick auf den Gehorsam, den der Heilige Vater von mir verlangt, tun? [...] Ich fühle mich der Ehre und Aufgabe, die mir die Kirche auferlegt, sehr unwürdig; wenn dies aber wirklich für mich der Wille des Herrn ist, bin ich sicher, daß mich der Segen des Herrn begleiten wird. Sollte ich mich diesem Willen entzie-

hen, nur weil es ein wenig kostet? [...] Ich füge mich also und verliere keine weiteren Worte darüber."[81]

Einer der Gründe für die Ernennung Roncallis war vielleicht,
daß er hinsichtlich der komplizierten Organisation der in ebendiesem Jahr in Rom stattfindenden Weltmissionsausstellung von seiten Msgr. Marcchettis auf Widerspruch gestoßen war.[82]

„Gehorsam und Friede". Roncalli wird Bischof.
Ein Jahrzehnt in Sofia

Für die Zeit von 1925 bis 1934 wird Roncalli von Pius XI., der ihn zum Bischof gemacht hatte, zunächst als Apostolischer Visitator und dann als Apostolischer Delegat in das christliche, aber orthodoxe Bulgarien entsandt. Mit der Bischofsweihe vertieft sich nochmals das Bewußtsein seiner Verwurzelung in der Kirche und die Ausschließlichkeit seines kirchlichen Dienstes: „Die Welt hat keinen Reiz mehr für mich."[83] Die Weihezeremonie bleibt alle folgenden Jahrzehnte hindurch ein Geschehen, auf das er immer wieder zurückkommt und an dem er für seinen Dienst in der Kirche Maß nimmt.[84]

Gerade die Tatsache, daß er Bischof geworden ist, empfindet Roncalli als neue Betonung des ohnehin in ihm schon lebendigen pastoralen Engagements, was ihm hilft, dieses nicht nur als persönliche Neigung, sondern als objektive Forderung und daher als beherrschendes Kennzeichen des gesamten Kircheseins zu verstehen. Es ist verwunderlich, daß man in den diese Jahre betreffenden Quellen niemals auf Hinweise auf die juridische Dimension der Kirche trifft. Das bedeutet nicht, daß Roncalli diese Problematik nicht wahrgenommen oder sie in einer allergischen Abwehrreaktion aus seinem Bewußtsein verdrängt hätte, aber man muß sich vergegenwärtigen, daß ihm die Hochsaison der katholischen und vor allem der römischen Theologie, für die das Verständnis der Kirche als einer souveränen Rechtsgesellschaft hoch im Kurs stand, fremd geblieben ist. Die Promulgation des Codex Iuris Canonici im Jahre 1917 scheint sein ekklesiologisches Denken nicht tief beeinflußt zu haben. Im Gegenteil: Die Betrauung mit einem kurzzeitigen diplomatischen Auftrag in Bulgarien nach der Zeit, als er in Rom eine ökonomisch-propagandistische Arbeit getan hatte, führt ihn zu einem noch wacheren Bewußtsein vom eigentlichen Wesen der Kirche.

Schon 1918 hatte er sich vorgenommen, „nichts anderes zu suchen als das Reich Gottes und seiner Kirche durch die Bekehrung und Auferbauung der Menschen, die ,schon Gottes sind' und die von Rechts wegen oder tatsächlich der Kirche angehören"[85], womit er deutlich eine stark missionarische Sichtweise erkennen läßt. Seine im Gehorsam übernommene Verpflichtung, als Diplomat den Hl. Stuhl zu vertreten, bringt ihn in Verlegenheit, insofern er verpflichtet ist, sich zu beschränken auf „das Leben eines vollkommenen Eremiten, was meiner Neigung für die Sorge um die Seelen widerstrebt"[86]. Er fühlt sich an den Rand der Kirche versetzt, aber in dieser Situation nimmt er nicht seine Zuflucht zu einer diplomatischen oder weltlichen Sicht der Kirche selbst; mehr denn je ist diese für ihn ein Werk der Hirtensorge.

Die Bischofsweihe könnte, wie es für viele gelten mag, ein bloßer Karriereschritt auf der Stufenleiter kirchlicher Würden sein. Aber die während der Einkehrzeit zur Vorbereitung auf die Bischofsweihe geschriebenen Tagebuchseiten bezeugen ein viel tieferes Verständnis, das von dem Bewußtsein bestimmt ist, daß „die Macht, die mir die Kirche verleiht, nicht zu meiner Ehre ausgeübt werden soll, daß sie nicht der Zerstörung, sondern der Auferbauung dienen soll"[87]. Dies war ein Bewußtsein, das seine genaue Entsprechung fand in seinem von Baronius übernommenen Bischofswahlspruch: „Oboedientia et Pax – Gehorsam und Friede."[88] Der Wahlspruch lautete in seiner originalen Form umgekehrt: „Friede und Gehorsam." Die von Roncalli vorgenommene Umstellung (die inspiriert zu sein scheint von einigen Stellen in der „Nachfolge Christi", in der der innere Friede mehr die Frucht des Sichanheimgebens an Gott als die Voraussetzung dafür ist), findet sich schon 1907 ausgesprochen im Manuskript zu einem Vortrag über Kardinal Caesar Baronius: „Lange Jahre hindurch konnte man in Rom um die Abendstunde sehen, wie ein ärmlich gekleideter Priester den Ponte Sant' Angelo überquerte und ernst und in Gedanken vertieft zur Vatikanbasilika ging. Die kleinen Bettler, die an der Kirchentür standen – so erzählt Arringhi – und ihn von weitem kommen sahen, sagten dann belustigt: Schaut her, da kommt der Priester mit den Riesenlatschen, womit sie auf die unförmigen Schuhe anspielten, die er immer trug. Der Priester kam heran und gab jedem dieser Schlingel, die rings um ihn her niederknieten, einen Heller. Dann trat er in ehrfürchtiger Haltung in die Basilika ein, ging geradewegs auf die Bronzestatue des hl. Petrus zu, die damals noch am Portal stand, küßte den Fuß des Apostels und sprach diese zwei Worte: Pax et oboedientia – Friede und Gehorsam ... Es war Baronius. In diesem kurzen und einfachen Vorgang, der sich immer aufs neue wiederholte, finde ich ganz ihn wieder; diese seine Worte gewinnen für mich eine hohe Bedeutung, und wenn ich mich nicht irre, dann beleuchten und erklären sie gut sein ganzes Leben: Pax et oboedientia. Der Friede seines Geistes, seiner Brüder, seiner von der Häresie zerfleischten Kirche, der ganzen Gesellschaft war der Traum, das Ideal, das ihm in den Mühen des Tages und in den Aufschwüngen seiner Seele immer zulächelte. Der demütigste und blindeste Gehorsam, ähnlich dem eines kleinen Kindes, den er seinem geistlichen Vater Philipp Neri erwies, solange dieser lebte, und den er dann dem jeweiligen Papst leistete, ganz gleich wie er heißen mochte und was dessen persönlicher Charakter war – und man kann bemerken, daß zu seinen Lebzeiten auf der Cathedra Petri die unterschiedlichsten Männer, Programme und Richtungen immer wieder einander abwechselten –, dieser Gehorsam war seine einzige Verhaltensregel, und ich füge hinzu, das wirkliche Geheimnis seiner Erfolge. Nun gut, den jungen Leuten, die ich hier an Baronius erinnert habe, sage ich hier zum Abschluß: Diesen Wahlspruch, junge Freunde, vergeßt ihn nicht. Aber junge Leute sind wir doch alle, nämlich im schönsten und geistlichen Sinn dieses Wortes, nicht wahr? So will ich also lieber sagen: Laßt uns doch den Wahlspruch von Baronius niemals vergessen. Inmitten der Wirbelstürme trügerischer Ideen, die den Gedanken an jene Autorität zu untergraben suchen, die doch, da sie Licht spendet, die Geister der katholischen Wissenschaftler leitet; unter dem Pesthauch einer ungesunden Luft, die unsere Lungen schädigen könnte, ist es unsere Pflicht, unser Denken hellwach zu halten. Der große Baronius blickt auf uns herab. Wie einst er an der Bronzestatue in der Vatikanbasilika neigen auch wir unsere Stirn vor der lebendigen Autorität der Kirche, die zu uns spricht, und wir wiederholen mit Herzen und Lippen: Oboedientia et Pax. Welch große Bestimmung wird sich eines Tages auch an uns erfüllen: Auf den Wegen des Gehorsams jubelnd hinaufzusteigen zur herrlichen Eroberung des Friedens!"[89]

Aber hat ein solcher Appell, der so sehr die Gehorsamspflicht einhämmert, in Jahren einer immer wilder tobenden faschistischen Propaganda nicht eine doppeldeutige Kehrseite? Die Antwort liegt nicht in einem kämpferischen Antifaschismus, den Roncalli – der darin die bloß „a-faschistische" Einstellung eines Teiles des italienischen Klerus teilte[90] – nie praktiziert hat, wohl aber in der Auffassung vom Gehorsam selbst.

Einzig wirklicher Adressat des Gehorsams ist Christus, den Roncalli in dem ihn selbst betreffenden Willen des Papstes erkennt. Der Gehorsam aber erzeugt den Frieden, der gewiß nicht als Befreiung von eigener Verantwortung zu verstehen ist, sondern im Gegenteil als Freiheit zu unbeschränktem Engagement. Nicht von ungefähr schreibt er 1928 aus Sofia: „Es ist nichts Heroisches in all dem, was mir widerfahren ist und was ich geglaubt habe, tun zu müssen. Wenn man erst einmal auf alles verzichtet hat, wirklich auf alles, dann wird aller Wagemut die einfachste und natürlichste Sache der Welt." Roncallis Leben sollte noch zeigen, wie hellwach und wirksam diese Ausrichtung in ihm war, die es ihm ermöglichte, diesen Wagemut bis hin auf den Stuhl Petri durchzuhalten.

Wagemut, wofür? Wenn er während seiner Jugend und in vertrautem Umgang mit Radini die neuen Orientierungen wahrgenommen hatte, die in der kulturellen Debatte oder in der katholischen Welt Italiens auftauchten, so wurde diese Wahrnehmung während der im Osten verbrachten Jahrzehnte noch vertieft und erweitert, wie er 1932 vermerkt: „Neue Zeiten, neue Erfordernisse, neue Formen."[91] „Die Kirche will mich zum Bischof machen und als Apostolischen Visitator nach Bulgarien schicken, in einer Mission des Friedens."[92] In der Weihnachtspredigt 1927 in Sofia sagt er: „Liebe Brüder, die Feier der Geburt unseres Herrn läßt ein kurzes Wort angebracht erscheinen, das zu eurer und meiner Erbauung dienen soll. Und ich möchte dieses Wort der bewegenden heutigen Liturgie entnehmen, und ich freue mich, daß dieses Wort auf dem Weg über meine Lippen noch einmal zu einer Botschaft des Friedens wird.

Was übrigens ist denn mein Dienst, an dem auch ihr teilhabt, anderes als immer, immer und überall zu predigen, daß wir Frieden bringen sollen? Was denn haben die Engel, die über Betlehems Hügeln schwebten, anderes gesungen in der Nacht, als Jesus geboren wurde? Was denn wiederholen die Priester Gottes heute einmal, zweimal und dreimal in den Kirchen der ganzen Welt nach einer jahrhundertealten Tradition anderes als den Friedenswunsch: Friede auf Erden den Menschen seiner Gnade?

Der Friede von Betlehem also sei mit euch, meine lieben Brüder. Ich wünsche den vollkommenen, den wohltuendsten Frieden, euren Herzen und euren Familien, diesem ganzen edlen Land: Frieden jedem einzelnen, häuslichen Frieden, sozialen Frieden. […] Ich weiß wohl, daß der aufrichtige Geist des Friedens die Seelen aller Menschen in diesem edlen und lieben Land belebt, von den Männern der Regierung bis zu den bescheidensten Landarbeitern, wenn auch inmitten der vielen Bedrängnisse und schwerwiegenden Belastungen, dieses Erbes der jüngsten Kriege. Ich weiß das, und ich fühle mich immer glücklich, dies in loyaler Weise privat und öffentlich zu bezeugen, hier und außerhalb von Bulgarien, bei hoch und niedrig, überall dort, wo meine bescheidene Stimme gehört wird. Das ist übrigens der richtige Weg, auf dem allein die

Völker, auch die kleinen, aber kraftvollen Völker wie das bulgarische, zu Wohlstand und Größe aufsteigen."[93] In einer Predigt vom 28. August 1926 definierte Roncalli seinen Dienst folgendermaßen: „Vom ersten Tag an, als ich zu euch kam, wißt ihr, in welchem Geist ich mein Amt als Vertreter des Heiligen Vaters gestalten wollte: Im Geist der Milde und des Friedens, der mir Kraft verleihen wolle, den vom Göttlichen Meister zu empfangen ich mich unaufhörlich bemüht habe, von ihm, der uns einlädt, von ihm zu lernen, wie wir mild und demütig von Herzen sein sollen. Ich habe mich wohl davor gehütet, euch beeindrucken oder mich bei euch durchsetzen zu wollen auf eine Weise, die nicht diesem Geist entspricht. Versuchen wir also, dem immer treu zu bleiben. Wenn der Frühling sproßt, lassen wir alle Erinnerung an den Winter beiseite. Meine Brüder und Söhne, schwingt euch alle auf zur Freude dieses heiligen und angenehmen Friedens untereinander, die jeden Groll aus der Vergangenheit vergißt, die uns untereinander zu Brüdern werden läßt, Katholiken des orientalischen Ritus und Katholiken des lateinischen Ritus, Katholiken und Orthodoxe, vereint in der Suche nach dem gemeinsamen Wohl, in beständigem Aufstieg zu den Triumphen des christlichen Lebens, die da sind wechselseitige Liebe, wahre religiöse und soziale Brüderlichkeit und ein Vorgeschmack der ewigen Reichtümer."[94]

Schon die Entsendung nach Bulgarien, die im Zusammenhang mit der Überzeugung Pius' XI. gesehen werden muß, daß die Folgen des Weltkriegs und der Oktoberrevolution in Rußland ganz neue Aussichten für die „Rückkehr" der orthodoxen Christen zur Kirche Roms eröffnet hätten, hatte Roncalli angetrieben, seinen Dienst auf dem Hintergrund der Beziehungen zur orthodoxen Kirche einzuordnen, die seiner Überzeugung nach von dem Wunsch bestimmt sein müßten, Frieden zwischen den christlichen Konfessionen herzustellen.[95] Bevor er nach Sofia aufbrach, nahm er Kontakt auf zu Dom Lambert Beauduin, einem der ersten Apostel der ökumenischen Verständigung mit den Kirchen des Ostens. Von ihm war ihm empfohlen worden, den Benediktiner Constantin Bosschaerts als Sekretär mitzunehmen, der dann tatsächlich für ein halbes Jahr – also für die anfänglich vorgesehene Zeit des Besuches – mit ihm nach Sofia ging und dort eine erstrangige Rolle bei der Bildung des katholischen ökumenischen Bewußtseins spielte.

Die ökumenische Linie verfolgt Roncalli schon vom ersten Augenblick an, als er am 26. August ein Grußwort an die orthodoxe Synode Bulgariens richtet. Weit davon entfernt, daß dies eine bloße Gelegenheitsrede gewesen wäre, bekräftigt Roncalli darin die

Notwendigkeit, vor allem anderen das zu suchen, was eint, und er stellt fest, daß die orthodoxen autokephalen Kirchen ebenso wie die katholische Kirche die Dogmen des Glaubens als einen Schatz bewahrt hätten.[96] Das unmittelbare Kennenlernen hilft ihm wesentlich dabei, seine Horizonte zu weiten und so nachzudenken über „die großen Probleme der Zukunft der Kirche; diese Probleme bieten sich, von hier her gesehen", so schreibt er 1928 aus Istanbul, „in einem einzigartigen und hochinteressanten Licht dar, nämlich von diesem Zentrum und nun fast erloschenen Brennpunkt der Orthodoxie her, inmitten der beeindruckenden, aber verlassenen Ruinen aus der Zeit von Byzanz und auf der Schwelle zu der geheimnisvollen muslimischen Welt, in der neue Bewegungen zu ahnen sind, deren Zielrichtung in den Händen Gottes ist."[97] Wieviele andere päpstliche Diplomaten haben doch jahrzehntelang dieselben Erfahrungen wie Roncalli durchgemacht, ohne fähig gewesen zu sein, daraus ähnliche Bereicherungen zu gewinnen! Vertiefte Einsichten, die ermöglicht wurden durch eine geistliche Aufmerksamkeit für die Geschichte und eine für das Gnadenwirken Gottes offene Haltung, die sich nicht anmaßte, schon alles zu wissen.

Als Roncalli nach dem ersten Besuch in Rom nach Sofia zurückkehrt, beginnt er eine intensive karitative Tätigkeit zugunsten der aus den griechischen Provinzen Thrakien und Makedonien kommenden bulgarischen Flüchtlinge. Das Problem war geregelt worden durch eine Konvention der beiden Balkanstaaten, die dahin tendierte, die freiwillige Emigration von einem Staat in den anderen zu begünstigen. Konkret besteht die Aktion Roncallis darin, für die Flüchtlinge in Mesembria am Schwarzen Meer einige Speisesäle zu eröffnen und drei Eucharistinerschwestern dorthin zu entsenden. An dieser Initiative beteiligt sich auch die Synode der autokephalen orthodoxen Kirche. Im März entwirft Roncalli einen Brief der Wohltätigkeitsliga „an die katholischen Christen Italiens", in dem um Hilfen und Spenden für die Bulgaren gebeten wird. In diesem Wettstreit der Solidarität konnte das Papsttum nicht abseits stehen, trotz – und gleichzeitig wegen – der internationalen Komplikationen, die entstanden waren; um so mehr, als die Tatsache, daß unter den Flüchtlingen, wenn auch in verschwindend kleiner Zahl, katholische Christen waren, eine päpstliche Beteiligung rechtfertigte.

Roncalli unterlag bei seiner Initiative keinerlei Versuchung, damit Propaganda oder Proselytismus zu betreiben. Der erste in Mesembria eröffnete Speisesaal befand sich in einem Bezirk, der bloß von Orthodoxen bewohnt war, und der Visitator konnte mit seiner

Schwester Ancilla beklagen, daß die drei dorthin entsandten Eucharistinernonnen nicht einmal alle zwei Wochen beichten und an der Messe teilnehmen konnten. In einem Bericht vom 19. Juni 1926 vermerkte Minister Piacentini von der italienischen Gesandtschaft, daß die bulgarische Regierung sich immer mehr überzeugen konnte von der „Ehrlichkeit der Absichten von Msgr. Roncalli", der sich bei der Verteilung der von Pius XI. gespendeten Gelder unter die Flüchtlinge dadurch auszeichnete, daß er jede „konfessionelle Bevorzugung" vermied und für seine Aktion „einstimmige Lobesbekundungen" erntete.

Abgesehen von den karitativen Aktivitäten sind diese Monate dadurch gekennzeichnet, daß sich ein eigenartiges, nicht nur in Bulgarien, sondern auch in anderen slawischen Ländern verbreitetes „Phänomen" bemerkbar machte, das auf die schwierige Situation der orthodoxen Kirche schließen ließ. Roncalli berichtet, daß ihm von den besten Alumnen der orthodoxen Priesterseminare oft Anfragen vorgetragen worden seien. Diese zielten darauf, von dem italienischen Prälaten die Möglichkeit zu erhalten, die theologischen Studien innerhalb der katholischen Kirche vervollständigen zu können.

Während seines Urlaubs in Sotto il Monte hatte Roncalli an Kurtev[98] geschrieben, Metropolit Stephan und die bulgarische Regierung hätten „einen Stipendienfonds eingerichtet zur Finanzierung des Studiums junger Orthodoxer an der Katholischen Theologischen Fakultät der Universität Straßburg, die nun von der dortigen Evangelischen Theologischen Fakultät, an die sie früher geschickt worden waren, abgezogen werden." Es war also die Regierung, welche die Ausbildung des nationalen Klerus auf sehr direkte Weise steuerte. Roncalli zeigt sehr große Zurückhaltung, vermutlich auch eine Reaktion auf eine vorsichtige Haltung des Vatikans, der sehr darauf bedacht war, sich keinen Mißerfolgen auszusetzen, da er fürchtete, sich leicht möglichen Vorwürfen von orthodoxer Seite auszusetzen, er betreibe Proselytismus (um so mehr, als in der bulgarischen orthodoxen Zeitschrift *Pastirsko Delo* [Pastorales Handeln] schon „einige Angriffe" dieser Art erschienen waren, wie Roncalli beklagt). Roncalli beeilte sich, über all diese Anfragen nicht nur den Heiligen Stuhl zu informieren, sondern auch Außenminister Kalkov und Metropolit Stephan: Er war tatsächlich überzeugt, daß die mit diesem Phänomen gegebenen Probleme „nur nach vorheriger Verständigung mit dem Heiligen Synod der Orthodoxen Kirchen in den verschiedenen Ländern und mit den jeweiligen Regierungen" gelöst werden könnten. Roncallis Strategie wird erkennbar aus einem Brief an einen jungen Bulgaren, der ihn gebeten hatte, seine Studien innerhalb der katholischen Kirche fortsetzen zu dürfen: „Weil Sie mir die Gelegenheit dazu bieten, gestatten Sie, daß ich Ihnen rate – wie ich es immer gegenüber allen jungen Orthodoxen getan habe, denen ich in Bulgarien begegnen durfte –, Nutzen zu ziehen aus den Studien und der Erziehung, die Ihnen im Seminar von Sofia geboten werden." Und er fügte als Begründung der Ablehnung Worte von großer Prägnanz und theologischer Klarheit hinzu: „Katholische und orthodoxe Christen sind keine Feinde, sondern Brüder. Sie haben denselben Glauben, haben Anteil an denselben Sakramenten, vor allem an derselben Eucharistie. Es trennen uns einige Mißverständnisse bezüglich der göttlichen Verfassung der Kirche Jesu Christi. Diejenigen, welche die Urheber dieser Mißverständnisse waren, sind schon vor Jahrhunderten verstorben. Lassen wir doch die alten Kontroversen und arbeiten wir daran, jeder auf seinem Feld, einander zu guten Brüdern zu machen, indem wir einander unser gutes Beispiel geben [...]. Später werden wir, wenn wir auch von verschiedenen Seiten her kommen, in der Einigung der Kirchen einander begegnen und alle zusammen die wahre und einzige Kirche unseres Herrn Jesus Christus bilden."[99]

In der ersten Hälfte des Jahres 1926 beginnt Roncalli, bezüglich seiner institutionellen Stellung unsicher zu werden: Es ist nicht so, daß er sich in einem bestimmten Augenblick schlagartig dessen bewußt geworden wäre, daß sich der Zeitrahmen seiner Mission – die ursprünglich auf ein halbes Jahr befristet war – verändern sollte. Es ist vielmehr ein Prozeß der Bewertung einiger Früchte der im Lauf des ersten Jahres von ihm gemachten Erfahrungen: „Ich glaube, daß die Erfahrung dieses ersten Jahres für mich so viel zählt wie zehn Jahre im Bischofsamt und in einem bestimmten Dienst", schreibt er an Don Dieci.[100] Die Bilanz der ersten zwölf Monate in Bulgarien führte ihn zu dem Urteil, er habe seinen Auftrag erfüllt. In demselben Brief, der kurz vor dem bevorstehenden ersten Jahrestag seiner Bischofsweihe geschrieben ist, behauptet er: „Man kann gewiß sagen, daß der Hauptteil der Arbeit erledigt ist." Außer dieser Überlegung taucht hier zum ersten Mal ein anderer Gedanke auf, hinter dem aber auch die Hoffnung steht, Abschied nehmen zu können: Die vollbrachte Arbeit war bloß eine Aussaat, deren Früchte später einmal andere ernten werden. Auf dieses Thema kommen die Briefe aus der ersten Hälfte des Jahres 1920 wieder und wieder zurück.

Der Vorsatz, keine Pläne für die Zukunft zu machen, macht sich immer nachdrücklicher bemerkbar, aber mit fortschreitender Zeit nimmt dieser Vorsatz mehr und mehr eine immer entschiedenere und asketische Färbung an: „Möge der Herr mir helfen, dieses mein Leben zu einem heiligen Leben zu machen, dieses Leben, das mehr das eines Missionars denn das eines Bischofs ist", schreibt er am 20. Juni 1926 an Don Dieci. Und im Kielwasser dieser Einsicht meldet sich auch das Thema an, welches das unterscheidende Merkmal dieser Mission werden wird, vor allem, seit diese sich immer länger hinzieht: das Thema des Kreuzes, der Vereinigung mit dem Gekreuzigten, diesem Modell des Ertragens von Leiden: „Zu leiden verstehen! Das ist die große Lebenskunst."

Auf mehr persönlicher Ebene frappiert schließlich, wie Roncallis Meditation über das Kreuz immer konzentrierter, wie sie zu einem Crescendo wird. Wenn er einem Freund schreibt, er habe 1927 in Rom einen „Gnadenstoß" bekommen, dann beschreibt er damit eigentlich den Weg zu einer Entdeckung des Kreuzes: Denn da habe er zutiefst begriffen, daß die kummervolle Lage, in der er sich wegen des ihm aufgetragenen Dienstes in Bulgarien befinde, genau die Erhörung der mit Paulus ausgesprochenen Bitte sei: „Möge dein Kreuz mein Ruhm sein ohne Ende."

In diesen Jahren wird tatsächlich immer deutlicher erkennbar, daß Roncalli zu einer kirchlichen Randexistenz geworden ist. Es vergeht kaum ein Monat, an dem seine Briefsammlung nicht ein Gratulationsschreiben zur Ernennung oder Beförderung eines seiner Altersgenossen anführt, während die ihn betreffenden „Gerüchte" sich regelmäßig immer wieder als unbegründet erweisen. So formt sich die Persönlichkeit Roncallis in aller Stille, zwar ganz und gar nicht in einem Raum, der gegen Spannungen und Konflikte geschützt wäre, aber so, daß es vorangeht in einer heiteren Gelassenheit, die vor allem frappiert wegen der Fähigkeit, allen Umständen aufbauende und positive Elemente abzugewinnen, ohne aber in einen manierierten Optimismus zu verfallen. „Ich muß und ich will mich daran gewöhnen, dieses Kreuz mit mehr Geduld und innerer Gelassenheit zu tragen, als ich es bisher fertiggebracht habe. Ganz besonders werde ich wachsam sein in meinen diesbezüglichen Äußerungen gegen wen auch immer. Jedes Wort, mit dem ich mir Luft mache, nimmt mir das Verdienst der Geduld. ‚Herr, stelle eine Wehr an das Tor meiner Lippen.' Ich werde das Schweigen – ein Schweigen, das, wie Franz von Sales lehrt, sanft und ohne Groll sein soll – zum Gegenstand meiner Gewissenserforschung machen. [...] Die kurzen Erfahrungen meiner Monate im Bischofsamt sind mir eine Bestätigung, daß es für mich im Leben nichts Besseres gibt, als das Kreuz zu tragen, das der Herr mir auf Schultern und Herz legt. Ich muß mich als Menschen betrachten, dem das Kreuz auferlegt ist, und muß das Kreuz lieben, ohne an etwas anderes zu denken. Alles, was nicht der Ehre Gottes, dem Wohl der Kirche und dem Heil der Seelen dient, ist nebensächlich und unwichtig für mich."[101]

Andererseits hatte er irgendwie schon zur Zeit seiner Bischofsweihe mit der Möglichkeit eines solchen kummervollen Geschicks gerechnet: „Vielleicht erwarten mich auf diesem meinem Wege viele Bedrängnisse. Ich suche die Herrlichkeit dieser Welt nicht und will sie nicht haben; aber ich denke sie mir groß in der anderen Welt."[102]

Es ist immer das tiefgründige Nachdenken über die Heiligkeit als Selbstauslieferung an den Herrn, das ihn befähigt, seine Kreuze zu tragen: „Da ich dieses Mal ohne Mühe begriffen habe, daß es das Prinzip der Heiligkeit ist, mich ganz und gar dem heiligen Willen des Herrn hinzugeben, selbst in kleinen Dingen, halte ich mich daran. Ich begehre nichts anderes, ich will nichts, als den Anordnungen, Instruktionen und Wünschen des Heiligen Vaters und des Heiligen Stuhls zu gehorchen. Ich werde nie etwas unternehmen, weder direkt noch indirekt, um eine Veränderung meiner Situation herbeizuführen, werde stets nur von einem Tag auf den anderen leben. Mögen die anderen tun und sagen, was sie wollen, sich vordrängen, ich werde mich wegen meiner Zukunft nicht beunruhigen.

Mit den beiden Gebeten aus dem Exerzitienbüchlein des hl. Ignatius will ich täglich leben: ‚Nimm hin, Herr, und empfange alle meine Freiheit‘, und das andere Gebet, das mit den Worten beginnt: ‚O ewiger Herr aller Dinge, ich bringe mein Opfer dar.‘ Diese beiden Gebete umfassen mein ganzes Bestreben. Der Herr möge mir helfen, hiervon nicht abzulassen und nicht der Anziehungskraft gewisser kirchlicher Kreise zu unterliegen, in die bisweilen ein weltlicher Geist eindringt."[103]

Ein katholisches Priesterseminar in Bulgarien

Im Tagebuch von 1930 erwähnt er „die mühevollen Verhandlungen über die Gründung des bulgarischen Seminars, womit der Herr in den vergangenen Monaten meine Geduld prüfen wollte". Der Plan war in der Audienz, die Roncalli am 25. November 1929 beim Papst gehabt hatte, im allgemeinen gebilligt worden. Er stellte einen Teil der Bemühungen unionistischer Kreise dar, den mit der Bischofsweihe von Kurtev angebahnten Prozeß zu vervollständigen. Gleichzeitig stieß der Plan zur Errichtung des Seminars auf den Widerstand sehr unterschiedlicher Art seitens der Kapuziner und Passionisten, die in Bulgarien stark vertreten waren. Gewisse römische Kreise, die den Plan als einen allzu offenen Verzicht auf die Latinisierung Bulgariens deuteten, pflichteten ihnen bei.[104] Nach der Approbation durch den Papst erhielt Roncalli Besuch von Msgr. Gaetano Malchiodi, dem römischen Beauftragten für die technischen Aspekte der Frage. Am 15. Dezember teilt er dem Pfarrer von Sotto il Monte voller Befriedigung mit: „Ich preise den Herrn, der vier Jahre voller Bemühungen und voller Schwierigkeiten, die sowohl hier wie auch in Rom auftauchten, mit Erfolg gekrönt hat. [...] Und wenn es auch zu nichts weiterem gediehen ist, so genügt doch schon die Tatsache, daß der Grundstein zu dieser Einrichtung gesegnet werden kann, um die Arbeit und die Mühen dieser Jahre eines apostolischen Lebens gerechtfertigt erscheinen zu lassen." Im Lauf einer wichtigen Zusammenkunft, die am 24. Januar 1930 in Rom stattfand und an der die Kardinäle van Rossum und Sincero sowie die Monsignori Marchetti und Cicognani teilnahmen, wurde eine schwierige Übereinkunft erreicht, und zwar aufgrund eines „auf bitteren Ton gestimmten Telegramms von Msgr. Roncalli [...]. Msgr. Roncalli teilt mit, daß der Erwerb des Grundstücks zum Bau eines Seminars eine vollendete Tatsache sei, und wenn man von dem Plan abrücke und er dadurch an Ansehen verliere, dann sei es letztlich der Hl. Stuhl", der dadurch an Ansehen verliere.[105] Aber am 24. Februar ist er gezwungen, mitzuteilen, daß er gedacht habe, „im Frühjahr an der Arbeit für den Bau des neuen Seminars zu sein. In Rom aber haben sie den Plan noch ein weiteres Mal geändert. Das Seminar wird zwar gebaut werden, aber in einer anderen Form."[106] Roncalli, der noch hoffte, „wenigstens die Anfänge dieser Einrichtung" zu erleben, wird dann nur noch am 16. September 1934 das Seminar einweihen und an die Jesuiten übergeben können.

Es ist leicht verständlich, daß Roncalli die oben zitierte Tagebucheintragung von 1930 damit fortsetzt, daß er „die über fünf Jahre dauernde Ungewißheit" unterstreicht, „welche definitiven Aufgaben mit diesem meinem Amt verbunden sein sollen; die Ängste und Schwierigkeiten, nicht noch mehr tun zu können; die Notwendigkeit, das Leben geradezu eines Eremiten führen zu müssen, was meiner Neigung zur Sorge für die Seelen widerstrebt, innere Unzufriedenheit mit dem, was immer noch an menschlichen Schwächen in meiner Natur ist, wenn ich es auch bisher in Zucht zu halten vermochte. All das macht meine Hingabe noch bereitwilliger, mit der ich mich erheben und aufschwingen will zu einer vollkommeneren Nachahmung meines göttlichen Vorbildes."[107]

Seine Auffassung von der Einheit

Konnte das Problem der Einheit der Christen für einen Priester, der aus einer blühenden und festgefügten Diözese wie der von Bergamo kam, einen wirklichen Inhalt haben, abgesehen von dem Wunsch nach der Bekehrung der Schismatiker und Häretiker? Vielleicht war eine lebendigere Unruhe in dieser Hinsicht in Roncalli wachgeworden, als er 1906 an einer von Bischof Radini Tedeschi geführten Pilgerfahrt ins Heilige Land teilnahm. Es ist aber die Begegnung mit dem orthodoxen Christentum in Bulgarien, die schon die bloßen Koordinaten eines Kirchenverständnisses in Frage stellt, das zwischen Bergamo und Rom herangereift war. Schon im Juni 1925 zeigt er, daß er sich dessen bewußt geworden ist, daß das Problem der Einheit der Christen wenigstens ebenso bedrängend und bedeutsam und vielleicht sogar noch bedrängender und bedeutsamer ist als das der Bekehrung der Ungläubigen.

Seine Korrespondenz mit Pater Ciril Korolewski[108], auf dessen Anregung schon Roncallis Ernennung für die Aufgabe in Bulgarien zurückgeht, ist hier von besonderem Interesse. Mit ihm tauscht er sich über Aspekte der Beziehungen zur orthodoxen Welt aus, und dabei finden sich reichhaltige Informationen und eine ausgewogene Wahrnehmungsweise. Noch 1940 kommt die ökumenische Herausforderung in seinen Notizen während der Exerzitien auf höchst traditionelle Weise zum Ausdruck: „Auf mir, auf allen Priestern, allen Katholiken lastet die schwere Aufgabe, mitzuwirken an der Bekehrung der ungläubigen Welt, an der Rückkehr der Abgefallenen und Irrgläubigen in die Einheit der Kirche, an der Verkündigung Christi auch bei den Juden, die ihn getötet haben."[109]

Eine bloße Lektüre einer Passage wie dieser könnte zu der Schlußfolgerung verleiten, daß Roncalli die mittlerweile fünfzehn im Osten verbrachten Jahre durchlebt habe, ohne die gängige Auffassung vom Problem der Einheit der Kirche auch nur im geringsten geändert zu haben. Aber Roncalli hielt es nicht für richtig, die in ihm gereiften neuen Einsichten in einer Sprache zum Ausdruck zu bringen, die sich von der beim Hl. Stuhl gebräuchlichen Sprache unterschied. Eine ähnliche Sprache ist auch wiederzufinden in einer Predigt, die er am 25. Januar 1935[110] in Istanbul gehalten hat. Es ist aber auch immer wieder interessant, wenn man bemerken kann, daß die Ursache der Trennung zwischen den Christen von Roncalli dem Geheimnis des Bösen zugeschrieben wird, durch welches die Sache des Evangeliums bedroht wird, und daß er sich dessen bewußt ist, daß man mehr das suchen muß, was eint, statt sich bloß den Gründen für die Spaltung zuzuwenden.

Der Streit um die Eheschließung des Zaren

Die vorhergehenden Monate waren gekennzeichnet durch ein wichtiges Vorkommnis und dessen Folgen: Am 25. Oktober 1930 hatte sich Zar Boris von Bulgarien in Assisi nach katholischem Ritus mit Prinzessin Johanna von Savoyen vermählt. Bei diesem Anlaß hatte der Souverän die vom Codex Iuris Canonici für den Fall einer konfessionsverschiedenen Ehe vorgesehenen Verpflichtungen unterschrieben. Sechs Tage danach, als er nach Hause zurückgekehrt war, war eine Zeremonie der Segnung der Brautleute nach dem Ritus der autokephalen orthodoxen Kirche Bulgariens gefeiert worden, wobei auf eine Weise verfahren wurde, die Roncalli (seiner Reaktion nach zu urteilen) von Anfang an für nahezu unvermeidlich gehalten hatte, wobei er auch der Tatsache Rechnung trug, daß „das durch und durch orthodoxe Milieu" der Hauptstadt und des Hofes ihm „in Religion unwissend" erschien und dazu neigte, „Religion mit Nation, Religion mit Politik, Religion mit Rasse zu verwechseln".[111] Roncalli bemühte sich tatkräftig, von der Regierung und vom Zaren „eine einfache Erklärung über die Bedeutung der Zeremonie vom 31. Oktober"[112] zu erhalten, mit der ins Licht gerückt werden sollte, daß diese nur eine Segnung der neuen Zarin und ihre Einführung in ein orthodoxes Land sein wollte. Dies aber geschah nicht, was die Reaktion des Papstes zur Folge hatte, der im Konsistorium an den Winterquatembertagen, bei dem er den Kardinälen seine Enzyklika *Casti connubii* vorstellte, das Vorgefallene mit harten Worten mißbilligte.

Bei diesem Vorfall ist es schwierig, zu unterscheiden zwischen Vorsätzlichkeit und Naivität, verantwortlichem Handeln und Unbeholfenheit der Diplomaten der faschistischen Regierung und des Vatikans, der seit 1929 einen Nuntius bei der italienischen Regierung hatte. All dies führte dazu, daß die Situation Roncallis noch komplizierter wurde, da es vor allem seine Person war, die nun der Kritik ausgesetzt war, und zwar sowohl von seiten römischer als auch bulgarisch-orthodoxer Kreise, wo „man weiß, daß ich [Roncalli] alles weiß, und wo man fürchtet, ich könnte reden". Dies schränkt seine Handlungsmöglichkeiten noch weiter ein.

Trotz des Streites um den „Vorfall" wird der Hl. Stuhl am 26. September 1931 in Sofia den Sitz einer Apostolischen Delegatur einrichten, und zum Delegaten wird Roncalli ernannt werden, was ihm vermutlich vom Papst schon in der Audienz am 27. August mündlich mitgeteilt wird, was aber schon seit Anfang 1930 im Gespräch war. Diese Ernennung hatte Roncalli selbst sich schon unmittelbar vor der Eheschließung des Zarenpaares gewünscht.

1930 erklärte Roncalli sich die Verzögerung der Ernennung so: „Wenn man die Einstellung unserer guten Bartmänner [d.h. der Mitglieder des Heiligen Synods der orthodoxen Kirche] in Rechnung stellt, die zwar hochgerüstet in Abwehrstellung gegen den Phanar stehen [d.h. gegen den Sitz des Ökumenischen Patriarchen von Konstantinopel], aber immer noch von byzantinischem Geist erfüllt sind, dann konnte man schon befürchten, daß sich einiger Widerstand erheben würde, wenn man nicht mit höchster Vorsicht zu Werk ginge."[113] Diese Ernennung fand dann die Zustimmung der neuen Regierung des Demokratischen Blocks, die nach den Wahlen in demselben Monat Juli, in dem Roncalli Abschied nahm, gebildet wurde. Nach Roncalli „kam damit eine Zeitspanne von sieben Jahren geduldigen Wartens zum Abschluß, und es begann nun eine andere. Man muß eben auf den Herrn vertrauen. Er läßt auf sich warten, aber er antwortet immer."[114] Als dann 1933 die Tochter des Zarenpaares in der orthodoxen Kirche getauft wird, „sind sie in Rom sehr zufrieden mit meinem [toleranten] Verhalten"[115].

Im August 1934, einige Monate vor der Übersiedlung von Sofia nach Istanbul, macht Roncalli sich Gedanken über seine Situation: „Die Situation meines Amtes, wie sie nach zehn Jahren Aufenthalt in Bulgarien aussieht, läßt es nicht ratsam erscheinen, etwas anderes zu tun, als was ich derzeit tue. Ich werde also weiterhin von einem Tag zum anderen leben. Doch mit noch glühenderer Leidenschaft opfere ich Jesus Christus dieses Leben, diese Einengung meiner Aktivität, mein ganzes Leben inständigen Gebetes auf: zum Heil und zur Heiligung meiner Seele und dieser Bischöfe und Priester, für die Ausbreitung und Vertiefung der Nächstenliebe in diesem Land, in dem es soviel Härte gibt; für die Erbauung und den geistlichen Fortschritt der treuen Katholiken; zur Erleuchtung und zum Segen für dieses irregeleitete bulgarische Volk, das sich dennoch so stark zum Reich Christi und seiner Kirche hingezogen fühlt.

Was hat Monsignore Roncalli in der Monotonie seines Lebens als Apostolischer Delegat getan? In der Heiligung seiner selbst, in Einfachheit, in Güte und Fröhlichkeit erschloß er – sei es nun im Leben oder im Tode – ganz Bulgarien eine Quelle des Segens und der Gnade. So müßte es sein. Aber das sind große Worte und noch größere Dinge, und ich erröte, sie auszusprechen. Aber du gib mir die Gnade, die Kraft und den Ruhm, sie zu verwirklichen ..."[116]

Bilanz des bulgarischen Jahrzehnts

Die beste Synthese des in Sofia verbrachten Jahrzehnts bietet die Abschiedspredigt, die Roncalli während des Weihnachtsgottesdienstes 1934 hält: „Wenn ich sagen wollte, mein Herz sei fühllos, da ich euch jetzt für immer verlasse, würde ich vor dem Herrn lügen", so beginnt der Text. „Aber ich muß den Empfindungen meines Herzens die Disziplin meines Geistes überordnen. Auf dieser Erde sind wir alle Pilger. Wir begegnen einander auf den verschiedenen Wegen der Welt. Wir lieben einander, aber dann müssen wir uns wieder lösen: Ein jeder soll seine Wanderschaft zum Paradies wieder aufnehmen, zu dem Paradies, das unsere wirkliche Heimat ist, wo wir eines Tages einander wieder begegnen und ewig glücklich sein werden. [...] Ich grüße euch also und sage: Friede, Brüder; Friede! So wie Betlehems Engel den Anbruch der neuen Geschichte der Menschheit begrüßt haben.

Da ich zu euch gesandt wurde vom Heiligen Vater, der auf Erden den vertritt, der in der heutigen Liturgie mit Recht der Friedensfürst genannt wird, unseren Herrn Jesus Christus, was hätte ich dann anderes unter euch sein können als der gute und friedfertige Mensch, der – ohne auch nur im geringsten die Grenzen seiner religiösen Befugnisse zu überschreiten oder sich Kompetenzen politischer Art anzumaßen – außerhalb oder oberhalb aller irdischen Interessen stehend, sich nur darum bemüht, zum Frieden in allen seinen Bedeutungen und mit allen seinen Ausstrahlungen beizutragen?

So unter euch zu sein, habe ich mich also bemüht – mit der Gnade des Herrn: vor allem mild und friedfertig, ohne mich jemals von meinem Vorsatz abbringen zu lassen, mich in allem um große Diskretion und Treue zum Geist des Maßhaltens zu bemühen; in allem außer einem: alle mit großer Nachsicht und Liebe zu behandeln [...].

Was mich betrifft, so freue ich mich, euch am Ende meiner Sendung unter euch sagen zu können, daß ich den Herrn immer dafür preisen werde, daß ich euch kennengelernt habe, meine lieben Brüder aus Bulgarien, daß ich meine ganze Kraft für den Dienst an euren Seelen einsetzen durfte, daß ich für euch und euer schönes Land eine große Wertschätzung bewahren werde. Der Herr hat mir die große Gnade gewährt, daß niemals, auch nicht an Tagen einer gewissen Unsicherheit, eine Wolke gekommen ist, die meinen unbeschwerten Aufenthalt unter euch getrübt hätte. [...] Das wenige Gute, das ich in der Erfüllung meines apostolischen Auftrags tun konnte, ist nun aufgeschrieben im verschlossenen Buch des Lebens. Möge ich es am Jüngsten Tag wiedersehen können, und möge es mir dann ein Grund zu ewigem Trost sein. Wegen meiner Versäumnisse, meiner persönlichen Fehler, dafür, daß ich vielleicht aus Nachlässigkeit nicht mehr getan habe, oder wenn ich vielleicht jemandem hart vorgekommen bin, dann verzeiht mir, bitte, meine Brüder. Auch ich bin ein Mensch.

In diesen zehn Jahren waren meine Hände oft die Werkzeuge der Liebestätigkeit des Heiligen Vaters und konnten viele öffentliche oder verborgene Nöte lindern helfen, konnten beitragen zu bemerkenswerten Werken zugunsten des Gottesdienstes, der seelischen Erhebung, der tätigen Liebe. Aber von diesen Millionen und Abermillionen blieb niemals etwas an meiner Person hängen. Ich scheide von euch als ein Armer. Arm und zufrieden, alles gegeben zu haben und alles hier zurückzulassen. Für die Zukunft wird Gottes Vorsehung sorgen. Sie wird für mich sorgen, liebe Brüder, und sie wird für euch sorgen. Vertrauen wir uns also der Vorsehung des Herrn an. Sie ist immer eine gute Mutter.

Wenn ich wüßte, daß ich nicht mißverstanden würde, möchte ich auch ein Wort für alle unsere orthodoxen Brüder sagen. Unsere unterschiedliche Einstellung zu einem der grundlegenden Inhalte des Christentums, wie es uns das Evangelium lehrt, nämlich zur Einheit aller Söhne und Töchter der Kirche Christi mit dem Nachfolger des Ersten der Apostel, hat meinen Kontakten und meinen persönlichen Äußerungen in der Beziehung zu ihnen einige Vorbehalte auferlegt. Das war wohl verständlich. Ich hoffe aber, daß es mir gut gelungen ist, mich auch ihnen verständlich zu machen. Der Respekt, den ich allzeit jedem von ihnen und allen miteinander in der Öffentlichkeit oder privat bezeigt habe, die Tatsache, daß ich unerschütterlich und ohne Groll Stillschweigen bewahrt und mich niemals gebückt habe, um einen Stein aufzuheben, den jemand auf meinen Weg geworfen hatte, das hat ihnen allen sagen müssen, daß mein Herz auch ihnen aufrichtig zugetan war, für die ich doch dieselbe christliche und brüderliche Liebe empfinde, die uns das Evangelium lehrt. [...]

Eine auch heute noch geachtete Tradition unter den guten katholischen Christen in Irland sieht vor, daß am Vorabend des Weihnachtsfestes in jedem Haus in einem Fenster eine Lampe entzündet wird, die Josef und Maria, die in der heiligen Nacht auf Herbergssuche unterwegs sind, sagen soll, daß sie da drinnen um das wärmende Herdfeuer und um den mit allen guten Gaben Gottes gedeckten Tisch geschart, eine Familie erwartet. Meine lieben Brüder, wer kennt die Wege der Zukunft? Aber an welchem Ort in der Welt auch immer ich einmal leben werde, wenn jemand aus

Bulgarien an meinem Haus vorbeikommen sollte, wird er an meinem Fenster immer die brennende Lampe finden. Er soll nur anklopfen; er soll nur anklopfen, und er wird nicht gefragt werden, ob er katholisch oder orthodox ist: Er soll nur anklopfen, der Bruder aus Bulgarien, und zwei brüderliche Arme, das warme Herz eines Freundes werden ihn zum Fest willkommen heißen. Denn von dieser Art ist die Liebe des Herrn, deren herzliche Ausstrahlung mein Leben während der zehn Jahre in Bulgarien froh gemacht hat; von dieser Art ist der Friede, der uns in Jesus erblüht.“[117]

Wenn Roncallis Begegnung mit der orthodoxen Welt und daher sein Nachdenken über das Problem der Einheit der Christen als das am meisten im Brennpunkt stehende und fruchtbarste Element der bulgarischen Erfahrung Roncallis betrachtet wird und auch betrachtet werden muß, dann darf doch die Wichtigkeit anderer Erfahrungen für seine menschliche Reifung nicht unterschätzt werden.[118]

Es scheint vor allem möglich, einen Komplex von Faktoren auszuwerten, die – wiewohl sie untereinander verschieden sein mögen – in ihrer wechselseitigen Abhängigkeit gesehen werden müssen. Sie tragen alle bei zu einem einheitlichen Ergebnis, nämlich dazu, daß sich in dem Roncalli jener Jahre eine weniger zentralistische und gewiß mehr gegliederte und reichhaltigere Sicht der konstitutiven Wirklichkeit der Kirche und ihrer Verleiblichung in ortsspezifischen Wirklichkeiten geformt hat. Dazu trägt in erster Linie die Tatsache bei, daß er sich in einem Land mit einer orthodoxen Bevölkerungsmehrheit und mit orthodoxer Tradition befindet. Im Kontakt mit dieser Realität nimmt er in einer überraschend unmittelbaren Weise wahr, daß es notwendig ist, einerseits die oberflächlichen Urteile mancher römischen Kreise zu überwinden und andererseits den Reichtum des spirituellen Erbes des Ostens kennenzulernen. Und er ahnt, daß er darin „die reinen Quellen des christlichen religiösen Lebens wiederfinden“ kann und daß das Evangelium ihm dazu das Recht gibt.

Zweitens ist von ausschlaggebendem Gewicht, daß er weit entfernt war von den Zentren der kirchlichen Macht. Dies ermöglichte es Roncalli – wenn dies auch eine Kehrseite hatte in Gestalt der Einsamkeit, unter der er schmerzlich litt –, sich vor allem während seiner kurzen Besuche in Rom des Karrierestrebens, von dem das klerikale Milieu in der Kurie durchsetzt war, bewußt zu werden und sich davon zu distanzieren. Im Licht der damals ausgesprochenen harten Urteile müssen auch die immer wiederkehrenden Vorsätze Roncallis verstanden werden, darauf zu verzichten, sich mit seinen eigenen Karriereaussichten zu beschäftigen und sich Sorgen um seine Zukunft zu machen.

Eng verbunden mit den Demütigungen durch die Institution ist es, daß geistliche Einstellungen sich festigen, die zwar weniger neu sind, die sich aber durch die bitteren Erfahrungen bewähren und verstärken können. Verfeinert wird auch Roncallis schon seit vielen Jahren vorhandene Fähigkeit, die äußeren Vorkommnisse seines Lebens auf die Ebene der Reflexion und des inneren Wachstums zu übertragen und so ihre tiefere Bedeutung zu erkennen.

Ein weiteres reiches Motiv des Nachdenkens bot der Nationalismus, mit dem Roncalli in diesen Jahren in zwei hauptsächlichen Problembereichen seine Erfahrungen machte: Da war vor allem der Nationalismus der Ordensgemeinschaften, die sich in Bulgarien niedergelassen hatten (vor allem der französischen), welche die Heranbildung eines einheimischen Klerus behinderten und die Interessen ihres Mutterlandes propagierten und verteidigten. Von diesen Verhältnissen herausgefordert, entdeckte Roncalli im Lauf der Jahre im Begriff der Katholizität – wenn dieser auch noch nicht immer von polemischen Einschüssen frei war – die Möglichkeit zur Überwindung der Partikularismen und der Interessen der einzelnen Nationen, die Quelle einer internationalen Solidarität und einer wirklich allumfassenden Brüderlichkeit. Diese Überlegungen spiegeln sich auf persönlicher Ebene wider in dem Versuch, sein Wirken so zu gestalten, daß man den Eindruck gewinnen konnte, es sei absolut unparteiisch: Roncalli, der sich wohl auch dessen bewußt war, daß die französischen Diplomaten seine Einstellung für italienfreundlich hielten, ist entschlossen, „die gebotene Distanz und Verhältnismäßigkeit" gegenüber jeder einzelnen Nationalität zu wahren. Damit beginnt sich ein Stil zu festigen, der in der Türkei während des nunmehr ausgebrochenen Krieges noch eine Reifung erfährt, wobei die Reifestufen sich parallel zum wachsenden Ernst der Ereignisse entwickeln. Dies führt ihn dahin, daß er den Konflikt und den Nationalismus unumwunden und unmißverständlich verurteilt.

Zweitens war der Nationalismus in seinen Augen auch die Ursache der zunehmenden Verschlechterung der internationalen Situation. In diesem Urteil war er auch beeinflußt von der harten Kritik, die Pius XI. am Nationalismus übte. Aus vielen Texten Roncallis ist tatsächlich seine hellsichtige Einschätzung der historischen Stunde und seine wachsende Besorgnis angesichts der Folgen eines erbitterten Nationalismus zu erkennen. Die Beharrlichkeit, mit der er auf dieses Problem zu sprechen kommt, läßt die Tatsache, daß das Thema der „roten Gefahr" bei ihm fast gar nicht vorkommt, noch prägnanter hervortreten. Daß er sich in einem Land befand, das in den unionistischen Plänen Roms nur ein Sprungbrett in Richtung Sowjetrußland sein sollte, hätte den Blickwinkel des päpstlichen Repräsentanten tatsächlich auf diesen letztgenannten Teilaspekt einer Deutung der Situation verengen können. Statt dessen dagegen ermöglicht ihm diese Gegebenheit noch eine Erweiterung des Horizontes seiner Einschätzung der Lage. Anscheinend entwickelt sich das in dem Maße, wie er mehr und mehr eine gewisse Autonomie des Urteils hinsichtlich der Pläne der Kurie gewinnt, eine Autonomie, die er wohl nicht bewußt angestrebt hat, die aber deswegen nicht weniger real war.

Wir müssen uns sodann noch etwas bei dem Zusammenstoß Roncallis mit dem diplomatischen Milieu aufhalten. Die Formel „pastorale Diplomatie" – über die oftmals geschrieben worden ist – paßt nicht ganz auf die Jahre in Bulgarien, wenn damit die leidenschaftliche Bemühung um die Verbindung zweier untereinander heterogener Gegebenheiten ausgesagt werden sollte; tatsächlich war sie viel eher die Frucht langer Jahre des diplomatischen Dienstes als die Voraussetzung dafür. Roncalli hatte ja tatsächlich keine Heranbildung zum Diplomaten erhalten und konnte daher keine Spezialausbildung vorweisen, als er in Bulgarien zum ersten Mal mit den vorsichtig-subtilen Gepflogenheiten dieses Milieus konfrontiert wurde. So sind die ersten Streitigkeiten mit der französischen Gesandtschaft nicht so sehr dem Willen zuzuschreiben, sich anders als andere zu verhalten, sondern eben dem Mangel an Erfahrung und seiner wenig diplomatischen Klarheit der Sprache. Eine Folge davon ist die verlegene Ratlosigkeit der Kollegen, wie sie eine Persönlichkeit beurteilen sollen, deren offensichtliche charakterliche Direktheit sich verbinden mußte mit einigen sehr klaren Standpunkten, über die nicht verhandelt werden konnte. So wird der Versuch verständlich, Roncallis Stil damit zu erklären, daß er von einer gewandten Schlauheit und einem geheimen Ehrgeiz geprägt sei. Dieser Erklärungsversuch findet sich in allen Berichten von Diplomaten vor allem zu Beginn seiner Mission, wenn er dann auch im Lauf der Jahre etwas nuancierter formuliert wird.

Schließlich muß erwogen werden, wie Roncallis Einstellung gegenüber dem Ökumenismus bzw. dem Unionismus und den damit verbundenen Problemen war. Es ist fast unnötig zu wiederholen, daß er eine Latinisierung in allen ihren Aspekten zwar vollkommen ablehnte, daß er dagegen eine unionistische Praxis nicht mit derselben Entschiedenheit ablehnte. Diese unionistische Komponente ist vor allem erkennbar in der Tatsache, daß er sich aus eigener Überzeugung einige dementsprechende Richtlinien als Ausgangspunkt zueigen machte und daß er in seiner Redeweise die rigide offizielle Terminologie übernahm. Roncalli hat sich übrigens nicht die systematische Formulierung eines vollendeten Gedankengebäudes zum Thema Einheit vorgenommen. Und daher ist es z.B. kein Zufall, daß es bei ihm keinerlei thematische Behandlung der Beziehungen zur anglikanischen und zur protestantischen Welt gibt.

Man kann sich jedoch fragen, von welcher Art die dünnen Fäden sind, aus denen Roncalli ein Gewebe embryonaler Denkansätze zum Thema Einheit mit der orthodoxen Welt schuf. Es scheint, daß man hier wenigstens drei belegbare Elemente nennen kann. Hier muß vor allem anderen die *Methode* oder das Prinzip, womit man zur Einheit gelangen kann, genannt werden, nämlich mehr die für die Einheit als die für die Trennung sprechenden Motive zu suchen und zugleich polemische Töne abzulehnen. Wesentliche und unentbehrliche Voraussetzung der Einigung mit den orthodoxen Brüdern ist für den Roncalli des bulgarischen Jahrzehnts die Einheit der katholischen Christen untereinander. Erst wenn diese vorrangige Voraussetzung erfüllt ist, wäre auch das Suchen nach einer Einheit mit den Orthodoxen, die die Klippen des Unverständnisses überwindet, legitim. Ein solches „System", die Bemühung um die Einheit zu verstehen, war notwendigerweise weit entfernt von den in diesen Jahren sichtbar werdenden embryonalen Versuchen einer sowohl die protestantische als auch die orthodoxe Welt einbeziehenden wissenschaftlichen Diskussion. Wenn man jedoch die Unentbehrlichkeit, die Roncalli jenem Prinzip zuerkennt, nicht als erstrangig betrachten würde, dann erwiese sich die – allerdings unleugbarerweise auf der Linie der offiziellen Position der katholischen Kirche liegende – Härte, mit der er diese ersten Versuche eines wirklichen ökumenischen Dialogs beurteilte, als nur schwierig zu vereinbaren mit seiner von den Quellen aus diesem Jahrzehnt belegten konkreten Öffnung zur orthodoxen Welt Bulgariens.

Sodann muß auch der *Begriff* der Einheit in seiner doppelten Wertigkeit geklärt werden. Bei der Suche nach dem Vorhandensein von Begründungen für eine Gemeinschaft behauptet Roncalli des öfteren, zwischen katholischen und orthodoxen Christen sei schon jetzt eine wesentliche Einheit in den Sakramenten und in der Eucharistie vorhanden und wirksam. Manchmal aber verschwimmt dieser Begriff von Einheit in Richtung einer mysterienhaften, wenn auch nicht ahistorischen Einheitsauffassung: Dabei handelt es sich um die Texte, in denen Roncalli behauptet, daß allein die Verheißung Jesu zur Verwirklichung der Einheit verhelfen könne, und in denen daher implizit auch die Linie überwunden wird, derzufolge die institutionellen Gegebenheiten als notwendige Vorbedingung für einen möglichen Dialog mit den Ostkirchen betrachtet wurden.

Schließlich muß noch ein Wort gesagt werden zu den Werkzeugen, mit denen die Einheit hergestellt werden kann: Eine mysterienhafte Auffassung der Einheit impliziert notwendigerweise, daß auch die Werkzeuge, mit denen ihre Vollendung beschleunigt werden kann, dieser Eigenart angemessen sein müssen. Die Liebe und das Gebet erscheinen im Denken des Roncalli jener Jahre nicht nur als Gemeinplätze des kirchlichen Wortschatzes, sondern als einzige Voraussetzung des Weges der Wahrheit. Wo daher im offiziellen Unionismus die Wahrheit unbestreitbarerweise ein einseitiger und ausschließlicher Besitz der katholischen Kirche zu sein schien, dort konnte die von Roncalli vollzogene Unterordnung des *Weges der Wahrheit* unter den *Weg der Liebe* die absolute Geltung dieses Prinzips offensichtlich aufbrechen.

In Istanbul in muslimischer Umwelt

Roncallis Versetzung von Bulgarien in die Türkei, die aber auch mit der Zuweisung der Verantwortung für Griechenland verbunden war, war schon in den ersten Tagen des Dezember 1933 überlegt worden. In einem Brief an seinen Freund Msgr. Cesarano berichtete der Betroffene, er habe geantwortet, er sei „jederzeit bereit, Gehorsam zu leisten, selbst wenn man ihn vorübergehend in die Hölle schicken wolle, aber daß ich mich, wenn man mich frage, ob mir der Vorschlag gefalle, nicht allzusehr geschmeichelt fühlte".

In jenen Wochen deutete sich nämlich die wohl viel befriedigendere Möglichkeit einer Ernennung zum Bischof von Brescia an, aus der aber dann doch nichts wurde.[119] So schreibt er denn noch am 14. November 1934 seinem Bruder Giovanni: „Gestern bin ich vom Heiligen Vater empfangen worden, der sehr liebenswürdig zu mir war. Es gibt aber noch nichts Neues, was mich angeht, ob ich noch länger in Bulgarien bleiben soll oder nicht." Aber dann teilt er schon am 17. November den Eltern mit: „Es sah so aus, als gäbe es nichts Neues über mein weiteres Verbleiben in Sofia, und schon hat der Heilige Vater heute morgen entschieden, mich als Apostolischen Delegaten nach Konstantinopel zu schicken."[120] Diese Nachricht wurde ihm durch den Substituten im Saatssekretariat, Pizzardo, überbracht. Am 27. November wurde die Versetzung Roncallis von Sofia auf den Posten des Delegaten in Konstantinopel öffentlich bekanntgegeben. Der Vorgänger auf diesem Posten, Msgr. Margotti, war zum Opfer heftiger Reibereien mit dem laizistischen Regime Atatürks und mit dem in verschiedene Gruppen miteinander streitender Nationalitäten gespaltenen Klerus geworden. In den ersten Tagen des Januar 1935, nachdem er noch erreicht hatte, daß er statt des Titels Bischof von Areopolis den Titel Erzbischof von Mesembria (in Bulgarien) erhielt, verließ Roncalli Sofia und brach in ein Land auf, in dem der Vertreter des Papstes nicht einmal offiziell anerkannt war und wo man dabei war, den Geistlichen, seien sie nun Orthodoxe oder Lateiner, das Tragen des klerikalen Gewandes zu verbieten.

Als man ihn nach seiner Bereitschaft gefragt hatte, sich nach Istanbul versetzen zu lassen, schrieb er einem Freund: „Das ist dort eine ganz neue Welt, die sich ankündigt und die man mit vorbereiten muß." Und zwei Jahre später behauptet er und erntet damit wahrscheinlich Ungläubigkeit: „Unsere Augen werden Zeugen einer gesellschaftlichen Wiedergeburt, die zu den bemerkenswertesten Erscheinungen dieser Art in der Geschichte der Völker gehört."[121] Die optimistische Einschätzung der Aussichten der Menschheitsgeschichte wird eine weitere ständige Dimension seines Werkes sein, die dann durch seine Rolle als Papst die Gelegenheit erhält, sich in die höchsten Höhen zu erheben.

Ende 1935 notiert er im Geistlichen Tagebuch: „Wieviele unvorhergesehene Veränderungen gab es für mich seit August 1934 bis heute. Ich bin in der Türkei. Was fehlt mir hier an Gelegenheit und Gnade, heilig zu werden?

Als der Heilige Vater mich hierher schickte, hob er Kardinal Sincero gegenüber ausdrücklich hervor, welchen Eindruck mein zehn Jahre langes Schweigen auf ihn gemacht habe, daß ich in Bulgarien blieb, ohne mich jemals zu beklagen oder den Wunsch nach etwas anderem auszudrücken. Ich hatte mir das vorgenommen, und ich bin glücklich, diesem Vorsatz treu geblieben zu sein.

Wieviel Arbeit gibt es hier! Ich preise Gott, der mich mit den Tröstungen dieses heiligen Amtes erfüllt. Ich muß jedoch daran festhalten, noch mehr Ruhe und Ordnung in meine Angelegenheiten zu bringen.

Auch die Sache mit der Zivilkleidung wurde von meinem ganzen Klerus gut überstanden. Ich muß jedoch stets mit dem Beispiel vorangehen, Ernst und Erbauung verbreiten. Das Herz Jesu entflamme mich und vermehre in mir seinen Geist. Amen."[122]

Außer diplomatischen Aufgaben hatte Roncalli auch die Funktionen des Ortsbischofs der katholischen Christen des lateinischen Ritus wahrzunehmen, ein Umstand, der ihn in einem gewissen Ausmaß zu direktem pastoralen Handeln verpflichtete und der, vor allem während des Krieges, vom diplomatischen Stab des Staatssekretariates nicht immer geschätzt wurde. Am 21. Februar 1938 schreibt er an Drago: „Ich fühle mich sehr zufrieden und selbstverständlich viel besser als in Sofia, wo ich nicht Ortsbischof der lateinischen Katholiken war und nicht auf meine Weise handeln konnte, ich meine auf die Weise der heiligen Kirche, dieser entsprechend den Bedürfnissen der verschiedenen Zeiten und Orte immer zeitgemäßen Lehrmeisterin für alle."[123]

Im Herbst 1936 notiert er: „In meinem neuen Amt in der Türkei bin ich trotz vieler Schwierigkeiten zufrieden. Ich muß meine

Tage und auch meine Nächte besser einteilen. Besonders die Zeit nach dem Abendessen hat eine Reform nötig. Man verliert zuviel Zeit mit dem Radio, und das bringt alles durcheinander. Feststehende Regel: Um 19 Uhr Rosenkranzgebet für alle in der Kapelle. Dann Abendessen und kurze Erholungspause. Für beides ist eine Dreiviertelstunde ausreichend. Anschließend das Beten der Matutin; dann die Nachrichten, eventuell etwas gute Musik, wenn es welche gibt. Danach zieht sich jeder zurück: der Sekretär in sein Zimmer, und ich arbeite noch ein bißchen. Um 11 Uhr muß ich zu Bett. Jeden Morgen ein Leitgedanke für den ganzen Tag. Niemals die Betrachtung auslassen. Wenn die Zeit knapp ist, soll es eine kurze, jedoch intensive, ruhige Betrachtung sein. Ich muß auch lange Audienzen vermeiden. Große Liebenswürdigkeit zu allen, so als hätte ich mich nur mit jedem einzelnen von ihnen zu beschäftigen: ungezwungene und kurze Unterredung."[124]

Was das geistliche Leben angeht, „so kommt mir vor, als wäre ich von allem losgelöst, auch von jedem Gedanken des Weiterkommens. Ich habe keinerlei Verdienste und spüre auch keinerlei Ungeduld. Daß aber ein so großer Unterschied möglich ist zwischen meiner Beurteilung der Situation hier und der Art und Weise, wie Rom dieselben Dinge einschätzt, das schmerzt mich; es ist dies mein wirkliches Kreuz. Ich will es in Demut tragen, bereit, meine obersten Vorgesetzten zu befriedigen, denn dies – und nichts anderes – liegt mir am Herzen. Ich werde stets die Wahrheit, aber mit Milde, sagen und über alles schweigen, was ich meiner Meinung nach an Unrecht oder Kränkung erlitten habe. Ich bin bereit, mich selbst zu opfern oder geopfert zu werden. Der Herr sieht alles und wird mir Gerechtigkeit erweisen. Vor allem will ich fortfahren, stets Böses mit Gutem zu vergelten und mich zu bemühen, in allem das Evangelium den Künsten der menschlichen Politik vorzuziehen.

Ich werde mich mit noch mehr Sorgfalt und Ausdauer dem Studium der türkischen Sprache widmen. Ich fühle, daß ich das türkische Volk liebe, zu dem mich der Herr geschickt hat. Das ist meine Pflicht. Ich weiß, daß der Weg, den ich bei meinen Beziehungen zu den Türken eingeschlagen habe, gut ist, vor allem ist er katholisch und apostolisch. Ich muß auf diesem Weg weitergehen, in Treue, mit Klugheit, aufrichtigem Eifer und zu jedem Opfer bereit."[125]

Je mehr der Gehorsam wuchs, sei es als Bereitschaft, sich verfügbar zu halten, oder als gelebte Erfahrung, vertiefte sich auch die Überzeugung, daß dies die Möglichkeit eröffne, ja es sogar erforderlich mache, in wachsendem Maße Wagemut zu beweisen.

Die Vorzeichen dafür, daß dies nötig sei, sind im Zuge der Umsiedlung nach Istanbul – aufgrund einer ziemlich enttäuschenden Beförderung nach dem Exil in Bulgarien! – schon zu erkennen, als er sich anschickt, eine andere Linie einzuschlagen als die starre Linie seines Vorgängers, und als er die „Wohlmeinenden" in Verwirrung stürzt, indem er in einigen Gottesdiensten ein wenig Türkisch einführt. Tatsächlich hat Roncalli „zur allgemeinen Überraschung Lesungen in türkischer Sprache zu seinem Anliegen gemacht [...]. So wird das Evangelium auf türkisch vorgetragen werden, ebenso die Predigten während der Messe und die in der Abendandacht gelesenen Gebete", hieß es in einer Depesche des französischen Botschafters vom 2. Januar 1936.[126] In Rom aber gab es Leute, die dafür kein Verständnis hatten: „Manchmal habe ich das Gefühl, daß das Mißbehagen wegen der Sache mit dem ‚Gott sei gepriesen' auf türkisch tief sitzt, und das schmerzt mich, weil es eine unter unseren Katholiken verbreitete allzu oberflächliche Vorstellung von wahrhaft christlichem Empfinden verrät. Und zugleich läßt es mich vermuten, daß man mich dafür in einigen Jahren gewiß loben wird."[127] Aber schon einige Monate später bemerkt Roncalli: „Was die Sprache betrifft, so habe ich nichts weiter getan, als das ‚Gott sei gepriesen' auf türkisch und die Verlesung der Evangelienperikope auf türkisch in den Pontifikalämtern vor der auf französisch oder italienisch vorgetragenen Predigt einzuführen. Wobei noch zu vermerken ist, daß ich, um einige erste Zeichen von Widerspruch seitens gewisser engstirniger Katholiken zu besänftigen, diese Neuerungen auf meine Gottesdienste in der Kathedrale beschränkt habe. Den Rektoren der verschiedenen Kirchen habe ich es freigestellt, meinem Beispiel zu folgen, wenn sie es für gut halten. Mit Wohlgefallen sehe ich, daß sie mir mit freundlicher Aufgeschlossenheit und ein wenig einer nach dem anderen folgen. In einigen Monaten wird alles ohne übermäßige Anstrengung zum allgemeinen Brauch geworden sein, und auch die Unzufriedenen der ersten Stunde werden zufrieden sein."[128]

Auch in diesem Fall werden die qualitativ größeren Beweise von Wagemut erst mit dem römischen Pontifikat kommen, aber dann als reife und bewußte Frucht konkreter Erfahrungen, als eine Frucht, die erwachsen ist aus der Nachfolge auf dem Weg der ganz traditionellen Tugenden. Oft hat sich der Gehorsam bei Roncalli mit der Demut und mit deren jüngerer Schwester, der Demütigung, verbunden. Es scheint angebracht, die Demütigungen durch die Institutionen, die er „von den Zentralorganen der römischen Verwaltung" erfahren hat, wie er 1926 und dann von neuem 1933 und 1936 anmerkt, zu unterscheiden von denjenigen, die ihm durch seine eigene unermüdliche Bemühung um Einfachheit und Milde bereitet wurden.[129] Des öfteren gibt Roncalli zu verstehen, daß dies weder Narretei noch Schwäche oder leichtfertige Gutgläubigkeit bedeute, aber Vorwürfe dieser Art (wie sie in Bemerkungen wie „ach, der gute Monsignore Roncalli!" zum Ausdruck kommen) verfolgen ihn sein ganzes Leben lang.[130]

1939 verliert Roncalli seine Mutter Marianna Mazzola Roncalli, die am 20. Februar in Sotto il Monte stirbt, zehn Tage nachdem Pius XI. gestorben war, ein Umstand, der ihn hindert, aus welchem Grund auch immer Istanbul zu verlassen. So schreibt er am 22. Februar an die Familie: „Die schmerzliche Nachricht vom Tode unserer lieben Mutter hat mich nicht überrascht. Ist ein gewisses Alter erreicht, wird der Organismus äußerst anfällig, und wegen einer Kleinigkeit schwindet er dahin. [...] Immer war sie mir gegenwärtig, Tag und Nacht, beim Gebet, bei Gesprächen, bei der Arbeit, während des kurzen nächtlichen Schlafs, und ich sagte mir: Sie leidet fern von mir, und ich leide hier beim Gedanken an sie. Aber unser Opfer wird sich vereinigen, wird dem Herrn wohlgefällig sein und uns allen Segen bringen. Wenn mir gestern Ancilla schrieb, daß sie mich sehr gern gesehen hätte, doch wenn dies nicht möglich sei, wir uns im Himmel wiedersehen würden, [so sind dies Worte], die mich sehr gestärkt haben und stärken.

Ja, wir werden uns alle gewiß im Himmel wiedersehen, wenn wir den Belehrungen treu bleiben, die unsere liebe Mutter uns erteilt hat. Einfachheit und Güte waren ihre vornehmsten Tugenden, in denen ihr so langes und gesegnetes Leben schließlich ganz aufging.

Denkt man zurück, besinnt man sich, wie ist die Mutter Marianna Roncalli gewesen, was für ein Gewissen hatte sie, was für einen Glauben, welche echte und heilige Liebe zu den Ihrigen, was für einen Geist der Frömmigkeit, der Großmut, welche Heiterkeit des Herzens in allem und welche Bereitwilligkeit, alles auf den Herrn auszurichten, so ist man wirklich ergriffen."[131]

Einige Monate später notiert er in seinem Geistlichen Tagebuch: „Dieses Jahr hat mich der Herr durch die Abberufung lieber Menschen geprüft: Meine verehrte und geliebte Mutter; Msgr. Morlani, mein erster Wohltäter; Don Pietro Forni, mein enger Mitarbeiter an den ‚Atti della Visita Apostolica di San Carlo'; Don Ignazio Valecchi, der, bevor ich nach Rom ging, in Sotto il Monte während meiner Klerikerjahre Kurat war (1895–1900): Sie alle sind gestorben. Nicht zu reden von anderen bekannten und lieben Menschen: unter ihnen an erster Stelle mein Rektor, Msgr. Spolverini. Die Welt sieht für mich anders aus. ‚Praeterit figura huius mundi –

Es vergeht die Gestalt dieser Welt.' Die Erinnerung an diese Toten muß meine Vertrautheit mit dem Jenseits vermehren und läßt mich daran denken, daß vielleicht auch ich bald dort sein werde. Meine lieben Toten, ich werde euer Andenken bewahren und euch immer lieben. Bittet für mich."[132]

Außerdem faßt er in diesen Tagen den Entschluß: „Als Übung der Selbstverleugnung nehme ich mir ganz besonders das Studium der türkischen Sprache vor. Daß ich sie nach fünfjährigem Aufenthalt in Istanbul noch so wenig beherrsche, ist eine Schande und würde von wenig Verständnis für die Bedeutung meiner Mission zeugen, wenn es dafür keine Entschuldigungs- und Rechtfertigungsgründe gäbe.

Ich werde jetzt das Studium mit Eifer wieder aufnehmen. Die Überwindung wird mir Grund zur Freude werden. Ich liebe die Türken und schätze die natürlichen Anlagen dieses Volkes, das auch einen ihm zugedachten Platz in der Entwicklung der Kultur hat. Werde ich es mit der Zeit schaffen? Das ist keine Frage. Meine Pflicht verlangt es, die Ehre des Heiligen Stuhls, das Beispiel, das ich geben muß, das genügt. Wenn mir nichts anderes gelänge, als diesem festen Vorsatz treu zu bleiben, so hätten meine Exerzitien schon reiche und gesegnete Frucht gebracht."[133]

Der Tod Pius' XI. und der „Roncalli-Plan"

Am Epiphaniefest 1939 hält Roncalli, endlich nach Istanbul zurückgekehrt, eine wichtige Predigt, mit der er in aller Offenheit Stellung nimmt gegen die Judenverfolgung, die in Deutschland und ebenfalls in Italien und Spanien immer größere Ausmaße annimmt. Die Rede weckt ein großes Echo in der öffentlichen Meinung, und *Le Journal d' Orient*[134], das offiziöse Organ der jüdischen Gemeinschaft, bringt eine Meldung darüber. Diese kurze Notiz ist noch heute die deutlichste Spur der Rede Roncallis: „Gestern anläßlich des Epiphaniefestes hat Msgr. Roncalli, Erzbischof von Istanbul, in einer Predigt in der katholischen Kathedrale von Pancaldi über den Glauben an Gott und den Rassismus, ein Thema von brennender Aktualität, gesprochen. Nachdem er gesagt hatte, die Kirche kenne keine Aufspaltung der Menschheit in Rassen, nachdem er die Gläubigen daran erinnert hatte, daß die Reliquien der drei Magier in Köln ruhen, ‚in dem Land, das erklärt: Wir wollen Christus nicht mehr, wir wollen das Christentum nicht mehr', sprach der hohe Prälat in einer für jedermann verständlichen Sprache und einem Ton glühender Überzeugung den Wunsch aus, die Menschheit möge sich schließlich, um die Ideen von Liebe und Gleichheit der Menschen geschart, versöhnen."

Der Ton der Intervention Roncallis und die Aufmerksamkeit, die er bei den Juden geweckt hatte, versetzten die italienische Diplomatie in Alarmzustand: Tatsächlich hatte Roncalli die Themen wieder aufgegriffen, die der Papst im Juli des vorausgegangenen Jahres in seinen Reden angesprochen hatte, und er hatte dies gewiß nicht mit der Absicht einer lautstarken Provokation getan, aber auch nicht in Form einer bloßen Wiederholung altbekannter und bewährter Grundsätze. Die Erklärung, die Roncalli dem Bischof von Izmir (Smyrna) gibt, verkleinert und erweitert zugleich die Bedeutung der Intervention: Kein Philosemitismus, aber doch ein Akt der christlichen Freiheit, der wir bis zur äußersten Konsequenz verpflichtet sind: „Am Epiphaniefest habe ich auf italienisch gesprochen und an die im Kölner Dom verehrten Reliquien der Magier erinnert und daran einige Überlegungen angeknüpft, die sich in verdeckter und respektvoller Form auf die aktuellen Vorgänge in Deutschland bezogen. Das reichte dazu, daß die Juden des *Journal d'Orient* mich als Philosemiten ausgaben. Und dem italienischen Konsulat wurde berichtet, ich hätte in Antirassismus gemacht. Ich habe aber weder von Juden noch von Rassismus gesprochen. Wir wollen also Augenmaß, Güte, Diskretion bewahren: Aber bis zum Vergießen unseres Blutes wollen wir der heiligen Freiheit des apostolischen Lehramtes die Ehre erweisen."[135]

Es bahnt sich also hier ein Jahr an, dessen hauptsächliche Ereignisse im Kalender des Repräsentanten des Papstes als Termine für Interventionen und Verpflichtungen wiederzufinden sind: Das Problem der nazistischen Bedrohung innerhalb und außerhalb der deutschen Grenzen, das Problem des mit „Evkaf" geführten Prozesses um finanzielle Angelegenheiten, in dessen Hintergrund die Beziehungen zur türkischen Regierung im Spiel sind. Zwei Ereignisse dagegen stehen zwar, was die institutionelle Rolle Roncallis angeht, in keiner Beziehung zueinander, aber für sein subjektives Empfinden überlagern sie sich: Der gesundheitliche Zusammenbruch Papst Pius' XI. und dann auch der Mutter Roncallis und der darauf folgende Tod beider ändern den Lauf der Dinge.

Als Pius XI. am Vorabend einer von Spannungen überschatteten Zehnjahresfeier der Lateranverträge stirbt, stürzt sich Roncalli in ein Unternehmen, das er selbst bei der Neuordnung des Archivs der Delegatur den „Roncalli-Plan" nennen wird.[136] Seine Idee war, die mit dem Begräbnis von Pius XI. und der Wahl des Nachfolgers verbundenen Feierlichkeiten zu nutzen, um einen nicht geheimen Kontakt mit dem orthodoxen Patriarchat von Konstantinopel anzubahnen: Schon im Rundschreiben an den Klerus und die Gläubigen vom 10. Februar spricht Roncalli die Erwartung aus, „daß die geistige Großherzigkeit, mit der er [Papst Pius XI.] begabt war und für die er unvergeßliche Beweise geliefert hat, uns Grund zu dem Vertrauen gibt, daß sich bei der Gedenkfeier für den Heiligen Vater nicht nur die katholischen Christen zu einer Bekundung der Hochachtung und zu andächtigem Gebet versammeln werden, sondern alle Christgläubigen, auch wenn sie anderen Konfessionen angehören, alle, die festhalten am lebendigen Gottesdienst der Wahrheit, der Gerechtigkeit, der Güte – ja, vor allem der Güte, dieses kostbarsten Elementes des menschlichen Fortschritts zu allen Zeiten und bei allen Völkern.“

Es handelte sich nicht um eine Fata Morgana, sondern um eine plausible Entwicklung, für die es schon unzweideutige Vorzeichen gegeben hatte. Das oben schon erwähnte Gesetz über die Verpflichtung der Geistlichen zum Tragen von Zivilkleidung hatte nämlich wechselseitige halb geheime Besuche von Roncalli und nicht identifizierten orthodoxen Bischöfen ermöglicht, die sich beim Gebet der lateinischen Katholiken einfanden. Überdies hatte es anläßlich des Todes von Patriarch Photios II. vorsichtige von katholischer Seite eingeleitete Kontakte gegeben: Es waren Delegationen zur Beerdigung und zur anschließenden Amtseinführung von Patriarch Benjamin entsandt worden. Daher konnte man jetzt auf eine formelle Teilnahme von orthodoxen „Beobachtern“ am Trauergottesdienst hoffen.

Schon die ordnungsgemäße und korrekte Organisation der Veranstaltungen in dieser Situation forderte übrigens einen starken Einsatz: Als er sich gezwungen sieht, sich selbst und seinen Familienangehörigen in Sotto il Monte den Grund zu erklären, warum er Istanbul nicht verlassen kann, obwohl es erste Symptome für die bald zum Tod führende Erkrankung seiner Mutter gab, erklärt er, er dürfe nicht nochmals einen derartigen Fehler machen, wie er ihm wenige Monate vorher aufgenötigt worden sei: „Wie aber, sagt nur, kann ich mich jetzt von hier fortbegeben? Die Besuche, die ich empfangen muß, die Benachrichtigung der staatlichen Autoritäten und der Vertretungen, die Trauerfeier, die ich gerade vorbereite, und die Ansprache; und wenn dann der neue Papst gewählt ist, wieder die Benachrichtigung der türkischen Autoritäten und die Veranstaltungen, die dem Wohle der Kirche sehr dienlich sein können, all das verlangt meine Anwesenheit, und niemand kann mich dabei vertreten. Msgr. Testa hilft mir hier sehr tatkräftig, aber in diesen Fällen kann er für mich nicht einspringen. Als im vergangenen November das türkische Staatsoberhaupt starb, war ich nicht hier, sondern hielt mich auf Veranlassung des Heiligen Stuhls gerade in Griechenland auf. Das war aber nicht gut."[137]

Dies ist ein wichtiger Absatz, weil Roncalli hier – wenn auch in wohlüberlegter Beschränkung auf den familiären Wortschatz – zu verstehen gibt, daß er glaubt, es sei schon entschieden, daß sich Anlässe bieten würden für die Aufnahme von Beziehungen, vor allem mit den Orthodoxen, von denen er zwar im Brief nicht spricht, mit denen es aber schon die ersten Unterredungen gegeben hatte. Ja, die politischen Ereignisse auf internationaler Ebene bestärken den Delegaten noch in seinem Empfinden, die Gelegenheit sei reif, um eine Beziehung zur Orthodoxie aufzunehmen: „Jetzt sind die Umstände für das Wohl der Kirche noch viel günstiger. Wenn ich von hier abwesend wäre, würde dadurch alles für jetzt und die Zukunft aufs Spiel gesetzt werden."[138]

Roncallis Initiative war von Erfolg gekrönt – und die Presse verfehlt nicht, dies hervorzuheben[139] –: Am Trauergottesdienst nehmen teil außer dem gesamten Diplomatischen Corps Vertreter des Phanar, der armenisch-gregorianische Bischof Himayak von Beyoglu mit zwei Prälaten seines Gefolges, Rabbi Saban, der Vertreter des Großrabbiners von Istanbul, und H. Reisner, der Präsident der jüdischen Gemeinde.

Die lange Rede im Trauergottesdienst für Pius XI., die Roncalli zu dieser feierlichen öffentlichen Veranstaltung verfaßt hatte, beschreibt die einzigartigen Qualitäten des Verstorbenen, sie hebt hervor, was seine Regierung kennzeichnete und der Fortführung wert ist. Die Presse berichtet, die Rede sei eröffnet worden mit der anerkennenden Erwähnung der von Papst Ratti vorgenommenen Heilig- und Seligsprechungen als einer Saat der Heiligkeit für die Kirche; dann erweist sie ihm Ehre dafür, daß er dafür eingetreten sei, daß die Kirche frei, rein und katholisch bleibe – nämlich durch Konkordatsschlüsse und durch Wahrnehmung seines Lehramtes (das „im Grunde genommen angewandtes Evangelium ist, in unveränderlicher Treue zu dessen begrifflichem Inhalt, aber zugleich mit der Fähigkeit zur Anpassung der unterschiedlichen und reichhaltigen Formen an die Erfordernisse der einander ablösenden Epochen"), durch die Sorge für die Verkündigung des Evangeliums durch die Missionare, durch die Sorge um die Einheit, auf die wir uns schon jetzt berufen können „indem wir gemeinsam den Glauben bekennen", wie er im altkirchlichen Symbolum formuliert ist.[140]

Die Wahl des nachfolgenden Papstes bringt für Roncalli neue offizielle Pflichten und Kontakte zu den Orthodoxen mit sich, ähnlich denen beim Tod von Papst Ratti. Sobald die Nachricht sich verbreitet, daß Kardinal Pacelli im dritten Wahlgang gewählt wurde, kündigt sich damit die Erneuerung der Jugend der Kirche an. Am Tag seiner Krönung wird ein feierliches Te Deum gesungen, an dem dieselben Personen teilnehmen wie am Trauergottesdienst für Ratti; diesmal jedoch „kommen nach Beendigung der Zeremonie Bischof Maximos und M. Konstantinidis in die Sakristei, um Msgr. Roncalli die Wünsche Seiner Heiligkeit des Patriarchen Benjamin für einen langen und glücklichen Pontifikat des neuen Papstes zu überbringen. Sichtlich bewegt, versprach Msgr. Roncalli, diese Botschaft telegraphisch Seiner Heiligkeit Pius XII. zu übermitteln, der sich von Herzen darüber freuen werde. Tatsächlich ist dies das erste Mal nach dem Schisma des Ostens, daß die Orthodoxe Kirche offiziell über die Wahl eines neuen Papstes informiert wurde und dazu ihre Segenswünsche aussprach.“[141]

Roncallis Diplomatie machte es auf diese Weise möglich, in jenem Frühling zu einem Ergebnis zu gelangen, das von großem symbolischem Gewicht war (offizielle Information des orthodoxen Patriarchats über die vollzogene Wahl des neuen Bischofs von Rom), und den Anstoß zu geben zu weiteren Besuchen – nicht zuletzt zu dem der Armenier –, die noch wenige Monate vorher unvorstellbar gewesen wären.

Je weiter die Zeit fortschreitet, um so mehr ist Roncalli sich dessen bewußt, „daß meine Arbeit in der Türkei nicht leicht ist: Aber sie gelingt mir gut und ist mir Grund zu großer Freude. Ich sehe, daß da die Liebe des Herrn am Werk ist und Einigkeit besteht zwischen den Kirchenmännern und ihrem armseligen Hirten. Die politische Situation erlaubt es nicht, viel zu tun: Aber es scheint mir schon verdienstvoll, wenn sie sich nicht durch meine Schuld noch verschlimmert.

Demgegenüber aber meine Mission in Griechenland! Ach, wie verdrießlich sie mir ist. Gerade deswegen aber liebe ich sie noch mehr, und ich nehme mir vor, eifrig an der Arbeit zu bleiben und mich zu bemühen, all mein Widerstreben zu überwinden. Ich habe da eine Dienstanweisung und bin also zum Gehorsam verpflichtet. Ich muß bekennen: Ich würde nicht darunter leiden, wenn diese Aufgabe jemand anderem anvertraut würde. Aber solange sie die meine ist, will ich ihr, koste es, was es wolle, Ehre machen. ‚Die mit Tränen säen, werden mit Freuden ernten‘ [Ps 125,5]. Es macht mir wenig aus, wenn andere dort ernten.“[142] Am 29. Juli hatte er auch Msgr. Adriano Bernareggi gegenüber darauf angespielt: „Ich werde nach Griechenland fahren müssen, das immer der Dornbusch meines Amtes ist, eines Amtes, das auch so schon seine gewohnten und erträglichen Dornen hat wie in diesen

Tagen z.B. das Hatay[142a] und anderes."[143] Die größere Geschlossenheit der orthodoxen Kirche in Griechenland wirkte sich dahingehend aus, daß der Widerstand gegen einen Abgesandten des Vatikans, der italienischer Staatsbürger war, viel fester und wirksamer war: In den ersten Jahren mußte Roncalli sogar ein Touristenvisum beantragen, wenn er in Griechenland einreisen wollte. 1938 hatte Roncalli übrigens an Bischof G. Descuffi geschrieben: „Ich liebe Griechenland und will den Griechen insgesamt und auch jedem einzelnen von ihnen wohl. Tatsächlich ist mir von ihnen immer nur Respekt entgegengebracht worden. Aber – und darin verstehe ich unsere guten orthodoxen Brüder – sie lieben nicht den Apostolischen Delegaten [als solchen]: Und das macht meinen Dienst um so vieles schwieriger. Jeder hat seine besondere Art, die Dinge zu sehen und mit Menschen umzugehen. Ich ziehe es vor, lieber einen langen Weg zu Fuß zurückzulegen als irgendjemanden schroff zu behandeln, um schneller voranzukommen."[144]

Mit dem Krieg nehmen die Verpflichtungen Roncallis in geometrischer Reihe zu, und er schreibt in seinem Geistlichen Tagebuch: „Mein ständiger Schmerz, der mich oft insgeheim ängstigt, ist immer der gleiche und alte: daß es mir weder gelingt, all das zu schaffen, was ich tun sollte, noch mich in dauernder Wachsamkeit zu halten, um die Trägheit meiner Wesensart zu überwinden, die mehr zu Geruhsamkeit neigt, zum langsamen Voranschreiten, obgleich ich immer in Bewegung bin. Diese Pein demütigt mich und macht mich traurig. Ich muß alles annehmen, was mir Grund gibt, mich zu demütigen, und muß es lieben. Aber ich darf nicht die Ruhe und den inneren Frieden verlieren. Das eben ist meine Marter. Es mag von verschiedenen Gründen abhängen, daß ich nicht schneller vorankomme; z.B. von der effektiven Überlastung mit Arbeit, von den besonderen Bedingungen meiner Stellung hier und in Griechenland. Ich möchte aber aus dem Stand der Dinge zugleich meine Unzulänglichkeit erkennen: ‚Bist du nicht imstande, im Leiden froh zu sein, so lerne wenigstens geduldig tragen, was auf dir liegt', wie es beim hl. Thomas von Kempen heißt (III. Buch, Kap. 57). In derselben Nachfolge Christi steht auch noch der andere Satz, daß ich mich so lange nicht für wahrhaft demütig halten darf, bis ich erkannt habe, daß ich wahrlich von allen der niedrigste bin."[145]

Als Roncalli am 10. Oktober 1941 eine Audienz bei Pius XII. hatte, sprach der Papst selbst voller Sorge über sein Schweigen zu den Grausamkeiten der Nazis.[146]

Griechenland ist noch mehr als früher ein dorniges Terrain für ihn: „Mein Dienst in Griechenland ist für mich der härteste von allen. Deshalb muß ich ihn noch mehr lieben. Übrigens hat er mir in diesen Monaten die größte Freude bereitet. Solange ich mich hier in Istanbul aufhalte, möchte ich niemals von hier weg in das Land, das heute zu einem ‚Ort der Qual‘ (Lk 16,28) geworden ist. Wenn ich dann dort bin, fühle ich mich wie ein Fisch in seinem Wasser. Der Gedanke, daß Msgr. Giacomo Testa dort arbeitet und Gutes tut, ist mir ein großer Trost; aber er entlastet mich nur wenig von meiner Verantwortung, solange der Heilige Stuhl sie mir überlassen will.“[147] Roncalli hat jedenfalls ein hellwaches Bewußtsein für das Ausmaß der historischen Krisensituation: „Wir durchleben Zeiten gewaltiger Umbrüche, und vor uns liegt das Chaos. Um so mehr müssen wir uns darum auf die Grundlagen der christlichen Gesellschaftsordnung beziehen und in dem uns umzingelnden Terror und Horror die furchtbare Bestätigung dafür erkennen, daß das Gesetz Gottes auch auf Erden gilt. Der Bischof muß entschieden sein in seiner Klarsicht und in seinem Bemühen, diese Geschichtsphilosophie in der gebotenen Weise gemeinverständlich bekannt zu machen; eine Einsicht auch in diese Gechichte zu vermitteln, die heute zu den bisherigen Seiten politischer und sozialer Unordnung auch noch Seiten des Blutvergießens hinzufügt. Ich will wieder einmal Augustins *De civitate Dei* lesen und aus dieser Lehre Kraft schöpfen, um alles beurteilen zu können unter den Augen dessen, der mir in meinem Dienst beisteht, mit jener Weisheit, die erleuchtet und stark macht.“[148]

Die eng begrenzte pastorale Tätigkeit, die in Istanbul möglich war angesichts der kleinen Zahl von dreißigtausend katholischen Christen[149], die inmitten eines muslimischen und nichtchristlichen Milieus lebten, regte Roncalli an, sich konkret auseinanderzusetzen mit einigen Aspekten der Säkularisierung und des kulturellen Pluralismus. Wenn er sich in Sofia die Probleme der Beziehungen zu einer nichtkatholischen christlichen Bevölkerung bewußt gemacht hatte, so drängte sich in Istanbul die Wirklichkeit einer ehemals christlichen Welt auf, die von einer radikal anderen Zivilisation verdrängt worden und nun völlig verschwunden war. Man wird hier bei Roncalli einer Reflexion über dies alles gewahr, die sich aus der Lektüre der Schriften der großen Bischöfe Konstantinopels nährt und ihren Ausdruck findet in einigen aufmerksam gestalteten Feiern, unter denen die erste die 1600-Jahr-Feier für Kaiser Konstantin den Großen im Jahre 1938 war.

Diese Gedenkfeier bedeutet für Roncalli nicht bloß eine „wirklich gloriose“ Erinnerung, sondern läßt ihn daraus auch eine Lehre ziehen: „Was bleibt von Konstantin? Aus materieller Sicht, was seine Person betrifft, seine Bauten, die mit seinem Wirken verbundenen Orte: Nichts. Verschwunden sind die Spuren seines Erdenlebens und seines Todes in Ereke, wo er getauft wurde; verschwunden sein Palast [...], verschwunden sogar der Name der von ihm gegründeten Stadt, die von ihm Gott und der jungfräulichen Mutter geweiht war, dieser Name, der sechzehnhundert Jahre lang das Andenken an ihn überdauern ließ, aber jetzt nicht mehr gebraucht werden darf und gegen einen anderen ausgetauscht wurde: Nicht mehr Konstantinopel, sondern Istanbul. [...] So hat also in den Plänen des Herrn das, was materiell und seinem Wesen nach veränderlich ist, kein Gewicht."[150]

Der Zweite Weltkrieg

1939/1940 bricht der Sturm des Krieges aus. Eine Predigt vom 1. März 1940 ist Ausdruck des Bemühens, den Krieg geistig-geistlich zu verstehen: „Die Wochen, die wir gerade durchleben, sind überschattet von einem angsterregenden Geheimnis. [...] Der Krieg ist schon im Gange. Den Schnee färbt er rot mit Blut, Städte setzt er in Brand, und Millionen junger Menschenleben sind der Gefahr ausgesetzt, ihm zum Opfer zu fallen. Dazu die vielen, welche die Strudel des Meeres verschlungen haben, mitsamt unermeßlichen Reichtümern, die nun unbrauchbar geworden sind zum Dienst für die Staaten. Und alle wissen, und alle sagen, daß ein noch größerer und schrecklicherer Krieg in Sicht ist; ein Krieg, der – wie immer die Lose auch fallen mögen – zu einer Katastrophe führen wird für alle, ob Sieger oder Besiegte, und er wird nicht das Ende, sondern die Fortsetzung und die Verschärfung der derzeitigen Übel sein. Nun also: Für uns, die wir zur Achtung der geistigen Kräfte erzogen worden sind, für uns, die wir an Gott glauben und an Christus, der in die Welt gesandt wurde, um uns mit seinem Evangelium das Gesetz der Zivilisation zu bringen, für uns, die wir überzeugt sind, daß da einer ist, der von dort her Antwort gibt auf die Stimmen unserer Seelen, die ihn um Hilfe anflehen, für uns gibt es nichts dringlicheres, als in uns zu gehen und uns zu sammeln, damit eine der Lehre des Evangeliums gemäßere geistige Bereitschaft in uns reifen kann, ein Aufschwung zu einer inneren und einer nach außen wirkenden Heiligung, die uns in den Augen des Herrn seines Erbarmens würdiger macht. Vom Herrn wollen wir einen Frieden erflehen, der aus Gerechtigkeit und Brüderlichkeit erwächst, der die Welt vom Untergang retten und sie wieder aufrichten möge, damit sie den Weg der Ordnung und der sozialen Ruhe beschreiten kann. [...] Wirksamer und mächtiger ist das Gebet, wenn es begleitet wird von einem ehrbaren und tätigen Leben, wenn es sich inspirieren läßt von den grundlegenden Lehren des Christentums: von Bruderliebe, gegenseitiger Achtung, Vergebung für die Feinde, Demut und Milde in Wort und Tat in der Familie und außerhalb, anderen nichts wünschen, was man für sich selbst nicht möchte, statt dessen anderen das tun, was man möchte, daß es auch uns getan werde, und schließlich Maßhalten und ruhige Überlegtheit in unseren Urteilen und Worten inmitten so vieler hartherziger und vergifteter Lästersucht, die unsere Tage so traurig macht.

Ich weiß wohl, daß das, zu dem ich euch aufrufe, weder die Lehre noch der Geist der Welt ist. Aber könnt ihr von einem Diener des Herrn etwas anderes erwarten? Die Einladung zum Gebet und zur Kultivierung des Geistes des Friedens läßt mich ganz spontan in dieses alte, ruhmreiche und liebe Land der Türkei zurückkehren, wo wir katholische Christen, ob Staatsbürger dieses Landes oder Ausländer, leben und arbeiten, wo wir gern das Zeugnis der reinen Friedensliebe geben, die Regierende und Untertanen beseelt, ein Zeugnis, das geheiligt wird durch neueste feierliche Erklärungen, die in der ganzen Welt ein beglückendes Echo gefunden haben. Für die Heiligung dieser beiden Wochen der Passion unseres Herrn in Vorbereitung auf das lateinische Osterfest, für diese Heiligung – zu der ich euch einlade – brauche ich euch also keine besonderen Andachtsübungen vorzuschlagen.“[151]

Roncalli befindet sich in einer wertvollen, aber unbehaglichen Situation: Wertvoll wegen der fast unbegrenzten Möglichkeiten zu humanitärer Hilfeleistung; unbehaglich, weil Nazideutschland in Istanbul durch Botschafter von Papen vertreten ist, die einzigartige und schillernde Figur eines katholischen Politikers und Gegners des Nazismus „von innen her“. Hier muß vorweg gesagt werden, daß Roncalli den Krieg verurteilt hat: „Der Krieg ist eine der schrecklichsten Plagen. Er ist nicht von Gott gewollt, sondern von den Menschen, von den Nationen, von den Staaten mittels derjenigen, die in ihrem Namen handeln.“ Dieses Urteil wird gefällt auf der Ebene einer allgemeinen Betrachtung der Geschichte, jedoch ohne Interesse für eine nähere Analyse der Ursachen und der Abläufe eines Konfliktes.

Gewiß gibt es in den Schriften Roncallis eine durchlaufende Ader von Zeugnissen für seine fehlende Sensibilität für politische Probleme. Diese Eigenart oszilliert zwischen der passiven Hinnahme der Situation und der unüberlegten Leichtgläubigkeit gegenüber den professionellen Politikern. In den Briefen an seine Familienangehörigen finden sich zu wiederholten Malen Ermahnungen, sich nicht auf politische Fragen einzulassen, Anmerkungen zur innenpolitischen Situation Italiens, zu der aber keine Urteile irgendwelcher Art ausgesprochen werden. Und noch mehr frappiert die Art seiner während des ganzen Weltkriegs aus Istanbul an das Staatssekretariat geschickten Berichte. Zweifellos handelt es sich, objektiv gesehen, um Texte, die Überraschung wecken. Es genügt, die eine oder andere Seite des Tagebuchs von Don Mazzolari zu lesen, um eine ganz andere Einstellung gegenüber dem Faschismus und dem Nationalsozialismus zu finden.

Manche sind der Meinung – wie sie auch in einer Ausgabe der Briefe Roncallis an seine Familie geäußert wurde[152] –, daß es bei ihm eine faschistenfreundliche Kurzsichtigkeit gab. Aber dieses etwas vorschnelle Urteil stellt nicht in Rechnung, daß gerade die Briefe an die Familie eine besondere literarische Gattung darstellen, die die Anwendung angemessener hermeneutischer Kriterien fordert. Roncalli war sich nämlich dessen bewußt, daß die Briefe, die von dem in weiter Ferne lebenden angesehenen Verwandten, einem Erzbischof und Diplomaten, nach Sotto il Monte geschickt wurden, von den Empfängern fast unvermeidlicherweise anderen Verwandten und Freunden gezeigt, also fast öffentlich gelesen werden würden. Er selbst läßt es nicht daran fehlen, die Familienangehörigen zur Zurückhaltung zu ermahnen, „auch bei vertraulichen Bemerkungen gegenüber irgend jemandem, denn so wenig ihr auch sagen möget, so wird es nie an jemandem fehlen, der die Gelegenheit ergreift, etwas aufzubauschen, zu übertreiben, zu erfinden oder jemanden zu verleumden."[153] Dieses Bewußtsein konnte Roncalli zu einer klugen Kontrolle veranlassen in dem, was er zu politischen Themen schrieb, und damit zu vermeiden, jemanden in Schwierigkeiten zu bringen, in erster Linie die unvermeidlicherweise unvorsichtigen Verwandten, dann aber auch einen Vertreter des Heiligen Stuhls.

Was Roncallis Beziehungen als Diplomat betrifft, so ist betont worden, daß sie ziemlich stark beeinflußt waren vom Blickwinkel des Deutschen von Papen, der zweifellos Roncalli intensiv umwarb, um über ihn dem Heiligen Stuhl seine eigenen Botschaften zukommen zu lassen, in denen die „deutsche" und die „nazistische" Komponente sich den Anschein gaben, voneinander verschieden zu sein. Man hat gesagt, Roncalli habe eine naive Leichtgläubigkeit an den Tag gelegt, indem er die erhaltenen „vertraulichen Mitteilungen" nach Rom weitergeleitet habe, ohne sie genügend kritisch zu filtern. Andererseits hatte dies keine besonderen diplomatischen Folgen, da man im Staatssekretariat davor gefeit war, Roncalli unkritisch zu sehen, und weil seine Berichte mit gnadenloser Ironie und kurzsichtiger Süffisance kommentiert wurden.[154] Und dann gibt es auch noch diejenigen, die der Meinung sind, seine gegenüber von Papen bewiesene Unüberlegtheit verrate eine unüberwindliche Naivität, in der sich schon die „unüberlegten" Stellungnahmen zum Krieg und zur Sowjetunion, die ihm während seines Pontifikates unterlaufen seien, vorangekündigt hätten.

Diese kritischen Äußerungen liefern offensichtlich kein scharfes Bild von dem, wie es wirklich war, weil sie nicht in Rechnung stellen, daß Roncalli sich entschieden hatte, „Schlauheit und sogenanntes diplomatisches Geschick"[155] anderen zu überlassen, und daß er nach seiner Wahl zum Papst seine Verantwortung anders als andere bewertet hat. Es wäre ein schwerer Fehler, diesem fundamentalen Aspekt der Art, wie Roncalli seinen Gehorsam gelebt hat, nicht genügend Beachtung zu schenken. Er hält sich nämlich zwar für verpflichtet, den erhaltenen Weisungen unbedingt Folge zu leisten, aber er zweifelt sein ganzes Leben lang nicht daran, daß sie ihn nicht verleiten können, „der Lehre und dem Beispiel des Herrn" untreu zu werden.

Folgerichtig sind Stil und Mitte seines Engagements streng bestimmt von den pastoralen Erfordernissen; allem, was darüber hinausgeht, widmet er weniger und – um seinen Sprachgebrauch zu übernehmen – nur akzidentelle Aufmerksamkeit, wobei er ein Gefühl des Mißbehagens gegenüber seinen eigentlich politischen Funktionen nicht verbirgt, was verblüffend deutlich wird, als er einen ganzen Teil eines Berichtes an das Staatssekretariat der Beleuchtung der pastoralen Situation widmet, auf die sich seine ganze Aufmerksamkeit konzentriert. Gerade in dieser Hinsicht kann man wohl eine ausgeprägte Unähnlichkeit zu Radini Tedeschi feststellen, der hochsensibel, aufmerksam und leidenschaftlich an den politischen Problemen Italiens interessiert war. Der Faktor, der Roncalli zu einer tiefer blickenden Aufmerksamkeit anregen konnte, war immer mehr die Relevanz einer Sache für die Seelsorge. Es soll schließlich noch hinzugefügt werden, daß die aus Rom kommenden Instruktionen – die uns im Detail noch unbekannt sind – und seine Standespflicht ihn veranlaßten, alles weiterzugeben, was ihm zu Ohren kam, und noch viel mehr alles, was ihm gesagt wurde, damit er es weitergebe.

Eine letzte Bemerkung zu seiner langen „orientalischen" Periode muß hinweisen auf seine immer intensiver werdende Vertrautheit mit der Bibel und den Schriften der Kirchenväter, auch der östlichen; sie bewirkte eine grundlegende Bereicherung nicht nur der Spiritualität Roncallis, sondern auch seines kulturellen und historischen Horizontes. In diese Jahre fällt auch die Arbeit an der monumentalen Ausgabe der Akten der von Karl Borromäus im 16. Jahrhundert in Bergamo mit dem Ziel der Anwendung der Beschlüsse des Konzils von Trient durchgeführten apostolischen Visitation.[156]

Das Nachdenken über die Einheit der Kirche gestaltet sich viel dichter und auch ausführlicher in einer an Pfingsten 1944 in der Kathedrale von Istanbul gehaltenen Predigt. Dies ist ein Text, der besondere Aufmerksamkeit verdient. Er wird eröffnet mit einem Wort über „das immer neue christliche Pfingsten", ein Ausdruck, der in Zukunft von Johannes XXIII. häufig wiederholt werden wird, vor allem im Zusammenhang mit dem Ökumenischen Konzil. Auf diese Einleitung folgt ein kurzer Aufruf an die Kirche und die Christen, ihre Verantwortung angesichts der von der Zeit nach dem Krieg gestellten Aufgaben wahrzunehmen. Dies ist die ewige christliche Botschaft, welche die lehrende Kirche immer aufs neue wiederholt. „Aber", so fährt Roncalli fort, „hat denn das christliche Volk, die sog. *plebs christiana,* keine andere Pflicht, als auf die göttliche Lehre zu hören, daran Gefallen zu finden und ihr für seinen eigenen Gebrauch Rechnung zu tragen und sich nicht oder nur wenig um die Interessen der anderen zu kümmern, so als ob der katholische Glaube ein Geschenk wäre, das der Himmel uns gemacht hat und das wir in unserem Geist verschlossen halten sollen, ohne unserem Nächsten Anteil an diesen Schätzen und Schönheiten zu geben?"

Roncalli fügt hinzu, daß es logisch erscheinen könnte, daß man sich von anderen Christen und den Andersgläubigen und noch mehr von den Ungläubigen unterscheiden und in den engen Kreis seiner eigenen Tradition einschließen wolle. Aber sofort danach erklärt er mit allem Nachdruck, dies sei im Licht des Evangeliums „eine falsche Logik". Denn Jesus hat die Trennmauern niedergerissen, hat die universale Brüderlichkeit verkündet und alles auf die uneigennützige Liebe als die beherrschende Mitte ausgerichtet. Gerade Pfingsten war der explosionsartige Durchbruch all dieses Neuen, und die gesamte nachfolgende Geschichte des Christentums, die er hier mit leuchtenden Farben schildert, besteht in einer „wunderbaren Ausbreitung der uneigennützigen Liebe". Bisweilen geschah dies als Verkündigung des Evangeliums oder als tieferes Eindringen in seine Wahrheit, bisweilen als lebhafter Kampf für die Reinheit der Lehrtradition, bisweilen als bange Agonie unter den Schlägen einer erbarmungslosen Verfolgung, bisweilen auch als gigantischer Kampf zur Verteidigung der Freiheit, und es hatte „immer etwas Dynamisches, Bewegtes und hervorragend

Apostolisches" an sich. Heute, so fährt Roncalli fort, „fordert es von uns, beizutragen zum moralischen Wiederaufbau der Welt. Es ist aber erforderlich, daß auch die katholischen Christen den anderen Christen nicht zum Ärgernis werden, „indem sie überflüssig gewordene Ausdrucksformen zur Schau stellen", und es muß das Wort Gottes verkündet werden.[157]

Das Kirchenbild, das auf diesen wenigen Seiten sichtbar wird, ist offensichtlich schon ein Vorgriff auf das der sechziger Jahre, das Bild einer Kirche, die eher als Mysterium Christi und als Volk Gottes auf dem Weg durch die Geschichte dargestellt wird denn als „societas perfecta", als vollendete Gesellschaft, die sich in ihrem eigenen Selbstbewußtsein verschanzt. Nochmals stellt Roncalli hier ein leise auftretendes Lehramt vor, das frei ist von Polemik, aber reich an Motiven, die Alternativen darstellen zu den offiziell mehr anerkannten.

Wenn man all diese Ereignisse im historischen Rückblick betrachtet, gewinnt man den Eindruck, daß mit dem Tode von Radini Tedeschi für Roncalli eine lange Zeit von fast 25 Jahren (1921–1944) begonnen hat, während der sein ganzes Leben von faktischer Bedeutungslosigkeit beherrscht war, wenn nicht gar von einem anonymen, aber deutlich sichtbaren und hartnäckigen Willen, diesen Priester auf Abstand zu halten von der Herzmitte der Kirche, nämlich von der Seelsorgtätigkeit, und von ihrem historischen Zentrum. So vergehen vier Jahre in Rom, auf die weitere neun in Sofia in Bulgarien und ebensoviele in Istanbul in der Türkei folgen. In Rom läßt man ihn Geld sammeln, in Bulgarien lebt er in vollkommener Isolierung, die nur von gelegentlichen diplomatischen Mißerfolgen (bei der Hochzeit des Zaren und der Taufe der Prinzessin) unterbrochen wird, in der Türkei setzt sich die Isolierung fort, bis der Krieg ihm fragwürdige Gelegenheiten zur diplomatischen Instrumentalisierung durch von Papen bringt.

In dieser ganzen Zeit entwickelt Roncalli eine umfassende Reflexion in intensivem Dialog mit Gott, der im Gebet und inmitten der konkreten Umstände der historischen Vorgänge geschieht. Es ist interessant, daß er in seinen römischen Jahren zu dem Entschluß kam, seine Amtsführung nicht bürokratisch zu gestalten, womit er auf die Routine der Kurie reagierte, wie er in einem Brief aus dem Jahre 1925 schrieb. Als er dann dabei war, nach Bulgarien aufzubrechen, nahm er sofort wahr, welche ökumenischen Möglichkeiten in seiner Mission angelegt waren, die sich ja inmitten einer christlich-orthodoxen Bevölkerung abspielen sollte; er versucht, angemessene Informationen zu erhalten, und deswegen nimmt er einen belgischen Benediktiner, einen der Pioniere der Annäherung an die Orthodoxen, als seinen Sekretär mit.

Die Art, wie er auf die wirklich großen Zusammenhänge der Geschichte schaut, hilft ihm, die für das Leben der Menschen wirklich großen Ereignisse wahrzunehmen; sie drängt ihn, das positiv Neue in den Gesellschaften zu werten, so daß es ihn im Gegensatz dazu tendenziell unaufmerksam, taub und wohl absichtlich unzugänglich macht gegenüber den schlauen Ränkespielen der Politik und der Diplomatie. Die Neigung, „in großen Zusammenhängen zu denken", findet gerade im balkanischen Exil starke Antriebe.

In den im verschlafenen Milieu von Sofia und dann von Istanbul verbrachten Jahren versteht es Roncalli, nicht nur wahrzunehmen, daß die östliche Art, die Dinge zu sehen, als Ergänzung der westlichen Betrachtungsweise dienen kann, sondern er ahnt auch, daß sich am Horizont eine ganz andere Zukunft ankündigt, die die Geschichte unter Druck setzt, um Wirklichkeit zu werden. Als man ihn nach seiner Bereitschaft fragt, sich nach Istanbul versetzen zu lassen, schreibt er an einen Freund: „Das ist dort eine ganz neue Welt, die sich ankündigt und die man mit vorbereiten muß." Und zwei Jahre später behauptet er und erntet damit wahrscheinlich Ungläubigkeit: „Unsere Augen werden Zeugen einer gesellschaftlichen Wiedergeburt, die zu den bemerkenswertesten Erscheinungen dieser Art in der Geschichte der Völker gehört."[158] Die optimistische Einschätzung der Menschheitsgeschichte wird eine weitere ständige Dimension seines Werkes sein, die dann durch seine Rolle als Papst die Gelegenheit erhält, sich in die höchsten Höhen zu erheben.

Schließlich besteht ein Zusammenhang zwischen der fortschreitenden Vertiefung in das Thema „Zeichen der Zeit" und Roncallis Einstellung zum Verhältnis zwischen Glaube und Geschichte. Diese biblische Formulierung (vgl. Mt 16,4) wird von Roncalli in einem ganz alltäglichen Sinn verwendet, aber mehr und mehr entdeckt er ihre tiefere Bedeutung bis hin zu der prägnanten Verwendung, die er während seines Pontifikates von dieser Formulierung macht. Bei der schon erwähnten Gedenkfeier für Kaiser Konstantin im Jahre 1938 sagte er: „Schaut dieses Land, die Türkei, an. Hier war der Schauplatz, wo sich durch so viele Generationen hin das sehr bewegte Leben der Kirche abspielte. Hier waren die alten Diözesen so zahlreich wie die Sterne am Himmel. Heute ist dies alles verschwunden: Nur noch schwer kann man die alten Örtlichkeiten identifizieren, nur noch schwer ihre genauen Namen ausmachen. So hat also in den Plänen des Herrn das, was materiell und seinem Wesen nach veränderlich ist, kein Gewicht. Wir sollen uns zwar liebevoll all dem zuwenden wegen der Verbindung, die es mit dem hat, das höher, wichtiger und sicherer ist: Also auch die so verwüsteten Orte verehren, die unsere Erinnerungen weckenden Monumente, auch wenn sie zu Ruinen geworden sind, die Reliquien, um so mehr, wenn es sich um besonders bedeutende handelt, aber wir sollen doch nicht bei all dem stehenbleiben. Das Reich Jesu ist ganz und gar der Menschheit zuliebe da. Aber es ist nicht dem untergeordnet, was selbst in der wahren Religion bloß materiell, äußerlich, vergänglich ist. Jesus von Nazaret hat die grundlegenden Linien der kirchlichen Organisation festgelegt, aber er hat diese nicht an bestimmte Orte oder andere Gegebenheiten gebunden. Das Unwetter zieht hinweg über uns: Es rüttelt an den festesten Gebäuden, es verwüstet und verändert alles. Aber das macht nichts. In den Plänen des Herrn dient alles seiner Herrlichkeit. Alles ist in den Dienst seiner Gnade gestellt. [...] Die Geschichte nimmt ihren Lauf: Vieles geht voran, und manches kommt wieder. Die Pläne des Herrn und nicht die Pläne der Menschen bilden die Grundlage der Philosophie der Geschichte. Alle Völker, alle Jahrhunderte, auch diejenigen, welche die widrigsten zu sein scheinen, arbeiten für den Triumph Christi. [...] Alles hienieden vergeht, und alles erneuert sich: Wie die Kleider, die verschleißen und zerreißen."[159]

Während ebendieser Jahre wird Roncalli Zeuge des sich immer schärfer zuspitzenden Dramas des Massenmordes am jüdischen Volk. Eine Massenflucht von Juden aus den von den Nazis besetzten Gebieten erreicht den Balkan. Damit sind auch die Türkei als Durchgangsland und auch Roncalli persönlich von diesen Ereignissen berührt. Wenn auch die gerade zu diesem Punkt in den „Actes et Documents du St. Siège relatifs à la II Guerre mondiale" enthaltenen Belege sehr zurückhaltend formuliert sind, so hat Roncalli (der schon seit 1927 an jedem Donnerstag die Messe „pro Judaeis" feierte) doch Begegnungen von einiger Feierlichkeit mit Gruppen von Juden gehabt, die am 4. Juni 1937 und am 4. September 1940 in das Gebäude der Apostolischen Delegatur kamen, und er stand in Kontakt mit der Jewish Agency, der jüdischen Organisation, welche die Flucht organisierte.[160] Aus den dem Heiligen Stuhl zur Verfügung gestellten Dokumenten lassen sich nur Interventionen in den Jahren 1942 und 1943 rekonstruieren: Am 18. September 1942 schreibt Roncalli an den Nuntius in Paris und bittet ihn um „Erleichterungen für den Transit" für eine „kleine Karawane von Israeliten, die ein unglückliches Los getroffen hat, wie so viele ihrer Volks- oder Glaubensgenossen. [...] Es kann doch sein, daß die gute Vorsehung irgend etwas unvermutetes Gutes bereithält, womit wir diesen Ärmsten zu Hilfe kommen können."[161]

Am 22. Januar 1943 übermittelt Roncalli dem Staatssekretariat ein Memorandum von Chaim Barles von der Jewish Agency über die Ausrottungsaktion mit der Bitte, der Heilige Stuhl möge sich als Vermittler dafür einsetzen, daß die Juden Asyl in neutralen Ländern erhalten, und dafür, daß für die Juden in Deutschland und in den von den Deutschen besetzten Territorien Ausreisevisen ausgestellt werden. Barles bat auch darum, der Papst möge offiziell erklären, „daß die den verfolgten Juden geleistete Hilfe von der Kirche als ein gutes Werk betrachtet werde". Roncalli bemerkt dazu: „Was in diesem Memorandum von Herrn Barles berichtet wird, ist im übrigen allen bekannt und bedarf keines weiteren Kommentars." Nachdem Roncalli im März mit Mitgliedern derselben Agentur ein Gespräch über die Situation einer Gruppe slowakischer Juden geführt hat, weist er darauf hin, daß „die Beschreibung der Leiden, denen ihre Volksgenossen ausgesetzt sind, etwas Tragisches und Bewegendes hat. Man muß wohl nicht eigens sagen, daß sie ein großes Vertrauen in eine Intervention des Heiligen Vaters setzen, und wenn sie sagen, daß sie sich in ihrem Herzen ganz auf diese Hilfe der Vorsehung verlassen, dann scheint das aufrichtig gemeint zu sein." Im Laufe des Jahres 1943 gibt es noch zahlreiche weitere Berichte über Aktionen zugunsten der Juden in Bulgarien, in Italien und in anderen besetzten Ländern: Roncalli schreibt am 14. April an die Oberin der Schwestern Unserer Lieben Frau von Sion in Bukarest, Maria Casilda, die den Delegaten brieflich um Informationen wegen der Tochter einer Freundin gebeten hatte, die seit dem Untergang eines Schiffes mit jüdischen Flüchtlingen aus Rumänien verschollen war: „Wir stehen vor einem der größten Mysterien der Menschheit. Arme Kinder Israels. Ich höre täglich rings um mich her ihr Wehklagen. Ich traure mit ihnen, tue das Beste, um ihnen zu helfen. Sie sind doch die Verwandten und Mitbürger Jesu. Möge doch der göttliche Erlöser ihnen zu Hilfe kommen."[162]

In den letzten Tagen seines Lebens gelangt das Nachdenken über dieses Thema auf seinen Höhepunkt, als er den intimsten Mitarbeitern anvertraut, „daß wir heute mehr als in den vergangenen Jahrhunderten darauf bedacht sind, dem Menschen als solchem und nicht bloß den katholischen Christen zu dienen; vor allem und überall die Rechte der menschlichen Person und nicht bloß die der katholischen Kirche zu verteidigen. Die heutigen Lebensbedingungen, die Herausforderungen der letzten fünfzig Jahre, das vertiefte Verständnis der Lehre haben uns vor neue Wirklichkeiten gestellt, wie ich schon in der Rede zur Eröffnung des Konzils gesagt habe. Es ist nicht das Evangelium, das sich ändert. Wir sind es, die es besser zu begreifen beginnen. Wer dieses Jahrhundert durchlebt und sich zu Beginn dieses Jahrhunderts plötzlich vor die neuen Aufgaben einer sozialen Tätigkeit gestellt gesehen hat, die den ganzen Menschen betrifft; wer wie ich zwanzig Jahre im Orient und acht in Frankreich gelebt hat und mit Kulturen und Traditionen ganz anderer Art konfrontiert war, der weiß, daß der Augenblick gekommen ist, die Zeichen der Zeit zu verstehen, die günstige Gelegenheit zu ergreifen, weiter zu blicken."[163]

In den Akten zum Abschluß der Mission in Istanbul hinterläßt Roncalli ein letztes Zeugnis für jenen „Geist uneigennütziger Liebe", mit dem er seine Tätigkeit hatte beseelen wollen. Als er die Ernennung auf den Posten in Paris angenommen hatte, muß er Istanbul in aller Eile verlassen, um nach Ankara zu reisen, von wo aus ihn Flugzeuge der Alliierten nach Rom bringen sollen. Es bleibt ihm keine Zeit, um einen Gruß nach Griechenland zu schicken, sondern bloß, um einen Text, „Lebewohl und Segen des Hirten der Hirten", zu verfassen, der – mit weniger Kraft und mehr mit beherrschter Emotion – das Muster des Grußes wiederholt, den er in den Abschiedsliturgien mit den Gläubigen in Bulgarien ausgesprochen hatte: Gehorsam, Friede und Segen.

Von Ankara aus schickt er am 24. Dezember eine lange Notiz mit Informationen für den neuen Sekretär, Msgr. Pappalardo, den er nicht mehr treffen wird, und in gewissem Sinne auch für seinen Nachfolger (es wird Msgr. A. Marina sein): Damit wird derjenige, der seinen bisherigen Platz einnehmen wird, über die besonderen Merkmale und die Situation des Vikariatsbezirks und der Apostolischen Delegatur informiert.[164]

Nach einem Jahrzehnt, das auch gekennzeichnet war von schweren Mißhelligkeiten – Absetzung des aus Malta stammenden Bischofs von Smyrna, Absetzung eines anderen Bischofs in Griechenland, wirtschaftliche Schwierigkeiten und von französischem Argwohn gegenüber einem aus Italien kommenden Apostolischen Delegaten verursachte diplomatische Schwierigkeiten –, wollte Roncalli jenem „Wahlspruch der Demut" die Ehre erweisen, von dem er sich hatte leiten lassen und der dann auch der Schlüssel zu dem diplomatischen Erfolg wurde, der ihm durchaus nicht gleichgültig war und dessen Früchte er vertrauensvoll erhoffte. Daß „der Papst und allein der Papst"[165] seine unverhoffte und außergewöhnliche Beförderung nach Paris beschlossen hatte (wie ihm im Staatssekretariat gesagt werden wird), wird ihn in diesem Stil heiterer Bescheidenheit und demütiger Entschiedenheit bestärken.

Von außen wird das auf weniger tief blickende Weise beurteilt: Die faschistische Diplomatie beschreibt ihn als „eine liebenswürdige und joviale Person mit der Neigung – wie man mir sagt –, die Dinge laufen zu lassen"[166]. Der Chronist der Kathedrale dagegen malt von ihm das Bild eines beispielhaften Seelsorgers: „Während der zehn Jahre eines intensiven Lebens als Seelsorger hat Msgr. Roncalli wie schon anderswo verdientermaßen die Zuneigung und Sympathie aller erworben. Sein überzeugendes Wort, das immer inspiriert war von Empfindungen der uneigennützigen Liebe, von Verständnis und Milde, machte ihn seinen Gläubigen und seinem Klerus lieb. Sie schätzten sich glücklich, einen solchen Hirten zu haben. Die Gestalt von Msgr. Roncalli wird allen, welche die Freude hatten, ihm näher zu kommen, unvergessen bleiben, da er umgänglich, gutherzig, mild und klug war; da er sich auskannte und geduldig war mit den Schwächen und den starken Seiten des menschlichen Herzens, war er für alle der Gute Hirt, der mit Wort und Tat den Bedürfnissen aller entgegenkam, ob groß oder klein, ob arm oder reich."

Roncalli ließ in der für seinen Nachfolger bestimmten Notiz zur Amtsübergabe ein weniger auf feierliches Lob gestimmtes Selbstbildnis zurück: „Wenn Sie ein wenig Gutes von mir sagen hören, loben Sie mit mir den Herrn, der alles bewirkt hat. Wenn Sie einige kritische Einwände hören, bitten Sie den Herrn, daß er mir vergeben möge, falls die Kritik berechtigt ist, und daß er dem Kritiker vergeben möge, falls sie ungerechtfertigt ist."[167]

In Paris, der Hauptstadt der Nachkriegszeit

Im Dezember 1944, als der Weltkrieg seinem Ende entgegengeht und die Probleme der Nachkriegszeit sich ankündigen, erhält Roncalli – gerade 63 Jahre alt geworden und mit einem bescheidenen, wenn nicht gar von Fehlschlägen gekennzeichneten Lebenslauf – völlig unerwartet die Nachricht von seiner Ernennung zum Nuntius in Paris. De Gaulle hatte die Abberufung von Msgr. V. Valeri – der der Kollaboration mit der Besatzungsmacht beschuldigt wurde – durchgesetzt und drohte mit der Absetzung von dreißig französischen Bischöfen, die der Sympathien für die Regierung der Kollaborateure in Vichy beschuldigt wurden.[168]

Die Nachricht traf am 6. Dezember ein, als Roncalli allein im Haus der Apostolischen Delegatur war: „Und gestern Abend traf vom Vatikan ein Telegramm ein, das mir ankündigt, daß der Heilige Vater mich zum Apostolischen Nuntius in Paris bestimmt hat. Ich traute meinen Augen nicht, so fern lag mir der Gedanke an eine so große Ehre und eine so hohe Verantwortung. Nun wartet man darauf, daß die französische Regierung ihre Zustimmung gibt, und dann müßte ich am Neujahrstag in Paris sein."[169] Die von Pius XII. persönlich beschlossene Versetzung[170] hatte den Charakter der Dringlichkeit, weil in dem Fall, daß kein Nuntius als Doyen des Diplomatischen Corps anwesend wäre, die Grußadresse vom Botschafter der Sowjetunion verlesen worden wäre, ein Umstand, der sowohl De Gaulle als auch Pius XII. sehr ungelegen gekommen wäre. So wurde, nachdem Roncallis Zusage eingeholt worden war und auch von der französischen Regierung eine wenig begeisterte Einverständniserklärung eingegangen war, die Abreise aufs äußerste beschleunigt: Roncalli kam auf dem Weg über Ankara, Kairo, Bengasi am Nachmittag des 28. Dezember in Rom an. Dort werden Tardini und Montini ihm den Text der Grußadresse, die er dann in Paris verlesen soll, zeigen.[171] Am 29. Dezember wurde er von Pius XII. in Audienz empfangen, und am Nachmittag des 30. Dezember befand er sich in Paris.

So kam Roncalli zu einem Zeitpunkt auf den Posten in der wichtigsten Nuntiatur, zu dem die Dezimierung und Diskreditierung der Kirche Frankreichs drohte. Es ist eine Ernennung, die unaufhörlich als überraschend empfunden wurde, und dies um so mehr, wenn man sich die wichtige Bedeutung vergegenwärtigt, die Papst Pacelli dem Netz der päpstlichen Vertretungen beimaß. Manche Quellen scheinen die Vermutung zu bestätigen, wonach die Tatsache, daß die Wahl auf Roncalli fiel, von Papst Pacellis Wunsch inspiriert war, De Gaulle wegen des dem Heiligen Stuhl zugefügten Affronts eine Ohrfeige zu verpassen. Aus diesem Grund sei ein päpstlicher Diplomat ernannt worden, der, gemessen an der Wichtigkeit des Pariser Postens, nur einen sehr bescheidenen Rang hatte, dem der Papst jedoch ungeachtet dessen, wie ihn die Ämter einschätzten, ein besonderes und unmittelbares Vertrauen entgegenbrachte. Jedenfalls konnte der niedere Rang des Entsandten geeignet sein, der gereizten Stimmung des Papstes Ausdruck zu verleihen.

Roncalli scheint sich der widersprüchlichen Elemente der Situation bewußt zu sein: „Wieder einmal hat mir mein Leitspruch ‚Oboedientia et Pax‘ Segen gebracht ... im Endergebnis wendet sich alles immer zum Vorteil dessen, der der Lehre und dem Beispiel des Herrn treu bleibt.“[172] Es ist also klar, daß die Entsendung nach Paris, wenn sie ihn auch nicht begeistert, von Roncalli doch als – unvorhergesehene und darum um so bedeutsamere – Bestätigung dafür verstanden wird, daß die von ihm beachtete Werteskala nicht nur dem Evangelium entspricht, sondern sich auch auf menschlicher Ebene auszahlt. Es handelt sich hier nicht um eine „fromme“ Schlußfolgerung, sondern um eine strenge Bewährungsprobe eines ungewöhnlichen und allzuoft mit Demütigungen bestraften Lebensstils, was die anschließenden Berufungen nach Venedig und nach Rom mit weiteren entscheidenden Bestätigungen bekräftigen. Als bestätigt erweisen sich die Milde und die Klugheit und der von der Geschichte herausgeforderte Wagemut. Roncalli wird es verstehen, daraus alle Folgerungen zu ziehen.

Und zwei Jahre später wird er hinzufügen: „Als Apostolischer Nuntius bin ich ein Spätberufener, und ich konnte wirklich nicht denken, daß sich bei mir nach zwanzig Jahren als Apostolischer Delegat im Orient unverhofft ein solcher Oktavsprung ereignen sollte“, schreibt er an Don Giovanni Rossi. „Das war eine ganz persönliche Idee des Heiligen Vaters, die in wenigen Taktschlägen Wirklichkeit geworden ist, überraschend auch für meine Augen. Und weil ich von mir aus nichts dazu getan habe, nicht einmal dadurch, daß ich es mir so vorgestellt hätte, befand ich mich, Gott sei Dank, und befinde ich mich immer noch in großer geistlicher Ruhe, ohne Bangigkeit oder Unsicherheit. Ach, lieber Don Giovanni, wenn man sechzig Jahre hinter sich hat, kann nichts mehr uns Sorge bereiten, außer den Dingen, die das wirklich wert sind wie das Leben und wie der Dienst für die Kirche."[173] Und einige Monate vorher, als er dabei war, zu seinen ersten Exerzitien in Frankreich aufzubrechen, schrieb er an Abt Schuster: „Heute Morgen breche ich nach Solesmes auf, wo ich die ganze Heilige Woche zu verbringen gedenke, die ich mit dem Pontifikalgottesdienst zum Osterfest abschließen werde. Ich werde die Möglichkeit haben zu meditieren, mich klein zu machen und zugleich neuen Mut zu schöpfen. Diese ersten drei Monate meines Aufenthaltes und meiner Arbeit in Paris waren gut. Ich arbeite so gut ich kann, und zwar mit meinem Herzen und in Frieden. Es fehlt gewiß nicht an Erfahrungen, die Befriedigung vermitteln, aber ich habe auch das Empfinden, mich in unsicherem Gelände zu bewegen. So wie Gott will, wenn nur alles seiner Verherrlichung dient."[174]

In dem „absurden" Lebenslauf Roncallis bedeutet Paris, wo er von 1945 bis 1953 bleiben wird, die Übergangsrunde zwischen dem Exil im Osten und der Schlußphase seines Aufstiegs. 1947 vermerkt er in seinem Geistlichen Tagebuch: „Nun kann mich keine Versuchung nach weltlichen oder kirchlichen Ehren mehr rühren. Ich bin noch ganz verwirrt, daß mich der Heilige Vater nach Paris geschickt hat. Einen anderen Rang in der Hierarchie zu bekleiden oder nicht, ist mir ganz gleichgültig. Das verleiht mir tiefen Frieden und macht mich beweglicher für die Erfüllung meiner Pflichten, worum ich mich um jeden Preis und unter allen Umständen bemühe. Es ist gut, daß ich auf große Prüfungen oder Demütigungen vorbereitet bleibe. Sie werden das Vorzeichen meiner Vorherbestimmung zur ewigen Seligkeit sein. Der Himmel möge mir zu Beginn meiner wirklichen Heiligung ein Zeichen geben, so wie es auserwählten Seelen in ihren letzten Lebensjahren zuteil wurde, wenn sie jene Gnade erfuhren, die sie zu wirklichen Heiligen werden ließ. Der Gedanke an ein Martyrium ängstigt mich. Ich fürchte um meine Festigkeit gegenüber körperlichen Schmerzen. Und dennoch, welch eine Gnade und welch eine Ehre wäre es für mich, für Jesus mit meinem Blute Zeugnis zu geben!"[175]

In den ersten Monaten ist der Nuntius total in Anspruch genommen von dem Problem der französischen Bischöfe, die der Kollaboration mit der Besatzungsmacht beschuldigt werden. Roncalli erreicht mit einem ebenso klugen und vorsichtigen wie harten Stil der Verhandlungen, die er sowohl mit Außenminister Bidault als auch direkt mit Präsident De Gaulle führt, daß die Zahl der beschuldigten Bischöfe auf wenige eingeschränkt wird. Während des Sommers 1945 überzeugt er diese Bischöfe, daß sie freiwillig zurücktreten sollten, und beim Heiligen Stuhl erreicht er die damit erforderlich werdende Ernennung verschiedener neuer Bischöfe mit dem Effekt, daß der Eindruck der Rücktritte auf die öffentliche Meinung gemildert wird. In einem Bericht an Msgr. Tardini vom 28. Juli 1945 kann der Nuntius behaupten: „Die Lösung des Problems der nicht genehmen Bischöfe geht dem Ende entgegen." Dann kann er vermerken, daß Pius XII. bei der Audienz am 8. Oktober 1945 ihm seine „Zufriedenheit mit der Lösung des Problems der Bischöfe und mit den im Gang befindlichen Ernennungen"[176] bekundet habe.

Der französische Katholizismus der fünfziger Jahre erlebte eine besonders fruchtbare Phase und ermöglichte es Roncalli – der auf lustvolle Weise neugierig und reisefreudig war – zu erleben, wie einige Grundeinstellungen, die er sich schon zu Beginn seiner Reifejahre zu eigen gemacht hatte, aufgefrischt und bestärkt wurden. „Ich habe in meinem Zimmer alle die Bücher zur Hand, die ich gerne lese. Alles Werke ernsthaften Inhalts, die den Erfordernissen des katholischen Lebens entsprechen. Diese Bücher können allerdings eine Ablenkung sein und zu einem Mißverhältnis führen zwischen der Zeit, die ich vordringlich zur Erledigung der laufenden Angelegenheiten des Heiligen Stuhls und zu anderem verwenden muß, und der Zeit, die mir wirklich für Lektüre freisteht. Hierin ist eine besondere Anstrengung nötig, die ich ganz auf mich nehmen will. Was nützen schon diese Wißbegier und Lesesucht, wenn dabei meine Pflichten als Apostolischer Nuntius vernachlässigt werden?"[177]

Die Notizbücher belegen eine Unzahl von Begegnungen mit Franzosen aller Milieus und Stände. Der Erwähnung wert sind die Begegnungen mit Abbé Michonneau und mit Jacques Maritain – der dann Botschafter beim Heiligen Stuhl werden wird. Bei der extremen Nüchternheit der verfügbaren Quellen[178] ist es sehr schwierig, Roncallis Einstellung zu einigen der akutesten Probleme der französischen Kirche zu belegen: zur Erfahrung der Arbeiterpriester und zum Streit um die „nouvelle théologie", der in der Enzyklika *Humani generis* von 1950 gipfelte.

Nach den knappgefaßten Vermerken der Notizbücher empfing Roncalli am 11. April 1946 – zwei Monate vor der Versammlung der Kardinäle und Erzbischöfe Frankreichs, die sich mit dem Problem der Arbeiterpriester befassen wird – in der Nuntiatur „den Abbé Jacques Hollande, den Superior der Mission de Paris, 47 rue Ganneron. Es sind zwölf Priester, die echte Arbeiter geworden sind, um mitten im Arbeitermilieu zu leben. Ich bewundere, ermutige, segne." Drei Jahre später, am 16. November 1949, empfängt er Msgr. Chappoulie, den Sekretär des französischen Episkopats, und notiert: „Ernste Überlegungen immer über ein und dasselbe Thema: Das Handeln des Episkopats angesichts der Arbeiterfrage. Klagen und Wünsche. Besser eine eindeutige und geradlinige Aktion." Zu dieser Frage könnte auch die Notiz vom 18. Oktober 1950 gehören, wonach es im Laufe eines Mittagessens in der Nuntiatur „einen Zusammenstoß mit unguten Worten von Kardinal Gerlier [Erzbischof von Lyon]" gegeben habe. „Ich sprach ihm mit guten Worten zu und berief mich auf meine Pflicht zu gehorchen und zu schweigen. Der Stich tut mir weh, aber ich ertrage ihn in Frieden."

Dies sind Fragmente, aus denen keine befriedigenden und zuverlässigen Hinweise auf die Einstellung Roncallis gewonnen werden können; man gewinnt lediglich den Eindruck, daß der Nuntius in Paris der Frage nicht dieselbe Bedeutung beimaß wie gewisse römische Kreise. Erinnern kann man hier auch an den Brief, den Johannes XXIII. im Oktober 1959 an Kardinal Feltin richten wird, sowie an die Audienz, die er im darauf folgenden Februar einer Delegation französischer Arbeiterpriester erteilte.

Ein ähnlicher Eindruck betrifft das Echo auf die Enzyklika *Humani generis,* über die er 1950 in Baccanello während seines Sommerurlaubs im Bergamaskischen einen Vortrag hielt. Einige Monate später, als er wieder in Paris war, notiert er, er habe von den Eindrücken eines aus Rom zurückgekehrten Franzosen erfahren, die sich konzentrierten auf die „allgemeine Enttäuschung wegen des Artikels von Pater Rouquette in den ‚Études': Ein Wettrennen zur Rettung von Personen und von Schwachpunkten."[179]

Eine kleine Gruppe von Notizen aus dem Winter 1952 kann die Grundeinstellung des Nuntius Roncalli beleuchten, der überzeugt ist, daß seine eigene Haltung im Grunde genommen eher die des Zuhörens und des Fragens sein müsse als die Rolle dessen, der Initiativen ergreift und Urteile fällt. Auch wenn er mit Vorurteilen oder Eigenliebe konfrontiert ist, „macht es mir Unbehagen, nicht bloß Widerspruch einlegen zu müssen, sondern aktiven Widerstand leisten zu müssen gegen etwas, das mein Gewissen nicht billigt". Also kein bloßes Nachgeben, aber auch keine Polemik.[180]

Auch die geistliche Wachsamkeit nimmt nicht ab: „Ich muß insbesondere, wie der heilige Isidor sagt, ‚neben all dem auch in hervorragender Weise die Reinheit' bewahren, was ich um jeden Preis erreichen will. Ich werde deshalb auf meine Worte bei Gesprächen achten, verbannen will ich aus ihnen jede Anspielung auf Frauen welcherart auch immer, jedes anmaßende Urteil und jede Respektlosigkeit vor bischöflicher Würde und vor höheren oder niederen kirchlichen Vorgesetzten, von denen die Nuntiatur mehr oder weniger abhängig ist. Ich will das unbedingt erreichen, auch wenn es mich innere Überwindung kostet. Meine Mitarbeiter werden Verständnis haben und sollen mir Grund zum Trost sein. Dasselbe soll für die ‚Güte und Liebe' und die Gastfreundschaft in der Nuntiatur gelten. [...] Meine Veranlagung und meine Erziehung helfen mir, allen gegenüber liebenswürdig, nachsichtig, gefällig und geduldig zu sein. Ich werde davon nicht abweichen. Der heilige Franz von Sales ist darin mein großer Lehrmeister. Ja, könnte ich ihm doch in allem ähnlich werden! Um dem großen Gebot Gottes zu entsprechen, bin ich bereit, Spott und Verachtung hinzunehmen. Das ‚sanftmütig und demütigen Herzens' ist stets das leuchtendste und ehrenvollste Kennzeichen eines Bischofs und Repräsentanten des Papstes. Ich lasse jedem das Übermaß an Schlauheit und sogenanntem diplomatischem Geschick und begnüge mich weiterhin damit, im Empfinden, Reden und Handeln gutmütig und einfach zu sein. Das Ergebnis spricht am Ende immer zugunsten dessen, der treu zur Lehre und zu den Beispielen des Herrn steht."[181]

Die ökumenische Bewegung, das Bemühen um ein der historischen Herausforderung gerecht werdendes apostolisches Handeln, die gemeinsame Beteiligung der Gläubigen und der Ungläubigen an den sozialen Kämpfen und der konsequente Verzicht auf allen engen Integrismus, schließlich die Leidenschaft für die Kirche und ihre Jugend in einem weiten Horizont des Optimismus und des Glaubens: Das sind die wichtigsten Antriebe jener Jahre. Der Nuntius lernt kennen, hört zu und macht sich auswählend einiges zu eigen, und damit reichert er die Ernte eines schon langen Lebens an. Er lernt auch das diplomatische Milieu kennen, und er macht erste Erfahrungen mit der Unesco, und dort verfeinert er sein Empfinden für das Gleichgewicht zwischen dem Bekenntnis zum eigenen Glauben und dem aufrichtigen und herzlichen Dialog mit allen. Aber es wächst auch sein – wenn auch stummes – Unbehagen gegenüber „jeder Form von Mißtrauen und von unfreundlicher Behandlung von wem auch immer, vor allem, wenn sie sich gegen die Kleinen, die Armen und Unterprivilegierten richtet".

Schon 1947 schreibt Roncalli: „Vor meinem Gewissen bemerke ich jedoch einen großen Widerspruch: den Widerspruch zwischen dem Lob einerseits, das auch ich den verdienten und lieben katholischen Christen Frankreichs gern spende, und meiner Pflicht als Nuntius andererseits. Ich darf nicht aus reiner Gefälligkeit oder Furcht, dadurch Anstoß zu erregen, Mängel übersehen und die wirkliche Lage bezüglich des religiösen Lebens, des ungelösten

Schulproblems, des Priestermangels, der Ausbreitung des Laizismus und des Kommunismus hier bei der ältesten Tochter der Kirche verschleiern. Meine klare Aufgabe in diesem Punkt ist lediglich eine Frage der Form und des Maßes. Ein Nuntius wäre sonst nicht mehr würdig, als das Auge und Ohr des Heiligen Stuhles zu gelten, würde er nichts anderes tun als loben und selbst das anzuerkennen, was schmerzlich und bedenklich ist. Das verlangt eine ständige Prüfung meiner Äußerungen. Ein Schweigen, das keine Härte kennt: Gütige, von Milde und Nachsicht geleitete Worte bewirken mehr als selbst vertrauliche und gutgemeinte Behauptungen."[182]

Roncalli übt seine Funktionen mit einer besonderen pastoralen Aufmerksamkeit aus, was ihn dazu veranlaßt, oft die französischen Diözesen zu besuchen. Dabei legt er eine für einen Nuntius in Paris ungewohnte Mobilität an den Tag, die derart ist, daß sie in der Regierung einige Verstimmung auslöst. Davon kommt auch Pius XII. etwas zu Ohren, der Roncalli bei der Audienz am 27. September 1946 bittet, die Zeiten der Abwesenheit von Paris einzuschränken, „auch damit es mir nicht an Zeit fehle für das Verfassen von Berichten über die Vorgänge in Frankreich, von denen er sich wünsche, daß sie umfangreicher würden"[183]. In den Notizen zur Audienz am 16. September 1949 kommt dieses Thema nicht mehr vor. In denen zur neuen Begegnung am 28. September 1952 vermerkt Roncalli, er habe mit dem Papst „über gewisse Züge von Überschwenglichkeit, was die Ideen und den Charakter der Franzosen betrifft", gesprochen. Und er fügt hinzu: „Ich habe versucht, ihn dazu zu bewegen, eher Zuversicht als Furcht zu haben, indem ich ihm auch Näheres über einige Personen und Initiativen berichtete: Jean Guitton, Adrien Dansette. Die Wahrnehmung, daß er übertrieben hat, hilft ihm zu einer größeren Urteilsfähigkeit. Einige Episoden: Woche der Intellektuellen, das Verhalten des Nuntius, Leute mit im Grunde genommen gutem Willen, die man eher freundlich begleiten sollte, statt sie mit antiquierten Formen der Verurteilung und der demütigenden Schulmeisterei zu reizen." Dazu bemerkt Roncalli abschließend: „Übereinstimmung des Geistes zwischen dem Papst und seinem Nuntius, selbstverständlich innerhalb der Grenzen der gesunden Lehre und der Grundsätze."[184] So wird der Roncalli-Stil bestärkt.

Das Verhältnis zu den Mitarbeitern der Nuntiatur ist gut, und im Herbst 1948 kann Roncalli schreiben, er habe „den guten Vorsatz, für einige Tage der geistlichen Sammlung Nutzen zu ziehen aus der Einsamkeit von En-Calcat. Und siehe da: Die Kraft des guten Beispiels. Monsignor Oddi, mein erster Auditor, hat sich entschlossen, mich zu begleiten, um zusammen mit mir ebenfalls seine Einkehrzeit zu halten. Mein Kammerdiener Giulio wird mitkommen. Er liebt das Einsiedlerleben und wird sich im Kloster wohlfühlen. Unser Programm sieht vor, daß wir am Morgen des 23. März gegen 9 Uhr mit dem Zug in En-Calcat eintreffen. S.E. Msgr. d'Albi hat die Absicht, mich früh morgens in Toulouse zu treffen"[185].

Während der Exerzitien konzentriert sich die Gewissenserforschung wieder einmal auf den geistlichen Fortschritt: „Je mehr ich an Jahren und Erfahrung reifer werde, um so mehr erkenne ich, daß der sicherste Weg zu meiner persönlichen Heiligung und zum möglichst erfolgreichen Dienst für den Heiligen Stuhl in dem wachen Bemühen besteht, alles auf das Wesentliche zu beschränken – Grundsätze, Ziele, Stellung, Geschäfte –, um ein Höchstmaß an Schlichtheit und innerer Ruhe zu erreichen; achtsam meinen Weinstock von allem zu beschneiden, was nur unnützes Laubwerk und wilde Schößlinge sind, und geradewegs auf das zuzugehen, was Wahrheit, Gerechtigkeit und Barmherzigkeit ist, ja, Barmherzigkeit vor allem. Jede andere Handlungsweise ist nichts als Pose und Verlangen, sich selbst zur Geltung zu bringen, und das verrät sich bald selber und wird hemmend und lächerlich.

O diese Schlichtheit des Evangeliums, der ‚Nachfolge Christi‘, der ‚Fioretti‘ des heiligen Franziskus oder jener auserlesenen Stellen aus den ‚Moralia‘ des heiligen Gregor: ‚Deridetur justi simplicitas – ausgelacht wird des Gerechten Einfalt‘, samt den folgenden Seiten. Wie ich doch an diesen Schriften immer mehr Gefallen finde und mit innerer Freude nach ihnen greife! Welch armselige Figur machen doch all die Gelehrten des Jahrhunderts, all die Schlauen und Gerissenen dieser Erde, auch mancher in der vatikanischen Diplomatie, stellt man sie in das Licht der Geradheit und Lauterkeit, das von dieser großen und grundlegenden Lehre Jesu und seiner Heiligen ausstrahlt! Das ist die sichere Gewißheit, die die Weisheit der Welt beschämt und die so gut, mehr als gut mit Anstand und echter Vornehmheit übereinstimmt, mit dem Höchsten, was es im Bereich der Wissenschaft, in der Lehre vom Menschen und von der Gesellschaft gibt und in Übereinstimmung mit den Erfordernissen der Zeit, der Orte und Umstände steht."[186].

Auch der inneren Zucht widmet er besondere Aufmerksamkeit: „Im Zusammenhang mit diesem Vorsatz rufe ich mir den Abschnitt Nr. 8 der Aufzeichnungen ins Gedächtnis zurück, die ich vergangenes Jahr während der Exerzitien in der Villa Manresa in Clamart niedergeschrieben habe. Nach mehr als vierzig Jahren sind mir die erbaulichen Gespräche, die ich im bischöflichen Palais zu Bergamo mit meinem verehrten Bischof Msgr. Radini Tedeschi geführt habe, noch ganz vertraut. Über die Personen im Vatikan, vom Heiligen Vater abwärts, gab es keinen Ausdruck, der nicht ehrerbietig, liebevoll, respektvoll gewesen wäre, nein, niemals. Von den Frauen aber, von ihrer Gestalt oder dem, was sie betraf, fiel nie ein Wort. Als ob es keine Frauen auf der Welt gäbe. Dieses absolute Schweigen, dieses Fehlen jeglicher Vertraulichkeit in bezug auf das andere Geschlecht war eine der stärksten und tiefsten Lektionen meiner priesterlichen Jugend, und noch heute bewahre ich dankend das ausgezeichnete und wohltätige Andenken an jenen, der mich in dieser Zucht erzog."[187]

Als er in den ersten Tagen des Jahres 1959 an einen seiner ehemaligen Seminaristen schrieb, der damals gerade zum Apostolischen Delegaten im Belgischen Kongo ernannt worden war, fühlte er sich gedrängt zu betonen, der pastorale Dienst bedeute, „nicht dazu bestimmt zu sein, ein Museum zu hüten, sondern ein sehr weites und fruchtbares Feld zu kultivieren"[188]. Hier handelte es sich nicht bloß um ein literarisches Bild, sondern um eine genau definierte ekklesiologische These, die sich distanzierte von einer theoretischen und praktischen Methode, die Kirche statisch zu verstehen nach Art einer unveränderlichen Gegebenheit außerhalb der Zeit, als eine vollendete Wirklichkeit, die rein und unversehrt bewahrt werden müsse gegen die Beleidigungen der Geschichte. Indem er sich so ausdrückte, baute Roncalli sich nicht künstlich einen Gegner nach Art eines „Pappkameraden" auf, um ihn niedermachen zu können, sondern er unterschied sich damit deutlich von einer Einstellung, die damals tatsächlich vorherrschte in der katholischen Kirche, zumindest auf amtskirchlicher Ebene.[189]

Nicht von ungefähr äußert er in einer am 10. Oktober 1958 verfaßten Notiz, unmittelbar nachdem Papst Pacelli gestorben war, wieder dieselbe kraftvoll betonte Überzeugung, „daß die Gnade des Herrn allezeit mit seiner Kirche ist. Ein von mir oft wiederholter Satz, ,Wir sind auf Erden, nicht um ein Museum zu bewachen, sondern um einen voller Lebenskraft blühenden Garten zu pflegen, dem eine herrliche Zukunft bestimmt ist', spricht die allertröstlichste Wirklichkeit an. Der Papst ist gestorben, es lebe der Papst"[190]. Daraus erwächst eine zur Geschichte und zur Zukunft hin offene, optimistische Ekklesiologie.

Im Frühjahr 1950 verbindet Roncalli mit den zahlreichen Besuchen in französischen Erzdiözesen auch eine Reise nach Algerien, das damals vom Befreiungskampf erschüttert wurde. Eine riesige Strecke legt er auf seiner Reise zurück: „Paris – Ars – Valence – Marseille – Überfahrt per Schiff – Algier – Tunis – Constantine –

nochmals Algier – Oran. Am Josefstag in Algier, am Passionssonntag in Tunis, Palmsonntag in Constantine, Ostern in Oran. Ich kann sagen – nicht für mich als Sohn des Battista Roncalli, sondern für den Vertreter des Papstes, der sich zum ersten Mal nach Französisch-Afrika begab – ein wahrer Triumph der Verehrung des Heiligen Vaters und der Kirche von seiten so vieler Menschen. Vom 19. März bis zum 10. April eine Aufeinanderfolge unerwarteter und unvergleichlicher kirchlicher und staatlicher Kundgebungen. Am 10. April habe ich dann privat Marokko betreten, das ich für ein trockenes und ausgedorrtes Land hielt. Im Frühjahr ist es jedoch ein wirkliches Paradies auf Erden. Ich habe dort alle heiligen Stätten des Islam besucht, die Orte, wo die Mauren einst die Christen als Sklaven hielten: Fès, Marrakesch, Meknès, Casablanca, Rabat usw. Dann Tanger, Tetuán, Ceuta. Von dort Schiffsfahrt nach Gibraltar und dann quer durch Spanien von Sevilla bis Granada, Córdoba, Toledo, Madrid mit dem Escorial, dann Burgos, S. Sebastián; nach Überschreiten der französischen Grenze Biarritz, Bayonne, Lourdes, wo ich übernachtete und am Morgen der Madonna dankte, dann Bordeaux, Poitiers und Paris. Stellt Euch vor: 10 000 (zehntausend!) Kilometer."[191]

Schließlich wird ihm sein Stil der Barmherzigkeit, der nichts gemein hat mit einer bloß bürgerlichen „Wohlerzogenheit", zum Antrieb, sich einen der Bischöfe, wegen deren Rücktritt er mit der französischen Regierung verhandelt hatte, als Beichtvater auszuwählen.[192] Und gleichermaßen leitet ihn dieser Stil an, im Umgang mit denjenigen von seinen Priestern, die in Schwierigkeiten sind, eine äußerste Behutsamkeit walten zu lassen, wie einige Briefe beweisen.

„Ich bin Josef, euer Bruder“:
Kardinal und Patriarch von Venedig

Im November 1952 wird er von Rom gefragt, ob er bereit sei, Nachfolger des im Sterben liegenden Patriarchen von Venedig zu werden. Nochmals gehorcht Roncalli, aber schließlich kann er in seinem Geistlichen Tagebuch vermerken: „Es ist interessant, daß die Vorsehung mich dorthin zurückgeführt hat, wo meine priesterliche Berufung ihren Anfang nahm, in den Dienst der Seelsorge. Heute stehe ich wirklich voll und ganz im Dienst an den Seelen. Eigentlich habe ich immer geglaubt, daß die sogenannte Diplomatie bei einem Priester von seelsorgerlichem Geist erfüllt sein muß; anders ist sie bedeutungslos und verkehrt einen heiligen Auftrag ins Lächerliche. Jetzt habe ich es unmittelbar mit den wahren Anliegen der Kirche zu tun, gemäß ihrer Bestimmung, die Seelen zu retten und sie zur Seligkeit zu führen. Das genügt mir, und dafür danke ich dem Herrn.“[193]

Am 10. November 1952 teilt der Substitut Montini Nuntius Roncalli mit: „Seine Heiligkeit hat mir bei der Audienz am heutigen Morgen den ehrenvollen Auftrag erteilt, Eure Hochwürdigste Exzellenz unter strengstem Schweigegebot zu fragen, ob Sie bereit sind, sich auf diesen Patriarchalsitz [Venedig] versetzen zu lassen.“ Roncalli antwortete am 14. November: „Bezüglich dessen, was Eure Exzellenz mir berichtete und vorschlug, gibt es von mir her nichts einzuwenden. Deswegen wiederhole ich meinen Wahlspruch als Bischof: [...] Oboedientia et Pax. Der Heilige Vater möge nur in voller Freiheit des Geistes über meine bescheidene Person verfügen. Und Eure Exzellenz möge doch so freundlich sein, Seiner Heiligkeit zu versichern, daß ich nur eine sehr geringe Wertschätzung meiner selbst habe: Für mich ist alles meinem Verdienst übergeordnet: Da ich schon seit einiger Zeit auf alles verzichtet habe, was im Interesse meiner Person läge, bewirkt dies, daß mir alles leichter fällt, es macht mich ruhig und sichert mir bei allem, was geschehen mag, einen großen Frieden.“[194]

Am 29. November wurde ihm die Ernennung zum Kardinal mitgeteilt: „Soll ich diesen Tag zu den Ruhmesblättern meines demütigen Lebens zählen? Am Mittag kündigte mir ein Telegramm von Msgr. Montini an, daß der Hl. Vater mich am kommenden 12. Januar zum Kardinal der Heiligen Römischen Kirche ernennen werde – als einen der 24 Kirchenmänner bei seinem zweiten großen Konsistorium. Daß ich weder die geringste Erregung noch irgendwelche eitle Selbstgefälligkeit dabei empfinde, darüber bin ich nicht weiter verblüfft, aber zufrieden. Alles findet seinen Platz in der Hingabe an den Willen des Herrn. Unter den Kardinälen waren Schurken und Heilige. Ich möchte einer der Letztgenannten sein *in Demut, in Schlichtheit, zur Ehre der heiligen Kirche.*"[195] Die Ernennung zum Kardinal wurde im Geheimen Konsistorium vom 12. Januar 1953 bekanntgegeben; das Kardinalsbirett wurde Roncalli am 15. Januar 1953 vom französischen Staatspräsidenten, dem Sozialisten Vincent Auriol, aufgesetzt; am 29. Oktober empfängt er in der päpstlichen Sommerresidenz von Castel Gandolfo von Pius XII. den Kardinalshut.[196]

Es war damals die Zeit des Kalten Krieges und der ideologischen Auseinandersetzungen zwischen den beiden gegensätzlichen Machtblöcken. Italien erlebte den Abschluß des Wiederaufbaus, während für die Kirche die letzten melancholischen Jahre des Pacelli-Pontifikates begannen. Auf ziviler wie auf kirchlicher Ebene gab es Erscheinungen von intensiver Dynamik, aber ohne besondere Zuspitzungen, was um so weniger für Venedig gilt, wo die Zeit des Wiederaufbaus frei war von den traumatischen Erfahrungen der Einwanderung aus dem Süden Italiens und wo die „weiße" Hegemonie stabil zu sein schien. Viele konnten sich leicht der Meinung hingeben, die derzeitige Situation werde auf unbestimmte Zeit weiterbestehen. Häufig wurden die Symptome für eine Veränderung oder die Bemühungen in dieser Richtung nicht ernst genommen.

Die Diözese Venedig war mehr reich an Prestige als wirklich bedeutend.[197] Der frühzeitige Heimgang des Patriarchen Agostini am 28. Dezember 1952 nach nur wenigen Regierungsjahren und die anschließende Ernennung des schon betagten Roncalli, der fast dreißig Jahre außerhalb Italiens gelebt hatte und keine wirkliche Seelsorgerfahrung besaß, bildeten die Voraussetzungen dafür, daß man in Venedig eine sanft-abgepolsterte Übergangsphase erwarten konnte, um so mehr, als der kantige und ungestüme Charakter von Msgr. Agostini bewirkt hatte, daß man sich nun einen „ruhigen" Bischof wünschte.[198] Die Gründe, die bestimmend dafür gewesen waren, den betagten Nuntius in Paris für die Cathedra von San Marco auszuwählen, sind nicht bekannt. Als Msgr. Montini Roncalli – noch bevor Msgr. Agostini gestorben war – nach seiner Bereitschaft fragte, die Versetzung anzunehmen, erwähnte er bloß den Wunsch Pius' XII., daß der Bischofssitz von Venedig nicht lange vakant bleiben sollte.[199]

Roncalli seinerseits notiert in seinem Geistlichen Tagebuch: „Ich beginne mit meinem Wirken in der Seelsorge in einem Alter – zweiundsiebzig Jahre –, in dem andere es abschließen. Ich stehe schon an der Pforte der Ewigkeit. Mein Jesus, du, der erste Hirte und Bischof unserer Seelen, in deinen Händen liegt das Mysterium meines Lebens und meines Todes, nah an deinem Herzen. Einerseits zittere ich, wenn ich an das Herannahen der letzten Stunde denke; andererseits habe ich das Vertrauen und erwarte sie, Tag für Tag. [...] Ich möchte in den wenigen Jahren, die mir zum Leben verbleiben, ‚ein heiliger Hirte sein‘, in der vollkommenen Bedeutung dieses Wortes, so wie mein Vorgänger, der selige Pius X., wie der ehrwürdige Kardinal Ferrari und wie mein Bischof Radini Tedeschi, als er noch lebte. Gott möge mir helfen.“[200] Bei gleicher Gelegenheit fügte er noch hinzu: „Zwei schmerzliche Punkte habe ich bereits festgestellt inmitten so großen Glanzes kirchlicher Würde und Verehrung als Kardinal und Patriarch: die Dürftigkeit der bischöflichen Einkünfte und die Schar der Armen und das Drängen auf Anstellung und Unterstützung. Was die Einkünfte anbetrifft, so ist es mir nicht verwehrt, für mich und meinen Nachfolger die Verhältnisse zu verbessern. Es ist mir aber lieber, dem Herrn für diese ein wenig beschämende und oft peinliche Armut zu danken. Sie läßt mich dem armen Jesus und dem heiligen Franziskus ähnlicher sein, und ich bin sicher, daß ich nicht Hungers sterben brauche. O selige Armut, die mir für alles Weitere eine große Wohltat ist, besonders für das, was in meinem Hirtenamt am wichtigsten ist.[201]

Der triumphale Einzug in Venedig und diese beiden ersten Monate des Kontakts mit den mir anvertrauten Seelen haben mir die angeborene Güte der Venezianer für ihren Patriarchen bewiesen. Sie sind eine große Ermunterung für mich.

Weitere Vorsätze will ich mir nicht aufstellen. Ich werde auf meinem Wege und mit meiner Wesensart weitermachen. Demut, Einfachheit, Hingabe an das Evangelium in Wort und Tat, mit unerschrockener Milde, unerschütterlicher Geduld, mit väterlichem und unermüdlichem Eifer für das Wohl der Seelen. Ich habe bemerkt, daß sie mir gerne zuhören und daß meine einfachen Worte direkt zum Herzen gehen. Ich will jedoch mit großer Sorgfalt darauf bedacht sein, mich gut vorzubereiten, so daß, was ich sage, nicht der Würde ermangelt und immer größere Erbauung bewirkt.“[202]

Während die italienische Kirche sich in Kardinal Siri wiedererkennt, übt Roncalli in Venedig ein Hirtenamt aus, dessen kennzeichnende Züge und Glanzlichter man nur rückblickend mit einiger Gewißheit nachzeichnen kann. Schließlich und endlich hatte die Ernennung zum Patriarchen ihn seinem wirklichen Interesse an den Menschen wiedergegeben, und seine Vorstellung von der Kirche, der abstrakte Lehrformulierungen immer fremd gewesen waren, die aber sensibel war für die aus den konkreten Umständen kommenden Hinweise, kann sich nun viel freier entfalten.

Nachdem er am 23. Februar 1953 Paris endgültig verlassen hatte und nach kurzen Zwischenaufenthalten in Mailand, in Rom – wo er seinen Amtseid in die Hände von Staatspräsident Einaudi ablegt, aber nicht von Pius XII., der krank ist, empfangen werden kann – und in Bergamo hält er am 15. März seinen Einzug in Venedig. Als er sich den Venezianern vorstellt, bittet der neue Patriarch in liebenswürdiger Entschiedenheit darum, man möge in ihm nur „den Priester, den Diener der Gnade und nichts anderes"[203] sehen, der also für eine Kirche steht, die sich ganz auf die Mitte des Evangeliums hin orientiert, der alle Formen der Einmischung in andere Bereiche fremd sind. Nach dem Beispiel des Guten Hirten, wie er vom Evangelisten Johannes im 10. Kapitel beschrieben wird, „geht der Hirte allen voran, öffnet ihnen das Tor, führt sie auf gute Weide, gibt sein Leben hin für die Herde"[204]. Einige Wochen später, als er eine Kundmachung anläßlich der politischen Wahlen verfaßt, die früher für gewöhnlich dazu bestimmt war, zur Wahl der Democrazia Cristiana aufzurufen, bemüht er sich, trotz der kniffligen Situation entsprechend diesen seinen Aussagen zu handeln.

Dann sind es mehr und mehr einfach die Umstände, die dem Patriarchen Gelegenheit bieten, die genauen Umrisse eines reichen und erneuerten Bildes der Kirche zu zeichnen, das unter den Augen der Venezianer auf eine fast schüchterne Weise und immer ohne viel Aufhebens und Arroganz entworfen wird, und zwar in einer Synthese aus früheren Erfahrungen und aus Zukunftserwartungen, deren unvermutete Erfüllung immer näher rückt. Im Januar 1954, während der ersten Gebetswoche für die Einheit der Christen seit seinem Eintreffen in Venedig, verfaßt Roncalli einige Meditationen, von denen uns nur noch unvollständige Notizen erhalten sind. In der Meditation zum 18. Januar kommt ein Gedanke vor, der einen in seiner gesamten Ekklesiologie immer wieder auftauchenden Aspekt beleuchtet: „Was wie eine Art Wurmfraß den Gesundheitszustand der Seelen belastet und das Entstehen echter Katholizität unter den Christen verhindert, sind die immer neuen Kompromisse zwischen der Religion und dem Geist der Welt, zwischen Kirche und Staat: Genau hier bedarf es der geistigen Erneuerung."[205]

„Wir sind nicht auf Erden", sagt er 1957 in Assisi, „um die Gräber der Apostel, der Heiligen und Helden zu bewachen, sondern um das uns von ihnen überlieferte Erbe weiterzugeben. [...] Es gibt ein unaufhörliches Neuwerden und eine immer neue Jugend der Kirche."[206] Auf dieser Linie liegt auch, was er 1957 in Vittorio Veneto sagt: „Die heilige Kirche ist nicht beauftragt, für das irdische Wohlergehen zu sorgen und genaue Anweisungen für die Ordnung der menschlichen Verhältnisse zu erteilen, und sie kann ihr Handeln auch nicht darauf beschränken, Irrlehren zu unterdrücken, Neugeborene zu taufen und zu verhindern, daß Menschen sich auf ewig zugrunde richten. Sie ist vielmehr dazu gestiftet worden, damit sich der Wunsch erfülle, der in dem Wort auf der ersten Seite des Johannesevangeliums enthalten ist: „Allen, die ihn aufnahmen, gab er Macht, Söhne und Töchter Gottes zu werden."[207] Das heißt, die Kirche ist kein Museum, sie ist keine Bewahranstalt für Vergangenes, sondern sie ist von ihrem Wesen her eine lebendige und im Werden begriffene Wirklichkeit. Dies wird er in den letzten Stunden seines Bischofsamtes in Venedig anläßlich des Todes Pius' XII. ausdrücklich so sagen: „Wir sind hier auf Erden, nicht um ein Museum zu bewachen, sondern um einen blühenden Garten voller Leben zu kultivieren, dem eine herrliche Zukunft vorherbestimmt ist."[208] In dieser seiner Art, die Kirche zu sehen, hat das, was in großem Ausmaß die besondere Bedeutung des Pontifikates Johannes' XXIII. ausmacht, seine Wurzeln.

Wir haben hier das Bild einer Kirche vor uns, die ganz anders ist als jene, die die Altersgenossen von Papst Johannes darstellen wollten: nämlich eine Kirche, die nicht jene mythische „societas perfecta" ist, als die sie sich darstellen wollte, sondern eine Kirche, welche die wechselnden Konstellationen der Zeit sehnsüchtig und bisweilen sogar ungeduldig und staunend erwartet – weil jede dieser Konstellationen neue Früchte und Enttäuschungen bringen kann –, eine Kirche, die deswegen von ihrem Wesen her auf den Herrn vertraut und nicht auf irgendeinen anderen Gärtner, eine Kirche, die sich zu ändern versteht, weil sie weiß, daß sie sich ändern *muß*. Schließlich und endlich ist die Kirche, die als Garten und nicht als Museum verstanden wird, eine Kirche, welche fähig ist, die Einheit zu suchen, weil sie leidet an der bestehenden Spaltung; eine Kirche, welche die untätige Hinnahme der Spaltung abschüttelt, dieser Spaltung, die fast schon zu einer „fünften *nota ecclesiae* – einem fünften Kennzeichen der Kirche" geworden ist. Im

Grunde genommen hatte sich das Ärgernis der Spaltung in unterschiedliche Konfessionen vor allem in der katholischen Erfahrung schon umgewandelt in das Bewußtsein, die wahre Kirche zu sein: eine Auffassung, die eine dramatische Verkehrung des Bewußtseins von einer offenen Wunde, einer Wunde nicht nur der Kirche, sondern einer Wunde Christi ist.

Daß er sich eine erneuerte Kirche wünscht, ist offenkundig, und es scheint schon jenes *Aggiornamento* voranzukündigen, das in vollem Licht in den sechziger Jahren zum Programm wird. Schon 1909 hatte er die Gelegenheit gehabt, seine Überzeugung auszusprechen: „Zum Alten zurückzukehren wird ein Fortschritt sein." Und in der Folgezeit hatte er diese Überzeugung immer wieder bekräftigt. Das bedeutete aber durchaus nicht, daß er einer Restauration das Wort geredet hätte. Er wollte dagegen betonen, daß die Wiederentdeckung der wesentlichen Grundzüge und die Ablösung von den nebensächlichen Dingen erleichtert werden könne durch den Rückbezug auf die tragenden Elemente der großen Tradition. Nicht von ungefähr findet sich in seinem Essai über die Anfänge des Seminars von Bergamo eine präzise Aussage, die zwar angeregt wurde durch den Widerspruch, dem Karl Borromäus begegnet war, als er die Reformbeschlüsse des Konzils von Trient durchführen wollte, die aber von allgemeiner Gültigkeit ist.

Nach Roncalli „dürfen die alten Schläuche nicht mit neuem Wein gefüllt werden. Und die Geschichte aller Reformen besteht aus solchen Schwierigkeiten. Man kann sagen, daß dies das allgemeine Los fast aller Reformdekrete des heiligen Karl Borromäus war: Zuerst hatte man Mühe, ihre Wichtigkeit und ihren Wert zu begreifen, dann gab es Widerstand gegen ihre Durchführung, dann in einer ersten Phase mühsame und anschließend weniger mißvergnügte und schließlich herzliche bis begeisterte Zustimmung. Die Zeit läßt die neuen Mentalitäten heranreifen, und die Heiligen arbeiten für die kommenden Jahrhunderte."[209] Wenn man heute eine Passage wie diese, die in den dreißiger Jahren geschrieben wurde, nochmals liest, kann man dem Autor nur schwer eine geschichtswissenschaftliche Klarsichtigkeit und zugleich eine prophetische Sensibilität absprechen.

Zwei Tage nach dem feierlichen Einzug in Venedig besuchte er die Kranken im städtischen Hospital, und am 24. April veröffentlichte er seinen ersten Hirtenbrief, in dem er erklärte, er wolle den von Patriarch La Fontaine gepflegten Brauch kurzer und häufiger Kontaktnahmen mit den Gläubigen wiederaufnehmen. Der Hirtenbrief betonte vor allem die zentrale Wichtigkeit der „Schulen der christlichen Lehre" und erklärte: „Jedes andere System, die

Seelen für die Religion zu interessieren, läuft Gefahr, erfolglos zu sein.“[210] In ebendiesen Wochen begann er, in den Pfarrgemeinden persönlich das Sakrament der Firmung zu spenden und die Hauptgottesdienste im Markusdom zu leiten und für gewöhnlich kurze Predigten zu halten, die von dichtem geistlichen Gehalt und von der Bibel inspiriert waren.[211] Gewissenhafte Aufmerksamkeit widmete er auch den „Christlichen Arbeitervereinigungen Italiens“ (ACLI), während andere soziale Initiativen in der Diözese nur spärlich vertreten waren.

Der erste Kontakt zu den zahlreichen Bischöfen der Diözesen Venetiens fand in einem wesentlich spirituellen und nicht organisatorischen oder bürokratischen Rahmen statt, und zwar in Form einer geistlichen Einkehr vom 15. bis zum 21. Mai. Die Notizen, die Roncalli in seinem Geistlichen Tagebuch darüber hinterlassen hat, bezeugen, wie intensiv er wahrgenommen hat, wie wichtig die geistlich-innerliche Dimension seiner mit dem Amt in Venedig eingegangenen pastoralen Verpflichtung war, wie spannend es war, ein heiliger Hirte zu sein, wie wichtig sein Vorsatz war, keine anderweitigen Vorschriften zu machen, wie wichtig das hellwache Bewußtsein eines Lebens in bitterer Armut war.[212]

Als Patriarch sah sich Roncalli veranlaßt, z.B. in seinem an die Venezianer gerichteten Hirtenbrief von 1955 zu sagen: „Furchtsame und unerfahrene Seelen denken so, als ständen hinter ihnen nicht zweitausend Jahre Geschichte, nicht das Leben der Kirche als Lehrmeisterin der Wahrheit, als wenn die Quelle der Gnade und des Heils nicht zu Füßen des Kreuzes Jesu sprudelte.“[213] Diese Stellungnahme steht im größeren Zusammenhang eines pastoralen Wirkens, das sich um viele Aspekte des zeitgenössischen Lebens kümmert und sein ganzes Gewicht gerade im Licht dieses Zusammenhangs gewinnt. Nach Roncalli bedeutet ein solcher Pessimismus zugleich einen Mangel an Vertrauen in die Kraft des Glaubens; dafür spricht jedenfalls, daß er ihn mit der vom Matthäusevangelium (14,31) berichteten Zurechtweisung des Petrus durch Jesus in Verbindung bringt: „Du Kleingläubiger, warum hast du gezweifelt?“ Dem setzte er einen Optimismus entgegen, der zu Füßen des Kreuzes entspringt und der ihn bei der gleichen Gelegenheit kurz und bündig sagen läßt: „Der Zeit, die einmal gewesen ist, ziehe ich die Zeit vor, die jetzt ist.“[214] Bezeichnend ist das Urteil, das er während der Diözesansynode im Jahre 1957 spricht: „Wenn ich die Lebensbedingungen der heutigen Zeit anschaue, könnten wir leicht zu einer trostlosen Kritik an den Übeln und Unordnungen verleitet werden, die uns ringsher umgeben, insbesondere in Anbetracht der verschiedenen Ideen und irrigen Grundsätze in Religion und Philosophie und der Verfallserscheinungen und Versuchungen im Bereich der Moral. Zu Zeiten des heiligen Laurentius Giustiniani aber waren die Verhältnisse wohl noch schlimmer."[215]

Im Juni 1954 verfaßt er während der Exerzitien in Torreglia sein Testament: „Venedig, am 29. Juni 1954. Mein Geistliches Testament und mein letzter Wille. In der Stunde, da ich vor dem Einen und Dreifaltigen Gott erscheine, der mich erschaffen und erlöst hat, der mich zu seinem Priester und Bischof berufen und mit Gnaden ohne Ende überhäuft hat, vertraue ich meine arme Seele seiner Barmherzigkeit an. Ich bitte ihn demütig um Verzeihung für meine Sünden und Fehler. Ich opfere ihm das wenige Gute auf, das ich mit seiner Hilfe, wenn auch unvollkommen und armselig, zu seiner Ehre, im Dienst der heiligen Kirche und zur Erbauung meiner Brüder habe vollbringen können. Ich bitte ihn schließlich, er möge als guter und milder Vater mich mit seinen Heiligen in die ewige Seligkeit aufnehmen.

Ich bekenne nochmals voll und ganz meinen christlichen und katholischen Glauben, meine Zugehörigkeit und Unterwerfung unter die heilige apostolische und römische Kirche und meinen vollkommenen Gehorsam und meine Ergebenheit gegenüber ihrem Oberhaupt, dem Papst, den ich durch lange Jahre in verschiedenen Gebieten des Ostens und des Westens die Ehre hatte zu vertreten, der mich schließlich zum Kardinal und Patriarchen von Venedig berufen hat und dem ich immer mit aufrichtiger Zuneigung und ohne jede Rücksicht auf die mir verliehene Würde gefolgt bin. Das Wissen um meine Armseligkeit und um mein Nichts hat mich immer begleitet, es machte mich demütig und ruhig und gewährte mir die Freude, mich nach besten Kräften im ständigen Dienst des Gehorsams und der Liebe für die Seelen und zum Nutzen des Reiches Jesu einsetzen zu dürfen, der mein Herr und mein alles ist. Ihm sei alle Ehre, mir komme, soweit ich es verdiene, seine Barmherzigkeit zugute. ‚Meritum meum miseratio Domini – Mein Verdienst ist das Erbarmen des Herrn. Herr, du weißt alles, du weißt auch, daß ich dich liebe.' Das allein genügt mir.

Ich bitte alle um Verzeihung, die ich vielleicht, ohne es zu wissen, beleidigt habe, und alle, denen ich vielleicht kein gutes Beispiel gegeben habe. Ich selbst habe nicht das Gefühl, daß ich jemandem etwas zu verzeihen habe; denn in allen, die mich kannten und die mit mir zu tun hatten, auch wenn sie mich beleidigt oder verachtet oder – im übrigen zu Recht – geringgeschätzt oder mich irgendwie verletzt haben sollten, sehe ich nur Brüder und Wohltäter, denen ich dankbar bin und für die ich bete und immer beten werde.

Arm, aber als Kind ehrbarer und bescheidener Leute geboren, bin ich besonders froh, arm zu sterben, nachdem ich das, was mir – übrigens in sehr bescheidenem Maß – im Lauf der Jahre als Priester und Bischof zur Verfügung stand, nach den verschiedenen Umständen und Erfordernissen meines einfachen und bescheidenen Lebens an die Armen und an die heilige Kirche, die mich ernährt hat, verteilt habe. Scheinbarer äußerer Wohlstand verbarg oft schmerzlich empfundene Armut und hinderte mich, mit der Freigebigkeit auszuteilen, wie ich gewollt hätte. Ich danke Gott für diese Gnade der Armut, die ich schon in meiner Jugend gelobt habe: Armut im Geiste, als Priester des Heiligsten Herzens, und wirkliche Armut. Sie hat mir die Kraft gegeben, nie etwas zu erbitten, weder Posten noch Geld, noch Gunsterweise, niemals, weder für mich noch für meine Angehörigen oder meine Freunde.

Meiner geliebten Familie – dem Blute nach –, von der ich übrigens keinerlei materielle Reichtümer erhalten habe, kann ich nichts hinterlassen als einen großen und ganz besonderen Segen. Dabei bitte ich sie, die Gottesfurcht zu bewahren, die mir meine Familie immer so lieb und teuer machte, daß ich mich ihrer in ihrer Einfachheit und Bescheidenheit nie zu schämen brauchte: Das ist ihr wahrer Adelstitel. In ihren schwersten Nöten habe ich sie auch manchmal unterstützt, als Armer unter Armen, ohne ihnen jedoch ihre in Ehre und Zufriedenheit ertragene Armut zu nehmen. Ich bete jetzt und werde immer für ihr Wohlergehen beten, denn mit Freude stelle ich fest, daß die festverwurzelte Treue zur religiösen Überlieferung der Väter sich auch in den jungen Zweigen unserer Familie zeigt: Sie wird immer Glück bringen. Mein sehnlichster Wunsch ist es, es möge niemand von meinen Angehörigen und Verwandten bei der Freude des letzten, ewigen Wiedersehens fehlen.

Jetzt, da ich mich, wie ich hoffe, auf den Weg zum Himmel mache, grüße und segne ich in Dankbarkeit die vielen, die nacheinander in Bergamo, in Rom, im Orient, in Frankreich und Venedig zu meiner geistlichen Familie gehörten, meine Mitbürger, Wohltäter, Gefährten, Schüler, Mitarbeiter, Freunde und Bekannten, Priester und Laien, Ordensmänner und Ordensschwestern und alle, denen ich durch die Fügung der Vorsehung ein wenn auch unwürdiger Mitbruder, Vater oder Hirte sein durfte.

Die Güte, die alle, denen ich auf meinem Lebensweg begegnete, meiner armseligen Person schenkten, brachte in mein Leben Freude. Im Angesicht des Todes denke ich an alle und jeden einzelnen von denen, die mir auf dem letzten Wege vorausgegangen sind, die mich überleben und die mir folgen werden. Sie mögen für mich beten. Ich werde es ihnen vom Fegfeuer oder vom Himmel aus vergelten, in den ich aufgenommen zu werden hoffe, ich wiederhole es nochmals, nicht aufgrund meiner Verdienste, sondern durch die Barmherzigkeit des Herrn.

Ich denke an alle und werde für alle beten. Meine Söhne und Töchter in Venedig jedoch, die letzten, die der Herr mir als letzten Trost und letzte Freude meines Priesterlebens anvertraute, will ich hier eigens nennen, zum Zeichen meiner Bewunderung, meiner Dankbarkeit und besonderen Zuneigung. Im Geist umarme ich alle, Klerus und Laien, ohne Unterschied, wie ich sie alle ohne Unterschied als Glieder ein und derselben Familie liebte und mit ein und derselben väterlichen und priesterlichen Sorge und Liebe umgab. ,Pater sancte, serva eos in nomine tuo, quos dedisti mihi; ut sint unum, sicut nos – Heiliger Vater, bewahre sie in deinem Namen, die du mir gegeben hast, auf daß sie eins seien wie wir' (Joh 17,11).

In der Stunde, da wir Lebewohl sagen, oder besser: Auf Wiedersehen, erinnere ich nochmals an das, was im Leben am meisten gilt: Jesus Christus, seine heilige Kirche, sein Evangelium, und im Evangelium vor allem das Vaterunser im Geist und nach dem Herzen Jesu, und aus dem Evangelium: die Wahrheit und die Güte, die milde, wohlwollende, die tätige und geduldige, die unbesiegbare und siegreiche Güte. Meine Söhne und Töchter, meine Brüder, auf Wiedersehen! Im Namen des Vaters, des Sohnes und des Heiligen Geistes. Im Namen Jesu, der unsere Liebe ist, im Namen Mariens, unserer und seiner liebenswürdigen Mutter, des heiligen Josef, meines ersten und liebsten Schutzheiligen. Im Namen des heiligen Petrus, des heiligen Johannes des Täufers und des heiligen Markus; des heiligen Laurentius Giustiniani und des heiligen Pius X. Amen."[216]

Im folgenden Jahr 1955 gibt der Tod von dreien seiner Schwestern ihm Anlaß zu der folgenden Tagebucheintragung: „Der Gedanke an den Tod hat mich vom Tage meiner Ernennung zum Kardinal und Patriarchen von Venedig an schmerzlich und doch auch gut begleitet. Innerhalb von 17 Monaten habe ich drei liebe Schwestern verloren. Zwei waren mir besonders teuer, denn sie lebten nur dem Herrn und mir. Seit dreißig Jahren betreuten sie mein Haus, in der stillen Erwartung, die letzten Jahre mit ihrem bischöflichen Bruder gemeinsam zu verbringen. Die Trennung fällt mir schwer, mehr meinem Herzen als meinem Bewußtsein." Und er leitet aus diesen schmerzlichen Ereignissen einen wichtigen Hinweis ab für sein seelsorgerliches Wirken: „Heute erkenne ich klar, wie auch diese Trennung im Plan des Herrn lag. Denn wenn ich mich nun dem geistigen Wohl meiner Söhne und Töchter in Venedig widme, so erscheine ich wie Melchisedek ‚ohne Vater, ohne Mutter und ohne Nachkommen‘ (Hebr 7,3). Gewiß, ich muß meine Verwandten im Herrn lieben, um so mehr, als sie arm sind. Sie sind alle ausgezeichnete Christen, ich habe von ihnen immer nur Ehrerbietung und Trost erfahren. Aber ich muß immer getrennt von ihnen leben, als ein Beispiel für den im übrigen gutmütigen Klerus von Venedig, der aus den verschiedensten, zum Teil entschuldbaren Gründen allzuviele Familienmitglieder bei sich aufgenommen hat, was für ihre seelsorgerliche Aufgabe im Leben, im Tode und nach dem Tode kein geringes Hindernis bedeutet."[217]

In jenen Jahren in Venedig äußert Roncalli sich mit Beiträgen allgemeiner Art und Erwägungen zu begrenzten Themen, die aber immer von ähnlichen Gedanken inspiriert sind. Im August 1955 bemerkt er, daß die Kirche „in einer Gemeinschaft des Glaubens und der apostolischen Aktion langsam beginnt, die charakteristischen Kennzeichen der Urkirche wiederzuentdecken, nämlich das eifrige Bemühen, Christus und sein Evangelium zu verstehen, die katechetische und nicht polemische Darlegung der offenbarten Tugenden und der christlichen Kultur, ein intensives liturgisch-eucharistisches Leben, Festigkeit der sittlichen Lebensführung angesichts der Verführungen der weltlichen Mentalität, glühende uneigennützige Liebe, die tätig und großzügig geübt wird"[218]. Die Feststellung, daß da langsam eine Bewegung in Gang gekommen ist, eröffnet den Weg zur Aussage über eine Reihe genauer und realistischer Programmpunkte. Der theologische Optimismus hinderte nicht eine vorsichtig-kluge Bewertung der bescheidenen Symptome einer Erneuerung, die zu jener Zeit in der Kirche wahrzunehmen waren.

Niemandem kann die Absicht entgehen, diese Entwicklungskeime zu ermutigen und sie auszurichten auf einige Pole, die Roncalli im Vergleich mit anderen für besonders entscheidend hielt: Christus und seine Botschaft verstehen, unpolemische Auslegung des Glaubens, liturgisches Leben, sittliches Engagement und uneigennützige Liebe. Jede Rückkehr zu einer neuen Form weltlichen Machtstrebens und eine Kreuzzugsmentalität welcher Art auch immer sind ihm völlig fremd; und in jenen Jahren schloß das ein Sich-Unterscheiden von der vor allem in Italien vorherrschenden Linie mit ein. Gerade sein Dienst als Patriarch von Venedig bringt ihn dazu, daß in seinem Denken das damals beherrschende Problem der Ideologien auftaucht. Im abschließenden Teil seiner 1953 auf dem Eucharistischen Kongreß in Turin gehaltenen Vorlesung erscheint zum ersten Mal ein Zitat aus Augustinus, das dazu bestimmt war, wieder großen Raum in den Äußerungen des katholischen Lehramtes einzunehmen: „Bekämpft den Irrtum, liebt die Irrenden!"[219] Das war eine Einstellung, die sich absetzte von der damals herrschenden Intransigenz, die gerade wenige Jahre vorher ihren Höhepunkt erreicht hatte in der globalen Verurteilung der Kommunisten und ihrer Sympathisanten durch das *Sacrum Officium*. Hier zeichnete sich eine Einstellung ab, die zum Samen für die Unterscheidung von Ideologien und historischen Bewegungen werden sollte, die dann 1963 durch die Enzyklika *Pacem in terris* bestätigt wurde.

Während der Exerzitien im Jahre 1955 vermerkt er: „Was soll ich von meinem Leben als Hirte – und eben das ist jetzt ja mein Leben – sagen? Ich bin froh darüber, denn es gibt mir tiefe Befriedigung. Es ist nicht nötig, daß ich strenge Vorschriften erlasse, um gute Ordnung zu halten. Mit aufmerksamer, geduldiger und langmütiger Güte gelangt man besser und schneller zum Ziel als mit Strenge und mit einer Peitsche.[220] Hierüber täusche ich mich keineswegs und habe in dieser Frage keine Zweifel.

Aber es bedrängt mich der Gedanke, daß ich nicht alles sehen kann, besser und mehr noch, daß ich nicht an alles herankomme, und die Versuchung, meiner friedliebenden Veranlagung nachzugeben und ein ruhiges Leben vorzuziehen, anstatt mich ins Ungewisse vorzuwagen. Der Grundsatz des Kardinals Gusmini: ‚Man soll kein bischöfliches Dekret erlassen, wenn nicht die Sicherheit besteht, daß es auch befolgt wird' – könnte er nicht allzusehr meiner Bequemlichkeit dienen, in der Furcht, daß die Auswirkungen mehr Schaden anrichten, statt dem Übel, das man beseitigen möchte, abzuhelfen?

Einerseits sollte der Hirte vor allem ein guter, guter Hirte sein. Andererseits, ohne ‚Wolf' zu sein, riskiert er, wie der Mietling überflüssig und unwirksam zu werden, wenn er schläft. O Jesus, du guter Hirte, möge dein Geist mich ganz erfüllen, damit mein Leben in seinen letzten Jahren Hingabe und Opfer für die Seelen meiner geliebten Venezianer sei."[221]

Insbesondere auf die liturgische Erneuerung kommt der Hirtenbrief von 1956 immer wieder zurück, ebenso wie auch die dritte Ansprache bei der Synode im November 1957. Beide Male wird das Wortpaar „Buch und Kelch" zur Betrachtung vorgeschlagen, wie Roncalli es schon anläßlich der feierlichen Osterliturgie 1944 formuliert hatte, als er seine Predigt diesem Thema gewidmet hatte: „Das Testament des auferstandenen Jesus haben wir in dieser Osterfeier vor Augen. Das Evangelienbuch liegt auf dem Altar. In unserer Basilika ist die gesamte Kirche gegenwärtig: der Bischof,

131

der Klerus, die Gläubigen. Neben dem heiligen Buch seht ihr auch den Kelch des Heiles, in dem bei der Berührung mit dem Konsekrationswort das Blut Christi aufwallt, das uns erlöst, das uns rettet. Bleiben wir dem dreifachen Testament treu, erweisen wir dem neuen und ewigen Bund die Ehre. Laßt uns den Kelch an die Lippen setzen, um aus dem Blut Christi, welches in diesen tragischen Tagen das Opfer der ganzen leidenden Menschheit in sich aufnimmt, jene innere Kraft des übernatürlichen Lebens zu saugen, das unseren Geist trunken macht und uns zu den höchsten Aufschwüngen befähigt, da es uns vor den Feinden der Wahrheit und des Guten beschützt.“[222]

Damit sollen das Wort Gottes und die Eucharistie als der im Vergleich mit allen anderen Elementen zentrale Wert jedes Gottesdienstes unterstrichen werden. Es ist dies ein Beispiel der theologisch-pastoralen Anwendung der Unterscheidung zwischen Substanz und Akzidentien.

Dem Brief anläßlich der Feier des 500-Jahr-Gedächtnisses des Todes des hl. Lorenzo Giustiniani kommt eine Bedeutung zu, die über den begrenzten Anlaß hinausgeht. Er ist in drei Teile gegliedert: „Der erste Teil: Die Heilige Schrift als göttliches Buch und als vertraute Lektüre für das Volk Gottes. Der zweite Teil: Die Ansichten der Väter der Kirche zu diesem doppelten Aspekt, mit besonderem Bezug auf den heiligen Lorenzo Giustiniani. Dritter Teil: Praktische und konkrete Methoden, damit das Studium und die Verbreitung der Schrift wieder zur heilsamen Nahrung der Seelen, zum begeisternden Grund für ihre Freude und ihren Trost werde.“[223] Das Motiv „Buch und Kelch“ ist beherrschend geworden: „Die heilige Bibel, die aus dieser gegenseitigen Durchdringung von Altem und Neuem Testament hervorgegangen ist, ist noch nicht identisch mit der Person des Logos, des menschgewordenen göttlichen WORTES selbst, das sich mit dem Vergießen seines gottmenschlichen Blutes für uns geopfert hat, sie darf nicht mit ihm verwechselt werden. Das Meßbuch ist nicht der Kelch, doch es liegt ganz in seiner Nähe. Die Bibel ist nicht der menschgewordene Gott selbst, aber sie gibt Zeugnis von Gott und vor allem vom göttlichen WORT, das von diesen Schriften verkündet wird und die – auch im Menschen sich vollziehende – vollkommene Einheit des Göttlichen mit dem Menschlichen vorbereitet. In der Messe hat das Credo seinen Platz nach dem Evangelium und vor dem Kanon als verbindendes Zwischenglied zwischen der Ankündigung und der Verwirklichung des großen Geheimnisses. [...]

Das Evangelium predigt die Anbetung im Geist und in der Wahrheit, die befreit ist von den alten, nunmehr unfruchtbar gewordenen verpflichtenden Verhaltensweisen, vom Alten Gesetz: Mehr die Liebe zu Gott als die Furcht vor ihm; mehr die ehrfurchtsvolle Vertraulichkeit des Sohnes gegenüber dem Vater als der zitternde Respekt des Dieners vor seinem Herrn; die Armut im Geist: die Geringschätzung und das Weggeben seiner Besitztümer, die man aber auch behalten kann, ohne aufzuhören, gut zu sein; seinen Reichtum wegzugeben an die Armen; die Einfachheit, die jungfräuliche Reinheit des Herzens, die Demut; und mehr noch als die Liebe zum Geschmähtwerden die Freude über die Leiden; das Vergeben von Beleidigungen; die uneigennützige Liebe zu den Feinden; die Selbstvergessenheit; das Opfer; auch der Tod für die, die wir lieben: All das, was den unvollkommenen Neigungen der Natur höchst zuwider ist; all das, was uns der göttlichen Vollkommenheit noch ähnlicher macht, ihr noch näherbringt. […]

Die Heilige Schrift und insbesondere das Evangelium zu lehren, diese unserer Sorge anempfohlenen Söhne und Töchter mit dem heiligen Buch vertraut zu machen, das ist gleichsam das Alpha und Omega der Tätigkeit eines Bischofs und seiner Priester. Das Omega – erlaubt mir, dieses Bild aus dem Buch der Offenbarung zu verwenden – wird dargestellt vom gesegneten Kelch auf dem Altar unserer täglich gefeierten Gottesdienste. Im Buch haben wir die unaufhörlich in unseren Herzen widerhallende Stimme Christi; im Kelch das Blut Christi, das gegenwärtig ist zur Begnadung, zur Versöhnung und zum Heil für uns, die Kirche und die Welt. Diese beiden Wirklichkeiten gehen zusammen: das Wort Jesu und das Blut Jesu. Von dem einen als dem Alpha bis zu dem anderen als dem Omega kommen auch alle anderen Buchstaben des Alphabets an die Reihe: alle Angelegenheiten des Lebens der einzelnen, der Familien, der Gesellschaft; alles auch, was zwar wichtig, aber zweitrangig ist im Hinblick auf die ewige Bestimmung der Söhne und Töchter Gottes und das nichts wert ist, wenn es nicht von den beiden Buchstaben am Anfang und am Ende zusammengehalten wird, nämlich vom Wort Jesu, das in der Kirche aus dem heiligen Buch in allen Tönen erklingt, und von Jesu Blut im heiligen Opfer, dieser ewigen Quelle der Gnade und des Segens."

Um den Sinn der venezianischen Erfahrungen Roncallis verstehen zu können, ist es von entscheidender Wichtigkeit zu sehen, wie er sich in seinem seelsorgerlichen Dienst auf die Heilige Schrift beruft. Es geht also um die Beziehung zwischen dem Wort und der Gegenwart des Herrn in der Eucharistie und um den Wunsch, „das Volk in der Heiligen Schrift zu unterrichten und diese unsere Söhne und Töchter mit dem heiligen Buch vertraut zu machen"[224]. In den siebziger Jahren haben viele Basisgemeinden die Heilige Schrift dem Volk zurückgeben wollen. Und ich glaube, daß sie Recht dabei hatten. Aber vermutlich war keiner von ihnen oder doch nur wenigen bewußt, daß der Patriarch von Venedig ihnen mit dieser Überzeugung schon fünfzehn Jahre vorher vorangegangen war, in einer nicht bloß abstrakten, sondern konkreten und zu praktischem Handeln führenden Überzeugung; dafür spricht jedenfalls, daß er „Praktische Normen für das Lesen und das Studium der Heiligen Schrift" verfassen ließ (oder selbst verfaßte), die Ende 1956 im „Bollettino diocesano" veröffentlicht wurden[225], die äußerst konkret und minuziös gehalten waren: Sie enthielten eine ganze Reihe von Hinweisen auf Hilfsmittel, Bücher und Methoden, wie die Unterrichtung des Volkes konkret gestaltet werden könne, um das heilige Buch den Christen wieder zurückzugeben.[226]

Dies ist vielleicht der einzige Punkt, bei dem Roncallis geistliches Leben auch in aller Form aus dem umhegten Terrain der traditionellen katholischen Frömmigkeit zur Zeit um 1900 ausbricht: sein Verhältnis zur Bibel. Es genüge hier, daran zu erinnern, daß das von der antiprotestantischen Polemik genährte Mißtrauen gegenüber der Bibel von neuem erstarkt war anläßlich der Debatten über den Modernismus, dessen zentrales Anliegen gerade die vorurteilslose Anwendung der rationalen kritischen Analyse der biblischen Texte war. Stellungnahmen zu diesem Thema sind von Roncalli nicht bekannt, und in den Quellen finden sich nicht einmal Spuren davon, daß er in den Jahren seiner Ausbildung der Heiligen Schrift besondere Aufmerksamkeit gewidmet hätte. Man muß schon bis zu seinen während der Exerzitien im Jahre 1909 verfaßten Notizen vordringen, um auf ein diesbezügliches ausdrückliches Engagement zu stoßen, sei es in Form des Studiums oder der Meditation.[227] Dieses Engagement wird dann während einer Einkehrzeit im November 1927 in Form einer kurzen Erwähnung des Vorsatzes der regelmäßigen Schriftlesung erneuert.[228]

Beträchtlich interessanter ist der Inhalt eines aus Sofia an A. Coari, eine engagierte Mailänder Dame aus dem Laienstand, geschriebenen Briefes vom Mai desselben Jahres. Darin spricht Roncalli nämlich davon, man komme in jenen Jahren „glücklicherweise zurück zu jener Einfachheit bei der Lektüre des heiligen Buches, von der der heilige Franz von Assisi schon gewollt hat, daß seine Brüder sie bei der Lektüre des Evangeliums pflegen sollten, und die der Autor der ‚Nachfolge Christi' so gut beschreibt". Feiner und direkter konnte man nicht betonen, daß es einer unmittelbareren und engagierteren Annäherung an die Bibel bedürfe, als sie im modernen Katholizismus vorherrschend war.

Aus diesem Blickwinkel markiert das Jahr 1953 mit dem Beginn eines wirklichen seelsogerlichen Engagements eine bedeutsame Wende. Es wurde schon vermerkt, daß der Hirtenbrief an die Venezianer vom Februar 1956 das wichtigste Zeugnis dafür darstellt, zusammen mit einem immer dichteren und häufigeren Nachdenken über ein Thema, das Roncalli zum 10. Kapitel des Johannesevangeliums hinführt, das beherrscht ist von der Gestalt des Guten Hirten und der innigen Beziehung zwischen dem Vater und dem Sohn. Wenn man sich vergegenwärtigt, wie schwach die Bibelbewegung in Italien vor dem Zweiten Vatikanischen Konzil entwickelt war, kann man besser begreifen, wie einzigartig eine solche Einstellung des Patriarchen von Venedig war, eine Sonderrolle, der er sich vollkommen bewußt war, wie aus einem Schreiben hervorgeht, in dem er erwähnt, daß gerade er es war, der bei der Sitzung der als Residentialbischöfe tätigen italienischen Kardinäle die Notwendigkeit einer Rückkehr zur Bibel betont habe.[229] Man kann nicht ausschließen, daß dies auch die Auswirkung seines Kontaktes zum französischen Katholizismus während seiner Pariser Jahre war. Tatsächlich haben die Begegnungen in Paris wohl gerade hinsichtlich des zentralen Stellenwertes des Wortes Gottes im pastoralen Handeln eine maßgebliche Rolle gespielt.

Der Liturgie war sein Hirtenbrief zu Ostern 1957 gewidmet, der reich war an konkreten Anwendungen seines Bestrebens, eine lebhafte Beteiligung des Volkes Gottes an der Liturgie selbst zu fördern. Roncalli sah die Aufgabe der Kirche zwar aus diesem seinem besonderen Blickwinkel, und er handelte auch danach. Dennoch hat er sich den aktuellen Notwendigkeiten nicht entzogen, die besonders in jenen Jahren einem Großteil des italienischen Episkopates so dringlich erschienen und die ein beherrschendes Thema ihrer gemeinsam verantworteten Stellungnahmen waren. In eben diesem hier zitierten Hirtenbrief beklagt er tatsächlich: „Immer noch werden Gedanken und Pläne vertreten, welche die wiederholtermaßen in aller Geduld, Langmut und Liebe geäußerten Warnungen in den Wind schlagen, Warnungen, die sich auf eine unter jungen Leuten verbreitete Strömung beziehen, die sich Theorien, Methoden und Personen annähert, die uns völlig fremd sind, ja die gegen die fundamentalen Prinzipien der katholischen Lehre und des katholischen Lebens bezüglich der gesellschaftlichen Beziehungen [Marxismus?] feindlich eingestellt sind. Dies hat es mir dringend nahegelegt, mich mit einigen „Appellen und Anregungen" *(Richiami e incitamenti)* insbesondere an die Mitglieder und Sympathisanten der katholischen Vereinigungen zu wenden. Ich kann versichern, daß mein Blick, als ich jene Seiten am 12. August

1956 schrieb, ganz auf den Binnenbereich meiner lieben Diözese Venedig gerichtet war, wie es immer mein Vorsatz und mein Stil war und bleibt. Darum war meine Überraschung groß angesichts des Eindrucks, den diese einfachen und bescheidenen Worte weckten, da sie in verschiedener Hinsicht in ganz Italien als nützliche Klarstellung und begriffliche Präzisierung empfunden wurden."[230]

Es ist interessant, heute nochmals eine Ansprache vom Januar 1957 zu lesen, in der die Rede ist von „fünf Wunden eines großen Gekreuzigten": Liberalismus, Marxismus, Demokratismus, Freimaurerei, Laizismus. Zu jeder will Roncalli auf einige positive Aspekte hinweisen, zu denen aber andere Elemente im Widerspruch stehen.[231]

Die Kirche war für Roncalli wesentlich eine Familie. So wurde er nicht müde zu wiederholen: „Die Kirche ist nicht einfach eine uns äußere Hilfe, eine uns gegenüberstehende Führerin auf dem Pilgerweg. In ihr und durch sie erstreckt sich Gottes Vaterschaft bis zu uns hin: Vom Vater auf den Sohn; vom Sohn als dem Haupt seines Leibes, das heißt der Kirche, bis zu uns als seinen Gliedern hin. Die Kirche ist also die Familie Gottes."[232] Die beschränkten Ausmaße seiner Patriarchaldiözese ermöglichten es ihm, diesen Charakter seiner Ortskirche als eine Art „Hausgemeinschaft" zu betonen, und zwar mittels eines direkten Engagements, das in Besuchen, Ernennungen und Gottesdiensten seinen Ausdruck fand. Auch bei bloß routine- und pflichtgemäßen Stellungnahmen konnte er nicht im Interesse einer schablonenhaften Klarheit auf den gebotenen Stil eines Respektes gegenüber allen verzichten, der ein Zeichen des Respektes vor dem jedem einzelnen innewohnenden Geheimnis war.

Roncallis Bild der Kirche gipfelt darin, daß es auf Christus als das Licht bezogen ist. Der Verkündigungsruf *Lumen Christi* in der Liturgie der Osternacht deutet hin auf die innerste Mitte des Mysteriums der Kirche, auf ihre Jahrhunderte hindurch wirkende Kraft. Insbesondere anläßlich des Festes Christi Himmelfahrt 1958 bemüht sich der Patriarch, diese dichte Symbolik zu deuten in dem klaren Bewußtsein, daß die Kirche nur dann, wenn sie das Licht Christi verkündet, dem Evangelium gerecht wird, daß sie nur dann vermeidet, sich selbst als Mitte des Glaubens darzustellen, daß sie nur dann jedem Menschen das Licht bringt, das ihm bestimmt ist.[233] In einer so verstandenen Kirche hatte Roncalli sich von seiner Konsekration an bemüht, Bischof zu sein „nicht zu meiner Ehre, nicht der Zerstörung dienend, sondern der Erbauung"[234].

Diesem Prinzip entsprechend hatte er die Beziehung zu seiner Familie, aber auch zum Papst und zum Heiligen Stuhl gestaltet, wobei er einen ununterbrochenen Gehorsam praktizierte. Ein interessantes und bezeichnendes Symptom dieses Gehorsams ist seine an den Jesuiten Pater Lombardi[235] ausgesprochene Einladung, in Venedig und auch vor den Bischöfen des Triveneto zu predigen, obwohl Roncalli selbst diesem gegenüber beträchtliche Vorbehalte hatte. Etliche Male wird er den Bischof auch als „öffentlichen Brunnen" bezeichnen, um zu betonen, daß dieser allen ohne jeden Unterschied zu Diensten sein müsse.

Während der Exerzitien im Juni 1956 notiert Roncalli: „Aus der Erfahrung dieses Jahres heraus fasse ich den erneuten Beschluß, mit größerer Vollkommenheit … die Milde, die Geduld, die Liebe zu üben. Und alles das um jeden Preis, auch auf das Risiko hin, als ein Schwächling oder ein Niemand zu scheinen und beurteilt zu werden.

Dieses Gefühl meiner Unzulänglichkeit, das mich nie verläßt und mich davor bewahrt, eitel zu werden, ist eine große Gnade des Herrn: Sie erhält mich in der Einfachheit und erspart es mir, lächerlich zu werden. Ich würde mich nicht scheuen, es zu werden, wenn auch das Lächerliche ein Beitrag sein müßte zu der festen Überzeugung, die ich habe und die ich immer wieder erneuern werde, solange ich lebe, daß das Evangelium unwandelbar und daß die Lehre Christi im Evangelium Sanftmut und Demut ist; natürlich nicht Schwächlichkeit und Einfältigkeit. Alles, was Ansprüche stellt und nach persönlichem Zwang klingt, ist nichts anderes als Egoismus und Mißerfolg."[236]

In das Licht dieser Vision rückt der Patriarch auch die Synode seiner Kirche, die er ausrichtet auf das Ziel ihres „Aggiornamento", ihres „Heutigmachens" als „einer immer jungen Kirche, die darauf eingestellt ist, sich einzulassen auf die wechselnden Umstände des Lebens, um anzupassen, um zu korrigieren, zu verbessern und anzufeuern". „Mehr als eine gut vollendete Arbeit zu feiern", schreibt er am Vorabend des Beginns der Arbeiten an Pius XII., will eine Synode „eine exakte Erhebung der gegenwärtigen Realitäten und der geeignetsten Methoden, sie zu verbessern, sein"[237]. In treuer Gefolgschaft zu dieser Inspiration verläuft dann die Synode, die beherrscht wird von den fünf Homilien des Patriarchen und die abgeschlossen wird mit der Approbation der Konstitutionen.[238] Als er die Synode eröffnet, eine Einrichtung, die Jahrhunderte hindurch eine ausschließlich juridisch-formelle Physiognomie angenommen hatte, ist Roncallis Bemühen deutlich sichtbar, ihr tiefgegründetes Wesen zurückzugewinnen, nämlich als eine Begegnung der Diözesankirche als der Familie Gottes, die sich um ihren Bischof schart, der nicht als *pater et dominus,* sondern als *pater et pastor* gesehen wird. Deswegen bekräftigt er: „Die wahre Vaterschaft des Bischofs im Verhältnis zu den Gläubigen weiß das Vertrauen mit der Klugheit, die Festigkeit mit der Barmherzigkeit zu verbinden ... Autoritäres Gebaren dagegen erstickt das Leben, führt zu einer starren und bloß äußerlichen Disziplin, zu komplizierten und lästigen Regelungen. Es blockiert legitime Initiativen. Es versteht nicht zuzuhören, es verwechselt Festigkeit mit Härte, mangelnde Flexibilität mit Würde." In diesem Geist kann er behaupten: „In der heiligen Kirche ist der am hellsten strahlende und höchste Ort der Altar; und auf dem Altar sind zwei heilige Gegenstände zu sehen: das Meßbuch und der Kelch."

Anläßlich ebendieser Synode befaßt er sich auch näher mit dem Problem der Sittlichkeit im häuslichen Leben des Klerus und mit der kirchlichen Disziplin: „Es wird gut sein, daran zu erinnern, daß es ein heimliches und schmerzliches Martyrium für das Herz des Hirten ist, was ihm diesen wunden Punkt betreffend zu Ohren kommt und was sich bei näherer Nachprüfung zu Lasten manches Geistlichen als zutreffend erweist. Die Klugheit scheint es mir bisweilen nahezulegen, das Problem nur in aller Stille zu bedenken: in einer Haltung des Abwartens und des Respektes. Aber das nimmt dem alten Ratschlag nichts von seiner Gültigkeit: Fürchte den Bischof, der schweigt."[239] Andererseits veranlaßt sein Realismus ihn zu einem weisen Rat: „Ich will euch etwas verraten, was ich – ganz unter uns gesagt – manchmal hier in Venedig wiederholen oder auch manchem Bischof sagen muß, um ihn zu gütigem Ertragen und geduldigem Mitleid zu mahnen: Ich will also sagen, daß jede Diözese sich damit abfinden muß, daß sie wenigstens ein Dutzend seltsamer Typen hat, die unzufrieden sind mit ihrem Vorgesetzten, die manchmal erbarmungslos bittere Kritik an ihrem Bischof üben. [...] Ich erlaube mir, die Worte eines hervorragenden Prälaten der Kirche Gottes, einer Perle unter den aus der Region Venetien stammenden Priestern, des Kardinals Elia Dalla Costa, Erzbischofs von Florenz, zu zitieren, Worte, die er vor dreißig Jahren in seinen *Ricordi di un Sinodo* an seine Priester von Padua geschrieben hat: ‚Mitbrüder im Priesteramt! Ich bitte Euch inständig: Verweigert Eurem Bischof nicht jene ihm geschuldete uneigennützige Liebe, die Ihr allen schuldet und die Ihr niemandem sonst verweigern würdet.'"[240]

Diese Orientierungen wirken sich auf der Ebene der Gesamtanlage der Texte und auf der Ebene der als Richtlinien dienenden Formulierungen aus, wo ein einheitlicher Einfluß des roncalliani-

schen Ansatzes sehr wohl wahrnehmbar ist, während es den Anschein hat, daß die einzelnen konkreten Bestimmungen aus einer
mehr traditionellen Inspiration verfaßt sind.[241] Ebenso interessant
ist, daß das Buch über die Seelsorge in zwei Hauptteile gegliedert
ist, deren einer sich auf die Lehrtätigkeit bezieht, der andere auf
die Liturgie, wobei die mit dem Wortpaar „Buch und Kelch" verbundenen Gedanken durchschimmern. Aufmerksamkeit verdienen auch noch die positiven Erwägungen betreffs des gewöhnlichen Laien sowie die Anerkennung der Katholischen Aktion als
„Glaubenszeugnis" und nicht bloß als „Werkzeug des Apostolates".
Normen zum Wahlverhalten oder überhaupt politische Normen
kommen nicht vor, weder im Sinne einer Unterstützung der *Democrazia cristiana* noch gegen die Zusammenarbeit mit den Kommunisten. Unbefriedigend erscheinen die Normen über den Umgang
mit kirchlichem Eigentum. Ebenso unbefriedigend ist es, daß Hinweise zur Rolle der Frauen in der Kirche völlig fehlen.

Insgesamt scheint Roncalli die Einschätzung zu teilen, daß dieser Synode, die viel weniger vom Geist der nachtridentinischen
Gesetzgebung beherrscht ist als andere Synoden jener Zeit und
selbst als die römische Diözesansynode, die Johannes XXIII. drei
Jahre später veranstalten wird, eine der Erneuerung dienende Bedeutung zukommt – wenn auch nur auf unvollkommene Art. Die
juridisch-disziplinäre Dimension wird nicht außer acht gelassen,
aber sie muß sich den pastoralen Erfordernissen unterordnen und
ihnen dienen.

In Treue zu einer „wachsamen Güte" ändert Roncalli stillschweigend jene Teile des Fragebogens zur pastoralen Visitation,
mit denen sein Vorgänger Informationen zum politischen Verhalten der Bevölkerung gewonnen hatte; er fördert im Gedenken
an den ersten Patriarchen, Lorenzo Giustiniani, die intensive
Schriftlesung. Er lädt dazu ein, die Teilnehmer am Programmkon-
greß der Sozialisten freundlich willkommen zu heißen. Obwohl
diese Einladung eher beiläufig im Zusammenhang mit einer Äuße-
rung der Sorge wegen krankhafter Reaktionen auf den Prozeß
um den Montesi-Skandal formuliert worden war, löste sie viele
Kommentare aus, weckte Emotionen und Vorbehalte in jenen Jahren der innerhalb und außerhalb der Kirche bestehenden Spannungen angesichts des Themas *apertura a sinistra* – Öffnung nach
links".

Roncalli teilt aber auch viele Haltungen, die unter den anderen
italienischen Bischöfen jener Jahre verbreitet waren, wobei ziemlich wenig von den bezeichnenden Elementen, die er als Papst ins
Licht rücken wird, durchschimmert. Hat nach einer so langen

Wegstrecke wieder einmal das „Geheimnis Roncalli" Gestalt angenommen?[242]

Der Kardinalsrang und das Amt als Patriarch, das den Vorsitz im Kreis der Bischöfe der Drei Venetien mit in sich schließt, machten Roncalli zum Mitglied der im Embryonalstadium befindlichen Italienischen Bischofskonferenz, die aus den Metropoliten der konziliaren Regionen bestand. In dieser Eigenschaft nahm er teil an den Zusammenkünften, die im September in Venegono im Priesterseminar der Diözese Mailand und am 6. und 7. Oktober in Pompei stattfanden. Es war das erste Zusammentreffen mit den Spitzen der italienischen Kirche, die damals stark bemüht waren, Front zu machen gegen den Erfolg der marxistisch inspirierten Organisationen bei den Volksmassen; mit den Spitzen der italienischen Kirche, die unsicher waren, ob sie den Weg zu gemeinsamen Aktionen gehen sollten, um so die gewohnte individualistische Unterordnung unter den Heiligen Stuhl zu überwinden. Seine Kenntnis der Erfahrung der Französischen Bischofskonferenz trieb Roncalli an, die Position derjenigen zu teilen, die die Bildung einer wirklichen und eigentlichen Italienischen Bischofskonferenz wünschten. Was die Einstellung zu den Anhängern der marxistischen Organisationen betrifft, so wird der neue Patriarch von Venedig bald deutlich zeigen, daß er – bei aller Intransigenz in Lehrfragen – überzeugt ist, daß Methoden und Stilformen vorzuziehen seien, die sich unterscheiden von den im italienischen Katholizismus der Nachkriegszeit vorherrschenden.

Mit fortschreitenden Jahren ist Roncalli immer mehr davon überzeugt, daß er sein Leben in Venedig beenden wird und daß sein Alter nun schon sehr weit fortgeschritten ist. Daher seine Aufzeichnungen während der Exerzitien im Jahre 1957: „Der Gedanke an den Tod beunruhigt mich nicht. [...] Meine Gesundheit ist immer noch ausgezeichnet, und ich fühle mich noch rüstig. Doch darf ich mich nicht darauf verlassen. Ich will bereit sein, auch unverhofft abberufen zu werden. [...] Ich glaube, daß mir der Herr zu meiner vollständigen Loslösung und Läuterung und um mich zu seiner ewigen Seligkeit zu bereiten, irgendeine schwere Prüfung und körperliche und seelische Leiden vorbehalten hat, bevor ich sterbe. Gut, ich nehme alles und mit bereitem Herzen auf mich, damit alles zu seiner Ehre gereiche und zum Heil sowohl meiner eigenen Seele wie all meiner geliebten geistlichen Kinder. Ich fürchte meine Schwachheit im Tragen dieser Leiden und bitte ihn, mir zu helfen. Denn ich habe keinerlei Vertrauen zu mir selber, aber volles Vertrauen in den Herrn Jesus.

Es gibt zwei Pforten zum Paradies: Unschuld und Buße. Wer

könnte sich als armer schwacher Mensch anmaßen, die erste weit offen zu finden? Die zweite aber ist auf jeden Fall die sicherste. Jesus ist durch sie hindurchgegangen, das Kreuz auf seiner Schulter, zur Sühnung unserer Sünden, und er lädt uns ein, ihm zu folgen. Ihm aber zu folgen bedeutet Buße zu tun, Schmerzen anzunehmen und auch freiwillig sich Abtötungen aufzuerlegen.

Mein Jesus, meine Lebensumstände ermöglichen mir ein Leben der Buße inmitten der vielen Tröstungen, die mein bischöfliches Amt mir bereitet. Ich will sie willig auf mich nehmen. Bisweilen leidet mein Ehrgefühl ein wenig darunter, aber auch leidend freue ich mich darüber und wiederhole vor Gott: ‚Bonum mihi in humiliatione mea – Gut ist es, daß du mich gedemütigt hast.‘ [Vgl. Ps 118,71].“[243]

In Mühlbach im Pustertal macht er vom 9. bis zum 13. Juli 1958 Exerzitien, die er ganz der Meditation über das Thema Frieden widmet: „Ganz eng mit dem Wahlspruch ‚pax et bonum‘ will ich die Worte des heiligen Gregor von Nazianz verbinden: ‚Voluntas Dei pax nostra‘. Und damit werden wir sofort verstanden. Der Friede ist das höchste der Güter: Der Wesenskern dieser Güter ist der Wille Gottes. [...] Unser wahrer Friede ist die *pax Christi.* [...] Also die ‚*pax Christi*‘ [Kol 3,15], welche der Gehorsam gegen Christus ist. Das ist der Sieg Christi in den Seelen. [...] Das, was von der ‚*pax Christi*‘ im Bereich des Wirkens der Gnade an den einzelnen Seelen zu sagen ist, gilt auch für jedes Zusammenwirken menschlicher und christlicher Energien, die sich auf den Fortschritt und den Frieden der öffentlichen und sozialen Ordnung richten.“[244]

In Possagno versucht er vom 22. bis zum 26. September 1958 vergeblich, „weit weg von den Geschäften der Kurie allein, in Ruhe und Schweigen ausschließlich mit mir selbst und den Anliegen meiner Seele beschäftigt zu sein“. Geradezu schmunzeln läßt einen der letzte Vorsatz: „Mit fortschreitendem Alter sollte ich mir mehr Zurückhaltung auferlegen, Predigten außerhalb meiner Diözese zu übernehmen.“ Wenig später als einen Monat danach wird er Papst sein, und daher wird er ohne Probleme mit Diözesangrenzen der ganzen Welt zu predigen haben.

Am 10. Oktober schrieb er auf ein loses Blatt: „Nachdem sich der Tod jählings bei meiner Schwester angekündigt hatte, hat er sein Werk schnell vollbracht. Es genügten dazu drei Tage. Am Donnerstag, dem 9. Oktober, um 3.52 Uhr, war Pius XII. im Paradies. Die Arme aller Gläubigen trugen ihn dorthin in einem Schauspiel, von dem sich unsere Zeit keine Vorstellung machen konnte: Aber es war wunderbar. Die Gnade des Herrn ist also immer mit seiner Kirche.“[245]

Etwas von dem pastoralen Stil Roncallis mußte auch nach draußen durchgedrungen sein, wenn schon Anfang 1955 ein feinfühliger Beobachter wie der Botschafter Frankreichs beim Heiligen
Stuhl, d' Ormesson, der wohl besonders aufmerksam auf den alten
Nuntius in Frankreich geblickt hatte, überzeugt war, unter den Pa-
pabili sei Roncalli „angenehm für die Integristen, beruhigend für
die Unentschiedenen oder die Versöhnlichen". Und er schloß daraus: „Er ist in der Lage, sich als der Kandidat des *juste milieu* zu
präsentieren."[246] In Venedig jedoch machten sich Äußerungen von
Widerstand bemerkbar, die nicht frei waren von einem Widerhall
römischer Stimmen. Manchen schien nämlich, der Patriarch habe
es versäumt, blockierend einzugreifen gegen die Initiativen der
Gruppe junger Christdemokraten, die W. Dorigo anhing und eine
politische Allianz mit der Sozialistischen Partei befürwortete. Roncalli blieb seinem Mißtrauen gegen den Gebrauch der „Peitsche"
treu und nicht weniger seiner Überzeugung, daß die Hirten sich
nicht in politische Fragen verwickeln lassen sollten. Spuren dieser
Überzeugung finden sich in der von Roncalli überarbeiteten Be-
kanntmachung der Bischöfe des Triveneto vom Dezember 1955.
Roncalli vermittelte hier in ausgewogener Weise zwischen den verschiedenen römischen, vatikanischen und örtlichen Stimmfüh-
rern, die bestrebt waren, der Sache diese oder jene „exemplarische" Bedeutung beizumessen. Dabei ging es Roncalli darum, über
eine vorhergehende intransigente Fassung des Dokumentes hin-
wegzukommen.[247]

Die Identität Roncallis als Bischof muß also weniger in der institutionellen Ausrichtung seines Leitungsamtes gesucht werden, sondern mehr in dem Stil, in dem er es praktiziert hat, und wenigstens
ebenso in den ergänzenden Initiativen, die der Patriarch in zufällig
auftretenden besonderen Umständen unternahm, also ohne organisierte Absicht, wenn auch immer in einer sich selbst hellwach kon-
trollierenden geistlichen Konsequenz. Es schimmert immer der engagierte Wunsch durch, in ständiger Kommunikation mit dem Klerus, mit den Gläubigen und mit allen Venezianern zu leben, und
zwar mittels der normalen und alltäglichen Kommunikationskanä-
le und in einer gewissen Distanz zu lautstarken Initiativen.[248]

Man hat sich gefragt, welches Gewicht das Konzil von Trient
und die daraus abgeleitete Auffassung von der Kirche für den Pontifikat Roncallis und auch für die Gestaltung seiner Tätigkeit als Bischof von Venedig gehabt haben.[249] Es ist nicht zu bestreiten, daß
er das Tridentinum und seine wichtige Auswirkung auf den Katholizismus seiner Zeit besser kannte als viele andere Bischöfe. Überdies hatten seine Ausbildung in der Zeit um die Wende vom 19.

zum 20. Jahrhundert und sein Kontakt mit Radini Tedeschi diese Überzeugung, die übrigens auch sonstwo in den Kreisen der engagierteren Bischöfe der fünfziger Jahre – zumindest in Italien – verbreitet war, noch vertieft und ihm verinnerlicht. Dennoch scheinen gerade die fünf Jahre in Venedig deutlich sichtbar zu machen, daß der Bischof Roncalli in seiner Beziehung zur tridentinischen Tradition einen sehr persönlichen Zugang hatte. Tatsächlich werden die ernsten Vorschriften des Tridentinums – von der Visitation bis zur Synode, von der Einrichtung von Priesterseminaren bis zum priesterlichen Zölibat – in Venedig sehr treu befolgt, aber zugleich ist ihre Realisierung beseelt von einem geistlichen Stil, der sie von innen her unter dem Impuls der aufmerksamen Wahrnehmung des veränderten historischen Kontextes und der vom Evangelium inspirierten Deutung dieser Veränderungen erneuert und umgestaltet. Nicht genug damit, daß da die Normen des Tridentinums nicht bloß gedanken- und folgenlos wieder aufgegriffen werden (das „Museum"!), sondern es kommt zu einer ebenso bewußten und dynamischen wie vorsichtig gesteuerten Neuinterpretation, die instinktiv vermeidet, bloß institutionelle Gegenpositionen zu errichten, die sich vielmehr bemüht, die neuen Herausforderungen wahrzunehmen und ihnen gerecht zu werden. Sowohl im inneren Leben der Kirche als auch in ihrer Präsenz in der Gesellschaft eröffnet dies die Möglichkeit, sich zu wehren gegen die Versuchung der Trägheit und der Nostalgie, von der Institutionen bedroht sind, ohne die Disziplin der „Peitsche" auszukommen, nicht ideologischen Verhärtungen zu erliegen und so Freiräume zu entdecken für das „Aggiornamento" und Sympathie zu empfinden für die Menschen.

Man hat den Eindruck, daß Patriarch Roncalli sich keine Illusionen gemacht hat über die strukturellen und konjunkturellen Grenzen seines bischöflichen Amtes, Grenzen, die diktiert waren sowohl von den besonderen Voraussetzungen seiner Diözese als auch vom regionalen und nationalen Kontext. Um so weniger hat er die Grenzen ignoriert, die sich aus den besonderen Bedingungen der allgemeinen Ausrichtung des Pacelli-Pontifikates ergaben, aber dabei hat er dem Papst gegenüber eine unbeschränkte Ehrerbietung und Gehorsamsbereitschaft gewahrt. Aber all dies hat weder sein Engagement noch seine hellsichtige Wahrnehmung der historischen Stunde der Kirche abgetötet; das, was nach dem 28. Oktober 1958 geschehen ist, hat gezeigt, daß der Wechsel der Ebene der Verantwortung zwar die Ebene, auf der er seinen Gehorsam gelebt hat, verändert hat, nicht aber die Qualität seiner persönlichen spirituellen Prägung.

Johannes XXIII.

Ein Übergangspapst

Angesichts des Todes Pius' XII. stellte sich das Konklave in einer diffusen Desorientierung auf einen Übergangskandidaten ein, und schon von den ersten Wahlgängen an konnte der Patriarch von Venedig aufgrund seines fortgeschrittenen Alters und seiner unauffälligen und milden Physiognomie viele Stimmen für sich verbuchen.

Kardinal Roncalli hatte aus den Kontakten, zu denen es in der Zeit vor dem Konklave gekommen war, schon Anzeichen wahrgenommen, die ihn ahnen ließen, daß die Wahl auf ihn hinauslaufen könnte, und am 24. Oktober hatte er einem alten Freund, dem Bischof von Faenza, in dessen Priesterseminar sein eigener Neffe Battista studierte, einen bezeichnenden Brief geschrieben: „Lieber Monsignore, derzeit mache ich einiges durch, was mir Sorgen bereitet. Ich bitte Sie, mit mir die Psalmen 76 und 85 der Komplet von heute zu lesen. Darin werden Sie meinen derzeitigen Gemütszustand beschrieben finden. Ich schreibe Ihnen in aller Eile, um Sie einzuladen, mit mir zu beten. Ich habe schon an Don Battista geschrieben, er möge sich nicht wegbewegen bis zu einer eventuellen Benachrichtigung durch mich. Die Umgebung hier ist so sehr verdorben von Getratsche von Mund zu Mund oder in der Presse, daß ich das Geschwätz schon bald leid geworden bin: Da, schaut, der Neffe! Da schaut, die Verwandten! Da wären wir also wieder soweit, daß ich es nicht mehr gutheißen kann. Ich befinde mich in der Spur von Pius X., und damit basta. Wenn Sie hören sollten, daß ich mich dem Wehen des Heiligen Geistes fügen mußte, wie es aus den vereinten Willensbekundungen sprechen könnte, dann lassen Sie doch bitte Don Battista, von Ihrem Segen begleitet, nach Rom kommen. Wir beide, Ew. Exzellenz und ich, werden dann vernünftig miteinander reden und einander verstehen können. Was mich betrifft: Wolle der Himmel, daß dieser Kelch an mir vorübergehe! Deswegen erweisen Sie mir die Liebe, für mich und zusammen mit mir zu beten. Ich bin mit meinen Gedanken an dem Punkt angekommen, daß ich, wenn man über mich sagen müßte: ‚Gewogen und zu leicht befunden‘, mich zuinnerst darüber freuen und den Herrn dafür preisen würde. Über all dies natürlich: Kein Sterbenswörtchen zu jemandem!"[250]

Der erste Akt, der verriet, daß der Gewählte etwas Neues wünschte und wollte, war die Wahl des Namens. Denn den Namen Johannes zu wählen bedeutete, ein Jahrhunderte währendes Schweigen zu brechen, das nach den traurigen Vorfällen im 15. Jahrhundert diesen Namen umgeben hatte, nachdem einer der Gegenpäpste gerade den Namen Johannes XXIII. angenommen hatte und diesen Namen damit eines Papstes unwürdig gemacht hatte.

Hier der Bericht eines Augenzeugen, Kardinal Wyszynski, wie er ihn während des Kanonisierungsprozesses zu Protokoll gegeben hat: „Im Jahre 1958, am 28. Oktober, während des kurzen Konklaves hatte ich die Möglichkeit, mehrere Male mit dem Diener Gottes zusammenzutreffen. Er spazierte zusammen mit seinem Kaplan die Korridore entlang. Er liebte es, umherzugehen. Während solcher Spaziergänge trafen wir einander mehrere Male, denn auch ich ging mit meinen Kaplänen umher.

Am Montag, am Vorabend der Wahl des Papstes, trafen ich und die mich begleitenden Konklavisten, Msgr. Wl. Padacz und Kanonikus H. Godzdziewicz, ihn in den Stanzen Raffaels vor dem Gemälde ‚Anbetung des Heiligsten Sakramentes'. Der Diener Gottes war mit seinem Kaplan hierher gekommen. Wir haben uns eine dreiviertel Stunde lang unterhalten. Er hat uns damals von seinen Eindrücken während einer Polenreise erzählt, vor allem von seinem Aufenthalt in Krakau und Jasna Gora.. [...] Während dieses Ganges über die Korridore war der Diener Gottes immer heiter gestimmt. Er sprach von seiner baldigen Rückkehr nach Venedig. Man hatte den Eindruck, daß er nicht mit der drohenden Gefahr [gewählt zu werden] rechnete, um so weniger, als er sich damals schon für einen alten Mann hielt. Seine Gesundheit beurteilte er als gut, er hatte einen hellwachen Geist, er erinnerte sich an eine Unzahl kleiner Einzelheiten, fühlte dagegen eine Schwäche in seinen Beinen: ‚Gehen kann ich', sagte er, ‚aber still stehen macht mir Schwierigkeiten.' Mit all dem machte er nicht den Eindruck, als sei er jemand, der erwartete, daß man ihn wählen werde.

Als das Ergebnis des Wahlgangs bekanntgegeben wurde und als der Diener Gottes offiziell gefragt wurde, ob er die Wahl annehme, entstand ein langes Schweigen. Ich habe damals sein Verhalten nicht beobachten können, weil er ziemlich weit von mir gesessen hatte. Er hat gebeten, einen Augenblick lang überlegen zu dürfen. In der Kapelle hatte sich Stille ausgebreitet, verbunden mit einem Gefühl der Überraschung über den Ausgang der Wahl, da die Stimmen in diesen Wahlgängen sehr zersplittert waren. Der schlußendliche Ausgang hatte auch mich überrascht.

Nach einem langen Schweigen erhob sich der Gewählte, und von einem Zettel las er einen kurzen Text vor: Er sagte: ,Ich nehme die Wahl an, und ich werde mich Johannes nennen.' Die Wahl des Namens weckte Überraschung. Der Gewählte erklärte seine Wahl mit der Tatsache, daß sein Vater diesen Namen getragen habe und daß auf diesen Namen die bescheidene Kirche geweiht sei, ,in der ich die Taufe empfangen habe; auch ich stelle mich unter den besonderen Schutz des heiligen Johannes des Täufers und des heiligen Apostels Johannes. Ich will nur die Stimme dessen sein, der in der Wüste ruft: Bereitet den Weg des Herrn, und auch ich will mein Haupt an die Brust Jesu legen, so wie der Evangelist sein Haupt an Jesu Brust gelegt hat, und ich will so, wie er es getan hat, die Mutter Christi zu mir nehmen und sagen, daß sie auch meine Mutter ist.'

Als die Zeremoniare den Gewählten gebeten hatten, sich in den Paramentensaal zu begeben, ging er an meinem Betschemel vorüber. Er war sehr blaß. Das Lächeln war von seinem Gesicht verschwunden. Man kann sagen, daß sein Gesicht sich verfinstert hatte. Er hatte sein Haupt geneigt, und er folgte willenlos – so schien es – den Zeremoniaren, die ihn unter die Arme gefaßt hatten und ihn stützten.

Mir schien, daß der Papst sein Programm auf sehr bündige Weise mit den Worten ,Bereitet dem Herrn ein vollkommenes Volk' definiert hatte. Die Kardinäle hatten sich um seinen Thron geschart, um ihm ihre Segenswünsche zu entbieten. Ich war auf meinem Platz geblieben. Der Gewählte hatte sein Kardinalskäppchen abgenommen und es Msgr. Di Jorio aufgesetzt. Ziemlich lange haben wir dann auf die Rückkehr des Papstes in die Capella Sistina gewartet. Die neuen Gewänder paßten ihm nicht gut. Schließlich nahm der Papst vor dem Altar Platz. Man sah, daß er sich in seinen neuen Gewändern nicht wohl fühlte. Er blickte drein, als sei er verwundert, daß man ihn so angezogen hatte. Es hatte den Anschein, daß der Diener Gottes über seine Wahl verwundert sei. Es war deutlich zu sehen, daß er sich nicht wohl fühlte.“[251]

Wie immer hat Roncalli keine Angst vor der Geschichte und beschließt, sich Johannes zu nennen, und zwar aus unterschiedlichen Gründen, bei denen sich familiäre Empfindungen, historische Überlegungen und Motive des Glaubens unentwirrbar überschneiden: „Ich werde mich Johannes nennen. Dieser Name ist Uns lieb, weil er der Name Unseres Vaters ist, er ist Uns lieb, weil er der Name des Patrons der bescheidenen Pfarrkirche ist, in der

Wir die Taufe empfangen haben. Und es ist der berühmte Name unzähliger Kathedralen, überall in der Welt verbreitet, und an erster Stelle der Name der Lateranbasilika, unserer Bischofskirche. Es ist der Name, der in der langen Reihe der römischen Päpste einen zahlenmäßigen Vorrang einnimmt. Tatsächlich zählen wir zweiundzwanzig Päpste unbestreitbarer Legitimität mit dem Namen Johannes. Fast alle hatten eine nur kurze Regierungszeit. Wir haben es bevorzugt, die Kleinheit unseres Namens hinter dieser großartigen Reihenfolge römischer Päpste zu verstecken. [...] Aber Wir lieben den uns und der ganzen Kirche teuren Namen Johannes insbesondere wegen seines doppelten Bezugs auf zwei Menschen, die dem Herrn Christus, dem göttlichen Erlöser der ganzen Welt und Gründer der Kirche, am nächsten standen: Johannes der Täufer, der Vorläufer unseres Herrn. Er war gewiß nicht das Licht, aber er war Zeuge des Lichtes und wirklich unbesiegter Zeuge der Wahrheit, Gerechtigkeit und Freiheit – in seiner Predigt, in der Bußtaufe und mit dem Vergießen seines Blutes. Und der andere Johannes, der Jünger und Evangelist, von seiner lieben Mutter besonders geliebt, der beim Abendmahl an der Brust des Herrn ruhte und daraus die Liebe sog, für die er mit seinem Leben und seinem apostolischen Eifer bis ins hohe Alter brannte.

Gebe Gott, daß beide Johannes in der Kirche laut ihre Stimme erschallen lassen mögen durch Unseren bescheidenen Hirtendienst."

Auch die Begründung dafür, daß er die Wahl annimmt, beruft sich auf das beherrschende Motiv des ganzen Lebens Roncallis: „Weil ich im Votum meiner Brüder [...], der Kardinäle, ein Zeichen des Willens Gottes sehe, nehme ich die Wahl an [...]; und ich beuge mein Haupt und meinen Rücken hinab zum Kelch der Schmerzen und zum Leiden des Kreuzes."[252] Hier handelte es sich jedoch nicht um liebenswürdige Extravanganzen nach der Zeit eines hieratischen Papstes, der – wie Pacelli – nach einem Wort von G. De Luca einem assyrischen Basrelief glich, sondern um eine Art zu leben, die ungewöhnlich war und daher spontan erneuernd wirkte.

Die ersten 100 Tage und die Normalisierung der Arbeit der Kurie

Johannes XXIII. entzieht sich keineswegs den auf eine Normalisierung gerichteten Erwartungen seiner Wähler, und tatsächlich führt er schon vom 30. Oktober an die Tabellenaudienzen für die Verantwortlichen der Kurienbehörden wieder ein, die Pius XII. abgeschafft hatte. Am 17. November beruft er D. Tardini[253] auf den seit

14 Jahren unbesetzten Posten des Kardinalstaatssekretärs. Am 15. Dezember folgt die seit 1953 vergeblich erwartete Ernennung neuer Kardinäle, bei der er vor allem G.B. Montini den roten Hut überreicht.

Insgesamt werden 23 Kardinäle ernannt, und damit wird die von Sixtus V. festgesetzte Höchstzahl von siebzig Purpurträgern überschritten. Unter den neuen Kardinälen sind bedeutende Persönlichkeiten, u.a. Roncallis Nachfolger in Venedig, Urbani, der Prostaatssekretär Tardini, Confalonieri, Cicognani, König und Döpfner.[254] Bei dieser Gelegenheit richtete er an die Kardinäle, die doppelte Aufgaben in der Kurie wahrnahmen, die Einladung, sich für eine von beiden zu entscheiden; die – von vielen gewünschte – Einladung wurde im allgemeinen mit Zustimmung aufgenommen, von einzelnen Betroffenen aber auch mit Ressentiments. Jedenfalls räumten in den folgenden Monaten Oktober und November Kardinal Pizzardo das Sacrum Officium, Kardinal Tisserant die Ostkirchenkongregation und G. Cicognani die Apostolische Signatur.

All dies ließ nach der dramatischen Zeit der zwanzig Jahre Pacelli-Pontifikat einen ruhigen Pontifikat im Zeichen der Normalisierung erwarten. Dies war eine alles andere als voreilige Einschätzung, die aber die Unterscheidung zwischen Substanz und Akzidens, zwischen Wesentlichem und Nebensächlichem, nicht in Rechnung stellte. Johannes XXIII. lehnte die von so vielen erwartete Normalisierung zwar nicht ab, aber sie war für ihn tatsächlich nicht das Wesentliche des päpstlichen Dienstes.

„Laut sprechen zum Klerus und zum ganzen Volk möge unser Werk sein, mit dem wir ‚dem Herrn ein vollkommenes Volk bereiten' wollen, ‚um ihm die Wege zu bereiten, damit seine Straßen geebnet werden, damit, was krumm ist, gerade werde und das, was uneben ist, ebener Weg werde, damit jeder Mensch das Heil Gottes erblicken kann' (Lk 3,4–6)."[255] So faßte Johannes XXIII. am 28. Oktober 1958 die Zielsetzung seines Pontifikates zusammen. Es war allzu einfach, diese Aussage für eine bloße Gelegenheitsäußerung zu halten, um so mehr, als Roncalli sich hier drei Verse aus dem 3. Kapitel des Lukasevangeliums zu eigen machte.

Einige Tage später, anläßlich seiner Krönung, setzte der Papst den Akzent auf seine Verpflichtung, der Gute Hirte nach dem Vorbild des 10. Kapitels des Johannesevangeliums zu sein, und er fügte hinzu: „Die anderen menschlichen Eigenschaften, die Wissenschaft, die Klugheit, das diplomatische Taktgefühl, die organisatorischen Fähigkeiten können als Ergänzung für das päpstliche Leitungsamt dienen, aber sie können keineswegs den Hirtendienst ersetzen."[256]

Das waren klare und unmißverständliche Aussagen, mit denen Roncalli die Bedeutung der Tatsache erklärte, warum gerade seine Person in dieses Amt eingesetzt worden war, und damit erneuerte und präzisierte er auch die Vorsätze, die er zu Beginn seines Dienstes in Istanbul und Venedig gefaßt hatte.

Ja, unter diesen Umständen hielt er es sogar für angebracht, klarzustellen, daß viele ihm in diesen Tagen die verschiedensten Aufgaben anhängen wollten: „Es gibt manche, die vom Papst erwarten, daß er der Staatsmann sei, der Diplomat, der Wissenschaftler, der Organisator des Gemeinschaftslebens oder derjenige, der einen für alle Normen des Fortschrittes des modernen Lebens ohne alle Unterschiede offenen Geist haben sollte.“[257] Zu diesem Bild ging er auf Distanz. Dieses Auseinanderklaffen der Erwartungen des Konklaves und der Vorsätze des Papstes war deutlich sichtbar, obgleich es Roncalli wahrscheinlich nur sehr gedämpft bewußt war. Was sich aber in seinem Bewußtsein mit aller Macht zu Wort meldete, das war das Empfinden, daß mit der Wahl seine am tiefsten gegründeten Orientierungen bestätigt wurden. So hatte er schon auf die unerwartete Ernennung auf den Posten in Paris reagiert: „Wieder einmal hat mir mein Leitspruch ‚Oboedientia et Pax‘ Segen gebracht“, und weiter: „Alles wendet sich immer zum Guten für den, der der Lehre und den Beispielen des Herrn treu bleibt.“[258] Und als er sich 1953 den Venezianern vorstellte, hatte er „den entschiedenen Vorsatz“ geäußert, „in den Vordergrund zu stellen, was mir bis hierher Ehre gemacht hat und was vielleicht auch die Vorbereitung dafür war, daß ich nach Venedig gekommen bin“[259]; denn er sah in der Ernennung auf den Bischofssitz von Venedig die objektive Bestätigung seines Verhaltens. Wie hätte er nun, da er auf den römischen Bischofsstuhl berufen worden war, anders reagieren können?

Bischof von Rom

Roncalli ließ etwas von seiner besonderen Orientierung erkennen, als er wiederholtermaßen den Akzent auf seine Eigenschaft als Bischof von Rom setzte. Als er Besitz von der Lateranbasilika nahm, und zwar gerade als Bischof von Rom, unterstrich er in aller Freundlichkeit, daß seine Vorgänger diesen Akt unterlassen oder abgewertet hätten, während er beabsichtige, ihn in seiner ganzen feierlichen Bedeutung wiederherzustellen zum Zeichen der Tatsache, daß der Papst wirklich und nicht nur symbolisch Bischof von Rom sei. Übrigens hatte er schon am Tag nach seiner Wahl im Gespräch mit den Kardinälen Tardini und Tisserant diese Eigenschaft betont. Ja, er hatte ihnen erklärt, er habe nicht die Absicht, als Gefangener im Vatikan zu bleiben. Tatsächlich machte er im November und Dezember zu wiederholten Malen Besuche in der Stadt, womit er mit einer Gewohnheit der Reserviertheit und der Abgeschiedenheit des Papstes brach und zugleich ungewohnte Aktivitäten entfaltete (in Form von öffentlichen und privaten Besuchen), die inspiriert waren von dem Wunsch, die wichtigsten Werke der Barmherzigkeit zu üben, was eine der Hauptkomponenten seiner Spiritualität war. Diese Aktivitäten weckten eine unvorhergesehene, aber wachsende, ja überschäumende Aufmerksamkeit und Zustimmung beim Volk. So kam einer der entscheidenden Faktoren des Johannes-Pontifikates zur Entfaltung, nämlich das Entstehen eines spontanen *consensus Ecclesiae,* einer spontanen Zustimmung der Kirche (im „starken" Sinn des Spruches *„vox populi, vox Dei"*). Diese Bewegung einer so weitreichenden Zustimmung war derart, daß sie nicht nur ein Phänomen der öffentlichen Meinung, sondern ein wirkliches und eigentliches kirchliches Geschehen bildete, das zumindest seit den Zeiten Pius' IX. unbekannt war und das nun viel umfassender war als je. Nichts anderes hätte so wirksam unterstreichen können, wie sehr Johannes XXIII. sich als Bischof von Rom fühlte und wie sehr er als solcher handeln wollte.

Aus diesem Blickwinkel war die Predigt, die er am 23. November anläßlich der Inbesitznahme seiner Kathedrale – die der Papst sehr feierlich gestaltet haben wollte – hielt, besonders engagiert, weil der Papst das Thema „Buch und Kelch" in ihren Mittelpunkt stellte. Schon in Venedig hatte dieses Thema ein zunehmendes Gewicht erhalten, da es in der Synthese von Wort Gottes und Eucharistie die Mitte von Roncallis bischöflichem Dienst zum Ausdruck brachte. In Sankt Johannes im Lateran erneuert er seine typisch bischöfliche Selbstverpflichtung, „die große Lehre der beiden Testamente zu übermitteln und dafür zu sorgen, daß sie in die Seelen und das Leben eindringt", und er lädt die Christen ein, ihn zu suchen „am Altar, im Vollzug der Ausspendung von Leib und Blut des Herrn"[260].

Als Papst leben

Wenige Wochen nach der Wahl macht er seine Exerzitien. Zu ihrem Abschluß bemerkt er in heiterer Gelassenheit: „Obwohl die Exerzitien mit der aufmerksamsten Sammlung verlaufen sind, habe ich in manchen Augenblicken den Geist doch den Sorgen um die Kirche zuwenden müssen: Was aber doch nicht ablenkt vom Hauptgedanken, da es sich ja immer um die Stärkung des Reiches unseres Herrn handelt; und im übrigen muß ja all unsere Anspannung, all unsere Aktivität immer auf dieses höchste Ziel hinauslaufen."[261] Die neuen Lebensbedingungen wurden insgesamt ohne Traumata erlebt, und dies trotz des besonders fortgeschrittenen Alters. Das „Sich-Warmlaufen" in den neuen Verantwortungsbereichen scheint mühelos und glatt zu geschehen. Dem „Übergang" stellt er sich als einer großartigen historischen Gelegenheit.

Einen Monat nach der Wahl notierte er: „Ich habe ein nicht überlastetes, aber gut und entschieden überlegtes Programm im Sinn."[262] Hier handelte es sich im wesentlichen um das Konzil, das jedoch eingeordnet erschien in eine Gesamtschau der Kirche, der Geschichte und des päpstlichen Dienstes.

Wenn man versucht, die Hauptthemen dieser Gesamtschau zu rekapitulieren, dann stößt man vor allem auf die Gestalt Christi; Papst Johannes fühlt, daß er wie jeder gute Christ und noch mehr als dieser „das Abbild des guten Jesus" sein muß. Zum „Vicarius Christi", zum „Stellvertreter Christi" berufen zu sein, regt ihn immer aufs neue zu den gleichen Überlegungen an, die auch dicht mit konkreten Konsequenzen aufgeladen sind. Er fühlt sich an seinen Willen gebunden und „weiß, was Christus von ihm will; so ist es nicht nötig, daß er ihm mit Ratschlägen zuvorkommt oder ihm fertige Pläne vorlegt"[263]; er weiß sich unwürdig einer solchen Berufung, die ein „Geheimnis innigster Liebe zwischen Christus und seinem Stellvertreter"[264] ist. Den Stellvertreter Christi nennt Papst Johannes wie schon in einer Notiz im Geistlichen Tagebuch im Jahre 1900 „Diener Gottes und Diener der Diener Gottes". Darin wird transparent, daß er sich ständig der Gestalt Christi gegenübergestellt empfindet – in dem unablässigen Bewußtsein, daß Er es ist, den die Menschen im Wirken des Papstes und der Kirche sehen können müssen.

Darum wird das Motiv des Gehorsams nicht unbedeutender für den Papst, sondern vertieft sich noch weiter. „In Einfachheit die Ehre und Last des Pontifikates anzunehmen und mit Freude sagen zu können, nichts, aber auch wirklich nichts unternommen zu haben, um ihn zu erlangen. Im Gegenteil, ausdrücklich und bewußt darauf bedacht, meinerseits keinen Hinweis auf meine Person zu geben", wird er 1962 als erste Gnade, die er empfangen habe, notieren.[265] Eine Notiz aus dem Jahre 1958 illustriert gerade die entscheidende Bedeutung seines bischöflichen Wahlspruchs mit einem Zitat aus Gregor von Nazianz: „Dein Wille, Herr, ist unser Friede."[266] Als er Papst geworden ist, hört jener Gehorsam nicht auf, der ihn doch angeleitet hatte, äußerst gewissenhaft seiner Aufgabe als Bischof gerecht zu werden, der berufen ist, sich an der Seelsorge zu beteiligen, das heißt an einer konkret umschriebenen Verantwortung. Jener Gehorsam hört also nicht auf, sondern es ändern sich nur die Voraussetzungen, unter denen er gelebt wird, da er nun zum Haupt und Vorbild aller gemacht worden ist.

Programmatische Ankündigung in Sankt Paul: Das Konzil

Nun aber wird aus dem Gehorsam universaler Dienst und universales Lehramt gemäß einem Programm, über das der Papst in den ersten Wochen Andeutungen macht, sei es gegenüber alten Freunden wie Don Giovanni Rossi oder dann auch gegenüber dem Kardinalstaatssekretär. Dabei handelt es sich nicht um das Einholen von Ratschlägen, sondern um die Überprüfung eines Vorhabens, nämlich das Konzil einzuberufen[267], das im Bewußtsein von Johannes „ganz seine eigene Initiative und Verantwortung"[268] war; er verkennt nicht, daß er selbst „als strahlender Punkt in der Herrlichkeit eines Konzils leuchten soll"[269]. Ja, gerade im Blick auf das Konzil legt er Wert darauf, noch auf den letzten Seiten seines Tagebuches zu bekräftigen, daß ihm niemals jemand einen Hinweis darauf gegeben habe, und im übrigen hatte er zu wiederholten Malen Gelegenheit gehabt, den „primatialen" Charakter seines Handelns zu betonen. In der Ansprache vom 11. September 1962 hatte er dieses beschrieben als Ausdruck „der Verpflichtung des Apostolischen Stuhls zum Dienst und zur geistlichen Führerschaft, einer Verpflichtung, die ihm eine herausgehobene Verantwortung für das Geschick der ganzen Menschheit verleiht"[270].

Also ein ganz persönlicher Entschluß, der herangereift war im Gehorsam gegen Christus und im Dienst an der Kirche als Ausübung einer Verantwortung, die er mit niemandem teilte.[271] Und dennoch war es ein Akt, der sich in einen ganz bestimmten geschichtlichen Zusammenhang einordnete: Auf der einen Seite stand die von weit verbreiteten ekklesiologischen Strömungen beglaubigte Überzeugung, daß der römische Katholizismus endgültig die Konzilien als wirklich normschaffende Orte hinter sich gelassen habe, nachdem er den römischen Papst mit den vom I. Vatikanum bestätigten erschöpfenden Vorrechten ausgestattet hatte; auf der anderen Seite dagegen ist es überraschend, wie sich seit den ersten Jahren unseres Jahrhunderts die Initiativen häufen, die auf die Einberufung von Konzilien drängen, sei es innerhalb der großen Gebiete des orthodoxen Christentums oder sei es innerhalb der römisch-katholischen Kirche. Keine dieser Initiativen führte jedoch zu einem Ergebnis, ja, wegen der Geheimhaltung, mit der sie betrieben wurden, blieben sie selbst vielen Insidern unbekannt.

In der großen Menge von Roncalli betreffenden Dokumenten findet sich keine Spur davon, daß er in eine dieser Initiativen einbezogen gewesen wäre. Diese kurzen Hinweise ermöglichen es einzuschätzen, von welchem Gewicht der Entschluß von Papst Johannes war, das ganze Prestige des römischen Papsttums dafür einzusetzen, ein Konzil zustandezubringen und damit Erfolg zu haben. Außerdem ermöglichen sie es, die historische Hellsichtigkeit und die klare theologische Überzeugung zu ermessen, die seinen Entschluß geleitet hat. Es handelte sich hier nicht mehr um das x-te Projekt, sondern um den Entschluß eines Mannes, dem die Wahl durch das Kardinalskollegium die Vorrechte des Primates und der Unfehlbarkeit verliehen hatte. Mit diesem Akt übte Papst Johannes auf höchster Ebene seine eigenen Vorrechte als Inhaber des Primates gerade dazu aus, um eine bis dahin in der katholischen Kirche ungewohnte und für manche geradezu unmögliche kollegiale Dynamik in Bewegung zu setzen. Vielleicht hatte die Ankündigung gerade deswegen in der ganzen Welt eine unvorhergesehene begeisterte Anteilnahme geweckt, die eine auf Hoffnung gestimmte Kettenreaktion und einen echten Konsens in der Kirche auslöste. Das war – wohl auch was die Symbolik betrifft – eine Umkehrung früherer Tendenzen, nämlich im Blick auf das I. Vatikanum der Jahre 1869 und 1870 und auf die von Pius XI. und Pius XII. erwogenen Konzilien, die als Versammlungen gedacht waren, die berufen wären, schon vorher vom Papst sorgsam festgelegte Inhalte zu ratifizieren, während dagegen das II. Vatikanum dazu bestimmt war, eine feierliche Gelegenheit zur Communio und zur Mitverantwortung zu werden, ohne daß die Bischöfe das Gefühl haben mußten, dadurch in Verlegenheit versetzt zu sein, daß das Konzil vom Papst in autonomer Verantwortung und unerwarteterweise einberufen worden war.

Das Konzil stellt eine der entscheidenden Komponenten des Pontifikates von Papst Johannes dar. Und deswegen erscheint, aus historischem Blickwinkel gesehen, die Meinung derjenigen paradox, nach der die Einberufung des Konzils ein unüberlegter und leichtsinniger Akt gewesen sei. Gewiß war dies ein unerwarteter, unvorhergesehener und überraschender Akt gewesen für fast alle Milieus, die beherrscht waren von der Atmosphäre des „Kalten Krieges" und sich der beruhigenden Vorstellung von einem in seinen Sicherheiten unbeweglichen Katholizismus hingaben. Aber es war ebenso ein Akt von epochaler Tragweite, der große Energien freisetzen konnte, Frucht und Höhepunkt eines ganzen Lebens und noch mehr unaufschiebbares Zum-Zuge-Kommen von Notwendigkeiten und Anliegen, die aus dem tiefsten Bewußtsein des modernen und zeitgenössischen Christentums aufstiegen. Aus all diesen Gründen handelt der Papst mit einer ganz besonderen Aufmerksamkeit, sei es bei der Ankündigung des Konzils oder sei es in der genauen Bestimmung von dessen Physiognomie und von dessen Zielen sowie in der Art, wie er liebevoll die Vorbereitung und Durchführung des Konzils organisiert. Nach der Meinung mancher hat Johannes XXIII. sich darauf beschränkt, die Konzilsmaschinerie in Gang zu setzen, ohne daß er sich der Folgen bewußt gewesen wäre, die er damit entfesselte, und ohne daß er die Arbeit vorausgesehen hätte, die die Versammlung zu leisten hatte. Nach der Meinung anderer aber war sein Engagement für das Konzil so groß, daß er im voraus alle Akte voraussehen und bestimmen wollte.

Als Johannes am 25. Januar die für seinen Pontifikat entscheidende Ankündigung macht, sind genau neunzig Tage nach seiner Wahl vergangen. Diese Ankündigung ist ein Akt der feierlich-formellen Bestätigung eines Entschlusses, über den bereits entschieden war, und außerdem ein Akt feinfühliger Achtung vor dem Kardinalskollegium.

Den in Sankt Paul vor den Mauern am letzten Tag der Gebetswoche für die Einheit der Kirche versammelten Kardinälen verkündet Johannes XXIII. seinen Entschluß, eine Synode für die Kirche von Rom zu halten, die Revision des Codex Iuris Canonici einzuleiten und ein Ökumenisches Konzil einzuberufen. Nachdem er daran erinnert hatte, daß „unser Blick sich einzig und allein auf das Wohl der Seelen richtet und darauf, daß der neue Pontifikat den geistigen und geistlichen Herausforderungen der derzeitigen Stunde gerecht werde", skizziert er summarisch die religiöse Situation der römischen Kirche einerseits und der Gesamtkirche andererseits. Dies, so fügt er hinzu, weckt eine entschiedene Entschlossenheit, sich einige altüberlieferte Formen der Lehrverkündigung und weiser Anordnungen bezüglich der kirchlichen Disziplin in Erinnerung zu rufen, die in der Geschichte der Kirche in Epochen der Erneuerung Früchte von besonderer Wirksamkeit gebracht haben ..."[272]

Entsprechend seinem besonderen Stil setzte Roncalli altüberlieferte Formen des kirchlichen Lebens[273] in Bezug zu der neuen Epoche der Erneuerung, die in der Kirche gerade eröffnet wurde[274], „einer Epoche, die eine Zeit universaler Mission genannt werden könnte ...“[275] und in der es mehr denn je darauf ankommt, „der Aufforderung Jesu nachzukommen, die ‚Zeichen der Zeit‘ zu erkennen [...] und inmitten so großer Finsternisse nicht wenige Anzeichen wahrzunehmen, die uns wohl Grund zur Hoffnung geben ...“, wie es dann in der Apostolischen Konstitution zur Einberufung des Konzils heißen wird.[276] Es ist klar erkennbar, daß Papst Johannes den Entschluß zur Einberufung des Konzils unmißverständlich in diesen epochalen Zusammenhang gerückt hat, den er so bewertet aufgrund geschichtswissenschaftlicher Urteile und zugleich aufgrund von Glaubensintuitionen, wobei die aus beiden Einsichten gezogenen Schlußfolgerungen bezeichnenderweise auf ein und dasselbe hinausliefen.

Wenn man analytischer an die Sache herangehen will, muß man sich erinnern an Roncallis Überzeugung, daß die Kirche wesentlich ein Garten sei und nicht ein Museum voller Antiquitäten; ferner an die unbestimmte Erwartung der großen Bewegungen (wie der Bibelbewegung, der ökumenischen und der liturgischen Bewegung); schließlich an das Drängen auf eine größere Achtung vor der Verantwortung der Bischöfe, das nicht nur durch die Tatsache verursacht wurde, daß das I. Vatikanische Konzil unvollendet geblieben war, sondern vor allem auch durch die Wiederentdeckung der großen Tradition der Kirche des ersten Jahrtausends. Dies waren die Hauptmotive, die Johannes XXIII. sicherlich nicht verborgen blieben. Im übrigen hatte er auch – schon aufgrund seiner dreißigjährigen Tätigkeit im diplomatischen Dienst – einen sensiblen und aufmerksamen Blick für die Symptome der Weltlage, die gekennzeichnet war durch das immer schneller heraufziehende Ende der Kolonialherrschaft – das schon bald die Lebensverhältnisse der Menschen auf zumindest drei Kontinenten in ihren Bann ziehen wird – und die bevorstehende Überwindung des Kalten Krieges.

Zu diesem mit bescheidener Entschiedenheit geäußerten Entschluß erbittet er von allen Kardinälen, den anwesenden sowie den abwesenden, „ein aus innerster Überzeugung kommendes und vertrauensvolles Wort, das uns Sicherheit gibt über die Einstellung eines jeden und mit dem uns freundlicherweise alle jene Anregungen übermittelt werden mögen“, die für opportun gehalten werden. Die Reaktion der Kardinäle, der anwesenden noch während der Veranstaltung und der anderen in den folgenden Wochen, sowie die Reaktion des „L'Osservatore Romano“ bringt einen weiteren charakteristischen Aspekt dieses Pontifikates zum Ausdruck: die Taubheit mancher Kreise in der Zentralverwaltung der Gesamtkirche. Auch dies war ein ungewöhnlicher Tatbestand, vor allem in der Zeit nach dem I. Vatikanischen Konzil und nachdem die strikte Einmütigkeit im Verhältnis zwischen der römischen Kurie und dem Papst so oft mit größtem Nachdruck betont worden war. Roncalli seinerseits waren gewisse Schwierigkeiten bei der Verständigung mit der Kurie nicht neu, aber die institutionelle Einsamkeit seines päpstlichen Amtes überraschte ihn, und er empfand das als sehr bitter, wenn er deswegen auch nicht einfach aufgab.

Angesichts dieser Situation wendet Johannes die ihm eigentümlichen methodischen Grundsätze an: Vor allem die Regel, mehr auf das zu setzen, was eint, und ebenso, zu einem Höchstmaß an Nachgiebigkeit bereit zu sein; alles sehen, vieles außer acht lassen und weniges korrigieren, eine Grundregel, die ihm von jeher teuer war, wurde nun immer aktueller, und er hielt sich gern an sie. Zugleich jedoch war er überzeugt, daß er von dem angekündigten Vorhaben nicht abgehen könne. Eventueller Widerstand stachelte ihn an, es noch besser und genauer zu erklären.

Es ist bezeichnend, daß der Papst in jenen Monaten mit zunehmender Häufigkeit betonte: Es bedarf einer fortwährenden und immer neuen Ausgießung des Heiligen Geistes nach Art eines ‚neuen Pfingstfestes', welches das Angesicht der Erde erneuert."[277] Das Bildwort von einem neuen Pfingsten wird dann für gewöhnlich mit der Erwähnung des Ökumenischen Konzils verbunden – bis es schließlich in das Gebet des Papstes für das Konzil aufgenommen wird, in dem er Gottes Geist bittet, „in unseren Tagen von neuem seine Wunderzeichen zu wirken wie an einem neuen Pfingstfest"[278].

Schließlich wird Johannes in seiner Ansprache zum Abschluß der ersten Sitzungsperiode am 8. Dezember 1962 bekräftigen: „Das Konzil wird wirklich das neue Pfingsten sein, das die Kirche in ihrem ganzen inneren Reichtum aufblühen lassen wird ...; es wird ein Sprung vorwärts sein auf dem Weg des Reiches Christi in der Welt."[279]

Nochmals muß man hier darauf achten, daß man diese Äußerungen nicht bloß als poetische Bilder deuten darf. Roncalli war sich nämlich sehr wohl der theologischen und historischen Bedeutung des Pfingstfestes bewußt, und die Tatsache, daß er darum flehte, es möge sich wiederholen, war eine präzise Weise, in einer typisch christlichen Sprache die Ausnahmesituation der aktuellen geschichtlichen Konjunktur, die außergewöhnlichen Aussichten, die sie eröffnete, und die Notwendigkeit zu betonen, daß die Kirche ihr mit einer Erneuerung von großem Tiefgang begegne, so daß sie mit derselben Kraft und Unmittelbarkeit, wie sie am ersten christlichen Pfingstfest gewirkt hatte, sich vor der Welt darstellen und den Menschen die gute Nachricht vom Heil bringen könne.

Die Berufung auf das Pfingstfest stellte außerdem das Wirken des Heiligen Geistes in den Vordergrund und nicht das des Papstes oder der Kirche, genau so, wie es schon bei den Aposteln und Jüngern gewesen war, die erlebt hatten, daß sie vom übermächtigen und mitreißenden Wirken des Geistes ergriffen waren. Auf dieser Basis gewinnen der Plan und die Erwartung Johannes' XXIII. ihre eigentliche Tiefendimension für das Leben der Kirche, für ihre Einheit und für ihren Platz unter den Menschen. Johannes will sich zum Werkzeug des Geistes Gottes machen, und deswegen hält er es für richtig, dem Konzil und der Kirche kein starres Programm zu verordnen. Er nimmt sich vielmehr vor, eine Haltung des Zuhörens und der Offenheit zu wecken, und dann würde das Übrige sich mehr und mehr von selbst klären.

All dies hindert nicht, daß Johannes XXIII. dem Konzil Ziele setzt, ja, gerade ihre Prüfung kann seine Einstellung zum Konzilsereignis erhellen. Das Hauptziel, das Papst Johannes dem Konzil setzt, ist zweifellos, daß die Christen bereiter werden, „Raum zu schaffen für das Wirken uneigennütziger Liebe ... in klarem Denken und in Großmut des Herzens"[280]. Oft werden Formulierungen wie diese ausgewechselt gegen solche, die sich aus den jeweiligen Anlässen ergeben, wobei wir die Tatsache vernachlässigen, daß es dem Stil Roncallis eigentümlich ist, die starken Punkte der Ausrichtung seiner Regierung mit einfachen und allgemeinverständlichen Formulierungen zu vermitteln. Aus der Mehrzahl dieser Texte wird der vornehmlich pastorale Charakter des Konzils erkennbar: „Schon aufgrund seines pastoralen Charakters ..."[281] wird er 1963 ausdrücklich sagen, und er erklärt, daß das Konzil deswegen auf das Wesentliche ziele: Heiligkeit des Lebens, praktische Reformen und Engagement für die apostolische Arbeit. Der Begriff „pastoral" oder „seelsorgerlich" umfaßt also das gesamte Leben der Kirche. Schon 1960 erklärte Johannes: „Heute gibt es innerhalb der Kirche keine Meinungsverschiedenheiten und Kämpfe, während in weiten Gebieten der Welt der Versuch grassiert, jede Art von christlicher Zivilisation abzulehnen. In der Kirche dagegen macht sich überall und immer von neuem der Wunsch bemerkbar, großherzig und in Anpassung an die heutigen Erfordernisse wieder aufzunehmen, was sie für das Leben der einzelnen, der Gemeinschaften und der gesamten Gesellschaft schon immer an Richtungweisendem getan hat."[282]

Am 13. November desselben Jahres sagte er, ein schönes Bild verwendend: „Das Wirken des Ökumenischen Konzils ist wirklich ganz und gar darauf gerichtet, dem Antlitz der Kirche Jesu neuen Glanz zu verleihen und es entsprechend den ganz einfachen und reinen Zügen zu gestalten, die es zur Zeit ihrer Geburt hatte, und sie so darzustellen, wie ihr göttlicher Stifter sie geschaffen hat: ‚ohne Makel und Runzel'. Ihr Pilgerweg durch die Jahrhunderte ist noch weit entfernt davon, den Zielpunkt ihrer Umgestaltung im Triumph der Ewigkeit erreicht zu haben. Uns noch etwas bei ihr aufzuhalten, um in liebevollem Eifer die Züge ihrer von größerem Eifer geprägten Jugend wiederzuentdecken und sie so wieder in den Stand zu setzen, ihre gewinnende Anziehungskraft für die Menschen der Moderne zu beweisen, die der Versuchung und Gefahr ausgesetzt sind durch falsche Lehren des Fürsten dieser Welt, der in aller Öffentlichkeit oder im Verborgenen als Feind des Gottessohnes und Erlösers auftritt: Das ist das edelste Vorhaben des Ökumenischen Konzils, dessen Vorbereitung heute beginnt und für dessen Gelingen von allen Orten der Erde her die Bittgebete emporsteigen."[283]

Wenige Tage später bekräftigt Roncalli seine Überzeugung und begründet sie noch tiefer: „In mehr als einem Punkt der Lehre oder der kirchlichen Disziplin ... geht es darum, das Wesentliche des christlichen Denkens und Lebens, für das die Kirche seit Jahrhunderten als Wahrerin und Lehrerin eingesetzt ist, wieder zu Geltung und Glanz zu bringen."[284] Im Jahre 1961 äußert er den Wunsch: „Zu der Arbeit bezüglich der Lebensbedingungen und des Aggiornamento der Kirche ... sollte – entweder durch die Aufbauarbeit, die wir selbst leisten können, oder aber ganz besonders dank der Allmacht des Höchsten – ein weiteres Ergebnis möglich werden: nämlich die Wiederherstellung der einen und ganzen Herde unseres Herrn."[285] Aber der Horizont von Papst Johannes reicht offenkundig noch weiter, nämlich bis dorthin, wo er ausdrücklich die ganze Menschheit umarmen möchte, und zwar nicht bloß unter dem Druck eines missionarischen Impulses, sondern auch in dem immer dringlicher werdenden Dienst für den Frieden in der Welt.

„Das Konzil will ein neues Gebäude errichten, aber auf dem im Lauf der Geschichte gelegten Fundament ... Es ist ja allzu deutlich, daß es sich dabei nicht um eine neue Lehre, um sensationelle Formulierungen handelt! Das Konzil wird vielmehr, indem es sich die von Jesus wieder aufgenommenen Worte des Täufers zu eigen macht, ‚Denket um, denn das Reich Gottes ist nahe herbei gekommen' (Mt 3,2 u. 4,17), die Reichweite der uneigennützigen Liebe ausdehnen bis hin zu den verschiedenen Nöten und Bedürfnissen der Völker, und es wird ihnen auf klarere Weise die Botschaft Christi übermitteln."[286] Der wesentliche Bezug ist hier die „Ausdehnung der Reichweite der uneigennützigen Liebe" über alle Grenzen hinweg bis hin zur gesamten Menschheit, wie er im folgenden Januar bekräftigen wird, als er betont: „Die Vertreter der Kirche wollen sich nicht auf eine Insel flüchten oder sich in einer Trutzburg verbarrikadieren... Derjenige wäre nämlich nicht auf einem guten Weg, der sich darauf beschränken wollte, den leuchtenden Sternenhimmel zu betrachten und die von den Vätern ererbte Wahrheit wie einen kostbaren Schatz eifersüchtig zu bewachen ..."[287]

Dies ist das Konzil unter dem Einfall eines „Lichtstrahls von oben"[288], von dem Papst Johannes zu wiederholten Malen spricht: In einer Notiz in seinem Geistlichen Tagebuch vom 20. Januar 1959 behauptet er: „... ohne vorher jemals daran gedacht zu haben ..."; am darauf folgenden 21. April sagte er dem Klerus aus dem Veneto, es habe sich um eine Inspiration gehandelt; am 7. Mai 1960 sprach er zu den Oberen der Missionswerke von der „ersten Idee ..., die aufgesprossen ist wie eine bescheidene Blume, die verborgen auf den Wiesen wächst". Man sieht sie zwar nicht, aber daß sie da ist, das merkt man an ihrem Duft ..."; am 8. Mai 1962 macht er gegenüber Pilgern aus Venedig eine Anspielung auf eine „unvorhergesehene Erleuchtung"; am darauf folgenden 13. Oktober jedoch legt er bei einer Begegnung mit den nichtkatholischen Beobachtern Wert darauf zu präzisieren, daß der Ursprung des II. Vatikanums nicht privaten Inspirationen zu verdanken sei.[289] Auf besonders feierliche Weise schildert der Papst am 11. Oktober 1962, wie die Konzilsidee „zunächst unversehens in unserem Herzen aufgeblüht ist und wie dann das einfache Wort ‚Ökumenisches Konzil' über unsere Lippen kam". Es sind dies ganz und gar geistliche Vorgänge, die weder damit zu tun haben, daß schon nachgedacht worden wäre über die Möglichkeit oder die Opportunität eines Konzils noch um so weniger über die erforderlichen Zeiten, die Organisation und die Verfahrensweise der Versammlung; wohl aber geht es im wesentlichen um einen nicht rückgängig zu machenden Entschluß des Papstes, ein Konzil als Begegnung Aug in Aug mit Jesus, dem Auferstandenen, und als einen „liturgischen Akt" einzuberufen.[290]

Mit Johannes hat sich die Kirche nicht durch die Aktion eines großen Ordens oder durch eine spirituelle Bewegung erneuert, sondern durch eine Neubelebung, die alle ihre Mitglieder einbezogen hat. Dieses beeindruckende Phänomen hat seine Kraft aus dem Konzil bezogen und hat dieses zugleich zu einer echten Vertretungskörperschaft der Kirche gemacht, in der die Beiträge aller zusammenfließen konnten.

Auf dem Weg zur Ostpolitik

Die Phase der Vor-Vorbereitung des Zweiten Vatikanischen Konzils[291]

Die Initiative zur Einberufung des Konzils blieb im Mittelpunkt der Aufmerksamkeit des Papstes, der am 16. Mai 1959 eine „vor-vorbereitende Kommission" errichtete, die ausschließlich aus Vertretern der Kurie unter dem Vorsitz von Kardinalstaatssekretär Tardini bestand. Diese Entscheidung stellte eine Neuerung dar gegenüber dem, was Pius XI. 1948 getan hatte, als er die Vorbereitung einer eventuellen Wiederaufnahme des Vatikanischen Konzils dem *Sacrum Officium* anvertraut hatte.[292] Dieser Kommission überträgt der Papst die Durchführung einer Befragung aller Mitglieder des Episkopats, was schon ein erster Hinweis darauf ist, daß er alle Bischöfe wirklich aktiv in dieses Unternehmen einbeziehen will. Ja, er ist der Meinung, daß diese Befragung in höchstem Maße frei und so spontan wie möglich sein soll, und deshalb zieht er es vor, daß sie nicht – wie Tardini vorgeschlagen hatte – mit Hilfe eines Fragebogens erfolgen soll.

Um Unsicherheiten bezüglich der Frage zu zerstreuen, ob das Konzil die Fortsetzung des von Pius IX. im Jahre 1870 vertagten Konzils sein solle oder nicht, verfügte Johannes XXIII. am 14. Juli 1959, daß es „Zweites Vatikanisches Konzil" heißen werde. Also ein Konzil, das frei sein wird von allzusehr einengenden Zwängen zur Kontinuität.

Es ist interessant, daß Papst Johannes in seinem Geistlichen Tagebuch Ende 1959 notiert: „Bei Tisch ließ ich mir von Msgr. Loris [Capovilla] ein paar Seiten aus dem Buch ‚De consideratione' vorlesen, das der hl. Bernhard an Papst Viktor richtete. Es gibt für einen armen Papst wie mich und für die Päpste aller Zeiten nichts Passenderes und Nutzbringenderes. Manches, was dem Klerus von Rom im 12. Jahrhundert nicht zur Ehre gereichte, ist noch immer vorhanden. Darum ‚heißt es wachsam sein, verbessern' und ertragen."[293] Hier wird deutlich, daß es dem Papst um eine bewußte Vorbereitung der römischen Synode ging.

Die Synode der römischen Kirche

Die römische Synode findet im Januar 1960 statt, ein Jahr nach ihrer Ankündigung. Schon am 23. Februar 1959 setzt der Papst die Kommission zur Vorbereitung der Synode ein, die dann in acht Unterkommissionen unterteilt wird. Aus den Akten schimmert durch, daß es eine ungelöste Spannung gab, nicht nur zwischen Johannes XXIII. und seinem Vikar für die Diözese Rom, sondern auch zwischen der Sorge des Papstes darum, daß die Vorbereitung der Synode eine exemplarische Bedeutung für die Vorbereitung des Konzils haben sollte einerseits, und den Widerständen aus der Diözesanverwaltung, die plötzlich einer unerwarteten Anstrengung ausgesetzt war, andererseits.

Die Sitzungen der Synode finden statt vom 24. bis zum 31. Januar 1960. Am 28. Juni werden die Synodalbeschlüsse approbiert und danach veröffentlicht.[294] Die positive Bedeutung der Synode besteht im wesentlichen darin, daß sie die Funktion des Papstes als Bischof von Rom und die Eigenschaft der Kirche von Rom als echter diözesaner Ortskirche ins Licht rückt, zwei objektive Gegebenheiten, die aber anscheinend aus dem Gedächtnis der Kirche entschwunden waren. Wie Papst Johannes immer wieder betonte, handelte es sich um die allererste Diözesansynode der Kirche von Rom in der Neuzeit. In ihrem sachlichen Gehalt und ihren Auswirkungen aber lief das Synodenunternehmen auf einen Fehlschlag hinaus. Die Diözese war nicht vorbereitet und befand sich in einem Zustand eines seit Jahrhunderten andauernden Verfalls. Ein Großteil der Organisationsstruktur des Vikariates war nicht in Einklang zu bringen mit den Plänen des Papstes. Man muß allerdings hinzufügen, daß die Kirche von Rom abseits von der Synode, wenn auch erst mehr als ein Jahrzehnt später, Nutzen aus den Erneuerungsimpulsen gezogen hat, welche die Initiative Johannes' XXIII. ausgelöst hatte. Der Papst seinerseits hat (wie z.B. in seiner Ansprache an den Klerus von Rom am 24. November 1960) nicht verborgen, daß er Vorbehalte hatte.[295] Man kann auch annehmen, daß der Papst besorgt war, daß ein kritisches Urteil über die Synode sich negativ auswirken könne auf das geplante Ökumenische Konzil, wie dies von manchen sogar erwartet wurde.

Wie er es vorher schon in Venedig gehalten hatte, konzentriert Roncalli seine Beteiligung an der Synode auf die Predigten zur Eröffnung der einzelnen Arbeitstage. In der Ansprache zur Eröffnung in Sankt Johannes im Lateran erinnert er u.a. an folgenden Vorgang: „Als der Herr, an den wir uns in unserem demütigen Gebet gewandt hatten, in den zutiefst einfachen Empfindungen unseres Herzens die Idee eines Konzils hatte aufkeimen lassen und wir in aller Vertraulichkeit zu jemandem davon sprachen, war dieser ganz bewegt und sagte: ‚Heiliger Vater! Ein Ökumenisches Konzil, das ist eine schöne Idee; aber warum sollte man nicht zuerst einmal vor allem an die unmittelbaren Bedürfnisse Roms denken, also an die Vorbereitung einer Diözesansynode der Stadt, die das Zentrum der Christenheit ist und die nach den neuesten Statistiken seit einem halben Jahrhundert von 400.000 auf 2 Millionen Einwohner angewachsen ist?"[296] Also eine Initiative, die der Papst freundlich aufgegriffen hatte, die aber ursprünglich nicht seine eigene war, wenn sie auch einem wirklichen Bedürfnis entsprach und einen der Eckpfeiler der nachtridentinischen Seelsorge darstellte.

Als Roncalli die dritte Sitzung eröffnete, nahm er ausführlich Bezug auf die wichtige Bedeutung der *Regula pastoralis* Gregors des Großen, diesen „Spiegel zur Überprüfung der Übereinstimmung des eigenen Lebens mit dem von diesem heiligen Papst vorgestellten Modell […], dessen Geist von dem Willen beseelt ist, den heiligen und hervorragenden Charakter des Hirtendienstes für jeden Priester der Kirche Gottes in seinem hohen Wert erkennbar zu machen." Vorher hatte er es noch für angebracht gehalten, nachdrücklich zu erinnern an „die je besonderen Aufgaben und Befugnisse, die jedem Priester der Kirche Gottes im Rahmen seiner hauptsächlichen Betätigung zukommt: in der Kurie einerseits und in der Diözese andererseits"[297].

Pastoraler Dienst

Schon in den Exerzitien Ende 1959 weitet sich der Horizont, und Roncalli notiert: „Seitdem mich der Herr, elend wie ich bin, zu diesem großen Dienst berufen hat, fühle ich mich keinem privaten Bereich in diesem Leben mehr zugehörig, weder Familie noch Heimat, Vaterland, besonderen wissenschaftlichen Richtungen und Vorhaben, auch wenn sie gut sind. Mehr denn je erkenne ich mich heute als unwürdigen und demütigen ‚Knecht Gottes und Knecht der Knechte'. Meine Familie ist die ganze Welt. Dieses Gefühl universaler Zugehörigkeit muß meinen Verstand, mein Herz und mein Tun bestimmen und beleben. Diese Sicht, dieses Bewußtsein, für alle da zu sein, wird vor allem mein fortwährendes und unaufhörliches Gebet lebendiger werden lassen: Brevier, heilige Messe, vollständiger Rosenkranz, treue Besuchung Jesu im Tabernakel, die liturgischen und die vielfältigen anderen Formen inniger und vertrauter Vereinigung mit Jesus. Ein Jahr der Erfahrung gibt mir Licht und Kraft zu ordnen, zu verbessern und leichte Anstöße zu geben, ohne ungeduldig in allem das Vollkommene zu erwarten.“[298]

Ein sehr klarer Grundsatz, der von seinem ganzen vorherigen Leben bestätigt worden war, bestand für Roncalli darin, den pastoralen Auftrag und Dienst einerseits und die Politik andererseits voneinander getrennt zu halten. Er hatte es für notwendig empfunden, diese Überzeugung sofort nach seiner Wahl zum Papst zu bekräftigen, vielleicht auch, um Abstand zu nehmen von einigen Facetten des vorhergehenden Pontifikates und von inneren und äußeren Pressionen, die darauf zielten, dem Papst bestimmte politische Rollen zuzuweisen.[299] Papst Johannes war ganz und gar nicht gefühllos gegenüber den Leiden, welche die Christen und die Kirche in Osteuropa, in der Sowjetunion und in China zu bestehen hatten, und er hatte auch den Gegensatz zum Materialismus und Marxismus, ja ihre Unvereinbarkeit mit dem Christentum bekräftigt. Dennoch läßt sich leicht eine – verglichen mit den vorausgehenden Pontifikaten – neue Einstellung vermerken: Das Thema Kommunismus ist nicht mehr beherrschend für das römische Lehramt. Johannes unterbewertet es nicht, aber er relativiert es. Der historische Hintergrund des Handelns der Kirche ist seiner Überzeugung nach weiter und komplexer.

Zu Beginn der Fastenzeit 1959 hatte er die Prediger ermahnt, „die Gewissen zu erhellen, sie aber nicht zu verwirren und ihnen keine Gewalt anzutun, die Brüder zu heilen, aber nicht zu terrorisieren“[300]. Das war eine Einstellung, die der Papst einordnete in eine heiter-gelassene Bewertung der Gegenwart im Unterschied zu den vielen, „die entmutigt sind oder es aufgeben oder zumindest aufzugeben versucht sind, sich zu bemühen, oder die zumindest versucht sind, ihre Bemühungen zu vermindern ...“[301] Nach seiner Überzeugung hat die Kirche auf ihrem Pilgerweg durch die Geschichte nicht immer triumphiert, und sie kann, nur weil sie in der Vergangenheit so viele Feinde überwunden hat, nicht meinen, daß sie auf jeden Fall ihre heutigen Feinde besiegen werde, sondern sie muß „in allem der sicheren Hilfe ihres Gründers vertrauen“[302].

Die Erfahrungen, die Papst Johannes im Lauf der Jahre seines Pontifikates zuwachsen, lassen bedeutsame geistliche Überlegungen in ihm reifen: „Ich bin dem Herrn vor allem für das Temperament dankbar, das er mir geschenkt hat und das mich vor Unruhe und lähmender Bestürzung bewahrt. Ich betrachte mich in allem als gehorsam und stelle fest, daß diese meine Haltung im ‚Großen und Kleinen' meiner Kleinheit so viel Kraft kühner Einfachheit verleiht, daß sie, ganz im Geiste des Evangeliums, allgemeinen Respekt verlangt und erhält und überdies für viele Anlaß zur Erbauung ist. ,Herr, ich bin nicht würdig [Lk 7,6]. Sei du, Herr, immer meine Stärke und die Freude meines Herzens [vgl. Ex 15,2; Spr 20,29; Ps 119,111]. Mein Gott, erbarme dich meiner [Ps 59,18]'

Die freundlichen, unvermittelt geäußerten Begrüßungsworte, die meine arme Person von vielen, die zu mir kommen, erhält, sind mir stets ein Grund zur Überraschung. Das ,Nosce teipsum – Erkenne dich selbst' genügt mir, innerlich ruhig und wachsam zu bleiben. Das Geheimnis dieses Erfolgs muß wohl darin zu suchen sein: ,Altiora tu ne quaesieris – Versteig dich nicht zu Höherem' [Sir 3,22], wie auch darin, daß ich zufrieden bin, ,sanftmütigen und demütigen Herzens' [Mt 11,29] zu sein. In der Sanftmut und Demut des Herzens liegt die gute Gabe des Verstehens, des Redens und Handelns, liegt die Geduld zu ertragen, Nachsicht zu üben, zu schweigen und zu ermutigen. Dort muß vor allem das ständige Bereitsein, auf Überraschungen des Herrn einzugehen, zu finden sein, der für seine Erwählten sorgt, es aber oft für gut hält, sie durch Leiden zu erproben. Das können Krankheiten des Leibes, geistige Bitternis und quälende Widersprüche sein, die das Leben des Knechtes des Herrn und des Knechtes der Knechte des Herrn in ein wahres Martyrium verwandeln und aufzehren. Ich denke oft an Pius IX., heiligen und ruhmreichen Angedenkens, und möchte in der Nachahmung seines opfervollen Lebens würdig werden, seine Heiligsprechung noch zu feiern.“[303]

Engagement für den Frieden

Statt an politischen Interventionen, die oft von inneritalienischen Problemen diktiert waren, zeigt Johannes größeres Interesse an den verschiedenen Aspekten des Problems des Friedens, das in jenen Jahren – auch dank seinem eigenen Beitrag – in eine neue Phase eintritt. Zu wiederholten Malen weist er nachdrücklich hin auf die berechtigte Sehnsucht der Menschen nach Frieden.

Der Friede stand zusammen mit Wahrheit und Einigkeit im Mittelpunkt der ersten Enzyklika *Ad Petri cathedram* vom 29. Juni 1959.[304] Aus diesem Blickwinkel gesehen, wird sein politischer Horizont weltweit, und zwar auch unter der anspornenden Wirkung der sich überstürzenden Entkolonialisierung des gesamten afrikanischen Kontinentes. Der Papst ist wohl überzeugt, daß „die Kirche kein archäologisches Museum ist, sondern daß sie lebendig, unermüdlich tätig und zum Handeln anregend ist. Und sie geht vorwärts, oft auf eine unerwartete Weise ..." Als im Februar Kardinal Stepinac stirbt, die Hauptfigur einer äußerst harten Auseinandersetzung mit der kommunistischen Regierung Jugoslawiens, die ihn ausgeschaltet hatte, setzt Johannes den Akzent auf die neuen Möglichkeiten, die dieses Ereignis eröffnete: „Warum soll es nicht jetzt, da das Opfer des großen Priesters vollbracht ist, allen rechtschaffenen und guten Menschen möglich sein, die Rückkehr eines Friedens für das Gemeinwesen und die Religion zu grüßen, wenigstens von fern her?"[305]

Schon Ende 1958 nimmt Patriarch Athenagoras von Konstantinopel, für dessen Wahl Nuntius Roncalli sich Jahre vorher von Paris aus verwendet hatte, Kontakte mit Rom auf, da er die Möglichkeiten des neuen Pontifikates intuitiv erkennt.[306] Diese Avancen werden aufmerksam registriert, und im darauf folgenden März trifft ein Metropolit aus Konstantinopel mit einer persönlichen Botschaft des Patriarchen an den Papst in Rom ein. Einige Monate später wird Msgr. Lardone, bisher Nuntius in Peru, zum Apostolischen Delegaten für die Türkei ernannt, aber nicht mit Sitz in Ankara, sondern in Konstantinopel. Dies ist der Posten, den Jahrzehnte vorher Roncalli innegehabt hatte.

Lardone wurde beauftragt, bei der sowjetischen Regierung die Möglichkeit zu sondieren, daß russische Bischöfe am Konzil teilnehmen könnten.[307] So wurden sehr diskret und am Rande der institutionellen Struktur zwei der für den Pontifikat charakteristischen Initiativen eingefädelt: die ökumenische Aufmerksamkeit für die nichtkatholischen Christen und die Wiederaufnahme der Kontakte mit dem sowjetischen Machtbereich: So entsteht die sogenannte Ostpolitik. Schon in der Ansprache am 25. Januar 1959 hatte es einen diskreten, aber unmißverständlichen Hinweis in dieser Richtung gegeben, wo die Rede war von einer „erneuten Einladung an die Gläubigen der von uns getrennten Gemeinschaften, uns freundlich zu besuchen"; man beachte, daß im Originalmanuskript des Papstes zu lesen war: „... der von uns getrennten *Kirchen,* mit uns an diesem Gastmahl der Gnade und der Brüderlichkeit teilzunehmen"[308].

Die ordentlichen Regierungsgeschäfte

Am 6. Februar 1959 richtet der Papst einen Brief an alle Bischöfe Italiens mit dem Text, den Pius XI. 1938 nicht mehr hatte vortragen können, weil er dann [am 10. Februar 1939] starb. Vier Tage später wandte er sich mit wichtigen pastoralen Richtlinien, die von der Barmherzigkeit inspiriert waren, an die Fastenprediger von Rom. In denselben Tagen verfügt er die Streichung des Wortes „perfidis" [„für die treulosen" oder „für die ungläubigen"] aus der auf die Juden bezogenen Karfreitagsfürbitte: Dies wird ein Signal sein, das sofort in seiner ganzen Tragweite erkannt wird, ein Signal für eine entspannte und brüderliche Zuwendung zu den Juden.

Am 6. Juni empfängt der Papst den Präsidenten der Italienischen Republik, G. Gronchi, und im darauf folgenden Oktober approbiert er das erste Statut der Italienischen Bischofskonferenz, zu deren Vorsitzendem er den Erzbischof von Genua, Kardinal Siri, ernennt. Mit diesem seit langem erwarteten Akt war ein entscheidender Schritt in Richtung der Übernahme autonomer Verantwortung durch die italienische Kirche geschehen.

Anfang Juli veröffentlicht der Hl. Stuhl eine Note, die beträchtliches Echo in der öffentlichen Meinung haben sollte. Es wird bekanntgemacht, daß die Tätigkeit der französischen Arbeiterpriester drastisch eingeschränkt werden soll.[309] Im Blick auf diesen Vorgang ist der Brief erhellend, den der Papst einige Monate später an den Erzbischof von Paris schrieb, und zwar anläßlich der 10. Wiederkehr des Tages, an dem dieser von der Kathedrale Notre Dame Besitz genommen hatte. Der Papst schreibt u.a.: „Ich erinnere mich, was Sie mir u.a. über Ihre pastoralen Bemühungen anvertraut haben, die auch nicht ganz frei waren von manchen Sorgen wegen der Aktivität der *Mission de Paris*. Die Wertschätzung und Sympathie, die ich Ihnen damals bekundete, haben nicht abgenommen, während ich mit Freude Ihre intensive pastorale Aktivität und deren vielfältige und erbauliche Früchte wahrnahm, die Ihnen von meinem verehrten Vorgänger die Kardinalswürde einbrachten, die wir gemeinsam empfangen haben.

Es ist wohl selbstverständlich, daß mein Geist in diesen Wochen besonders angespannt ist, was die jüngsten Verfügungen des Hl. Stuhls bezüglich der quälenden Frage der Arbeiterpriester betrifft, die, da sie in so enger Beziehung steht zum unverfälschten Wesen des katholischen Priestertums in seinen höchsten und heiligsten Regungen, von höchstem Interesse ist für den täglichen Dienst an der Gewinnung von Seelen, an ihrer guten Leitung und Heiligung.

Ich freue mich, Ihnen, Herr Kardinal, sagen zu können, daß der Eindruck, den man hier davon hat, eher günstig ist, wie bei einem leichten Windhauch, der bei einer Flaute gelegentlich die Meeresoberfläche kräuselt; das meine ich im Sinne einer weniger harten Einschätzung hinsichtlich der vom Heiligen Stuhl erlassenen Anordnung, hinter der eine Einschätzung steht, die, so möchte ich sagen, zum Teil dadurch bestimmt ist, daß da jemand von hitzigerem Temperament ist. Deshalb eröffnet sich hier viel lebendiger die Zuversicht, daß man mit Freundlichkeit und in liebenswürdiger Form zu einer größeren Ruhe gelangen kann in einem guten Apostolat in der Masse der Arbeiterschaft, ausgehend von jenen Weisungen, die man für gut erachtet hat, *im Herrn zu empfehlen:* Um einerseits den brennenden Eifer, die Frömmigkeit und den heiligen Charakter des Priestertums unter allen Umständen zu bewahren und um andererseits nahe bei den Arbeitern zu sein, die nicht abgeneigt sind, das Licht und den Hauch der Gnade anzunehmen, die zum Guten und zum Frieden ermutigen."[310] War dies nicht eine zwar vorsichtige, aber doch eindeutige Art, eine Haltung zu bekunden, die weniger intransigent war als die vom *Sacrum Officium* Ottavianis verfolgte Politik?

Am 14. September wird eine neue Kreierung von Kardinälen gefeiert, und am 23. Dezember hält Roncalli, einer Praxis seines Vorgängers folgend, eine Rundfunkansprache zum Weihnachtsfest, die ganz dem Thema Frieden gewidmet ist.

Ein Konzil für die Einigung der Christen?

Mitte 1960 bricht der Papst sein zögerliches Schweigen und verfügt das Ende der Phase der Vor-Vorbereitung und den Beginn der eigentlichen Vorbereitung des Konzils.[311] Der Ausblick auf das Konzil wird mehr und mehr zum Hauptstrom, in den der Papst auch die anderen Aktivitäten seines Pontifikates einmünden läßt. So gibt er im März 1960 Kardinal Augustin Bea die endgültige Einwilligung zur Schaffung eines ganz neuen Organs, das dazu bestimmt ist, Beziehungen zu den nichtrömischen christlichen Kirchen herzustellen. Dies war eine echte Wende, sei es, weil sie dem Sacrum Officium die Zuständigkeit für die Beziehungen der Katholiken zu den anderen Christen entzog, oder sei es wegen der Überwindung der Einstellung des Mißtrauens – wenn nicht gar der Feindseligkeit –, die seit dem 16. Jahrhundert das Verhalten Roms gegenüber „Häretikern" und „Schismatikern" gekennzeichnet hatte; eine Wende, die einen deutlich durchscheinenden theologischen Hintergedanken enthielt, nämlich die Anerkennung des Vorhandenseins von echt evangeliumsgemäßen Elementen auch außerhalb der römisch-katholischen Kirche. Die Zustimmung zu Beas Initiative wird noch verstärkt, als der Akt vom 4. Juni 1960, mit dem die Vorbereitungskommissionen des Konzils errichtet werden, neben neun Kommissionen, die – außer der Kommission für das Laienapostolat – ebensoviele Parallelen in den Kurienkongregationen haben, auch das Sekretariat für die Einheit der Christen mit einschließt.[312]

Andererseits wird schon das Jahr 1960 mit einem Ereignis von prägnanter Bedeutung abgeschlossen, das die Frucht der vom Sekretariat für die Einheit (und vorher schon von der katholischen Konferenz für ökumenische Fragen) entfalteten emsigen Betriebsamkeit ist. Dies geschah in einem Klima, das davon bestimmt war, daß eher die gemeinsamen Elemente gesucht wurden, als daß man das Trennende hervorgehoben hätte. Am 2. Dezember empfängt Johannes XXIII. nämlich den Besuch des Primas der Anglikanischen Kirchengemeinschaft, Geoffrey Francis Fisher, Erzbischof von Canterbury. Diese Begegnung, die in aller Einfachheit geschah und bei der es keine Themen von besonders aktueller Bedeutung gab, bekräftigt die Abkehr von der Epoche der Feindseligkeit und eröffnet die Epoche der Konvergenzen. Sie zeigt außerdem, daß der Pontifikat von Papst Johannes nicht nur sensibel ist gegenüber den orthodoxen Christen des Ostens, sondern auch gegenüber der aus der Reformation hervorgegangenen und von ihr beeinflußten christlichen Welt.

Die Vorbereitung des Konzils

Die Rekonstruktion zunächst der vor-vorbereitenden und dann der vorbereitenden Phase hat die Kompliziertheit dieser Arbeit ins Licht gerückt, die beträchtliche Energien absorbierte, beginnend mit der enormen Masse von Daten und Anregungen, die im Zuge der allgemeinen Konsultation von 1959 bis 1960 nach Rom eingesandt worden waren. Johannes XXIII. seinerseits, der den Weg zum eigentlichen Konzilsgeschehen zu eröffnen wünschte, hatte der Vorbereitungsarbeit einen institutionell autonomen Freiraum zugewiesen, indem er bekräftigt hatte, daß die Vorbereitungsarbeit einen Lebensbereich der Kirche darstelle, der sich vom Bereich der ordentlichen Regierungsgeschäfte unterscheide. Aber konnte man erwarten, daß aus der Befragung angemessene Vorschläge hervorgehen würden, die dem überraschenden Plan Johannes' XXIII. wirklich Inhalt verleihen konnten? Oder war nicht die Überraschung, mit der die Ankündigung dieses Planes aufgenommen worden war, derart, daß bedeutsame Antworten nicht erwartet werden konnten? Andererseits aber muß man anerkennen, daß es nicht möglich gewesen wäre, eine Versammlung von mehr als zweitausend Teilnehmern ohne eine überzeugende Vorbereitung zu eröffnen.

In den beiden Jahren der Vorbereitung fährt Johannes XXIII. fort, in aller Deutlichkeit für seine Überzeugung zu werben, welch große Gelegenheit das Konzil in einer besonders günstigen historischen Stunde für die Kirche darstelle. Der Papst gibt eine große Zahl von Erklärungen über das Konzil ab, vor allem in Predigten und Ansprachen. Die ausführlichsten und genauesten bieten sich dar als Varianten zu den Themen, die er mit großer Klarheit und Kraft bei zwei großen Anlässen dargelegt hatte: mit der Ansprache am 14. November 1960, mit der er die Arbeit der Vorbereitungskommissionen eröffnet hatte; und mit dem feierlichen Akt der Einberufung des Konzils durch das Apostolische Schreiben *Humanae salutis* vom 25. Dezember 1961.[313] In diesen Texten ordnete

Papst Johannes die Bedeutung des Konzils ein in den Rahmen der historischen Stunde. So folgte er dem Instinkt des Historikers, der den Sinn der vorherigen Konzilien nur verstehen kann, wenn er nicht nur die Umstände, unter denen sie veranstaltet wurden, sondern auch die Schwierigkeiten, mit denen sie konfrontiert waren, einer Prüfung unterzieht. Diese Schwierigkeiten waren offenbar größer als die von heute.[314]

Ein solcher Ansatz regte den Versuch an, die Schwierigkeiten und die günstigen Möglichkeiten zu beschreiben, mit denen die Kirche konfrontiert war in jener Welt, in der das II. Vatikanum sich ereignen würde. Der Papst bedachte, daß die moderne Welt Veränderungen unterworfen gewesen war, die so groß waren, daß man der Meinung sein konnte, sich an der Schwelle einer neuen Ära zu befinden: „Die Kirche wird heute Zeugin einer akuten Krise der Gesellschaft. Während die Menschheit die Wende zu einer neuen Ära erlebt, warten auf die Kirche Aufgaben von einer solchen Schwere und einem solchen Umfang, wie sie sie in den tragischsten Epochen erlebt hat."[315] Diese Umwälzungen brachten große Schwierigkeiten mit sich, insbesondere den drohenden Verlust jeden Sensoriums für das Spirituelle von dem Augenblick an, als der moralische Fortschritt des Menschen nicht hatte Schritt halten können mit seinem materiellen Fortschritt, der oft in bewußter Unabhängigkeit von Gott gesucht wurde."[316]

Der Papst gab zu erkennen, daß er sich sehr wohl der Vorteile und Nachteile der Moderne bewußt war. Manche Passagen seiner Rede erinnern gewiß an die bisweilen apokalyptische Katastrophenstimmung, die einen Großteil der katholischen Antworten der Päpste und Bischöfe der Moderne seit der Französischen Revolution gekennzeichnet hatte. Worin er sich aber in bemerkenswertem Maß von seinen Vorgängern unterschied, das war der Geist des Glaubens und der Zuversicht, mit dem er dieser Situation entgegentrat. Zu wiederholten Malen warnte er vor übertreibenden Äußerungen über das Wirken der Teufel, die so klängen, als ob Christus und sein Geist die Welt verlassen hätten. Diese seine Zuversicht ist oft bloß auf einen Optimismus ohne tiefere Bedeutung zurückgeführt worden, von dem man annahm, daß er ihm angeboren sei, und den man für naiv hielt. Es ist aber deutlich sichtbar, daß die Wurzeln dieser Haltung des Papstes sein Glaube an Christus und an seinen Geist sind und daß sein Glaube auch der Ursprung seiner Einsicht ist, daß es einer Kirche bedarf, *die den Rhythmus der Zeit spürt"* und die fähig ist, *„die Zeichen der Zeit"* zu erkennen. All dies wird besonders deutlich in seinem Apostolischen Schreiben *Humanae salutis:* „Diese schmerzlichen Feststellungen rufen uns die Pflicht zur Wachsamkeit in Erinnerung und halten das Gefühl der Verantwortlichkeit wach. Mißtrauische Seelen sehen nichts anderes, als daß Finsternis auf dem Antlitz der Erde lastet. Wir dagegen wollen all unser Vertrauen auf unseren Herrn setzen, der sich nicht von der von ihm erlösten Welt verabschiedet hat. Ja, indem wir uns die Aufforderung Jesu zu eigen machen, die ‚Zeichen der Zeit‘ zu erkennen (Mt 16,4), können wir inmitten so großer Finsternisse offenkundig nicht wenige Anzeichen wahrnehmen, die uns wohl Grund zur Hoffnung für das Geschick der Kirche und der Menschheit geben.“[317]

Der Papst gründete solche Gedanken der Hoffnung darauf, daß die Erfahrung der unermeßlichen Übel, die die Welt in diesem Jahrhundert gemacht hatte, und das Bewußtsein der heutigen Bedrohungen die Menschen dazu gebracht hatten, nachdenklicher zu werden, offener für spirituelle Werte zu sein, leidenschaftlicher für die Integration zwischen einzelnen, zwischen Klassen und Nationen zu arbeiten. All dies hatte die Welt offener gemacht für das Lehrwirken der Kirche. Die Kirche ihrerseits zeigte sich bereit, sich einzulassen auf die Veränderungen, mit denen sie konfrontiert war: Im Apostolat, im Gebet und in Aktionen auf allen Gebieten wurden sowohl vom Klerus als auch von den Laien starke Energien aufgeboten. Und die verfolgten Gemeinschaften bewiesen damals einen Glauben und einen Heroismus, die dem Glauben und dem Heroismus der großartigsten Epochen der Kirchengeschichte gleichkamen. Der Grund solcher Lebenskraft inmitten solcher Schwierigkeiten konnte allein die wirkmächtige Gegenwart des Heiligen Geistes sein.[318]

Dies waren die Gründe, die den Papst bewegt hatten, das Konzil einzuberufen: „Angesichts dieses doppelten Schauspiels einer Welt, die ein großes Bedürfnis nach geistlicher Hilfe hat, und der Kirche Christi, die immer noch durchpulst ist von Vitalität, haben wir, seitdem wir zum Amt des Summus Pontifex aufgestiegen sind, ...sofort die dringende Verpflichtung empfunden, unsere Söhne und Töchter zur Ernte zu rufen, um der Kirche die Möglichkeit zu geben, wirkungsvoller beizutragen zur Lösung der Probleme der modernen Zeit.“[319]

Gerade weil das Konzil sich diesen allgemeinen Umbrüchen stellte, durfte es nach der Auffassung des Papstes seine Aufmerksamkeit nicht – wie es bei vielen früheren Konzilien geschehen war – auf besondere Punkte der Lehre und der Kirchendisziplin konzentrieren. Er betont vielmehr: „Es geht darum, das Wesentliche des christlichen Denkens und Lebens, für das die Kirche seit Jahrhunderten als Wahrerin und Lehrmeisterin eingesetzt ist, wie-

174

der zu Geltung und Glanz zu bringen."[320] Einen Monat später, am 3. Dezember 1960, wiederholte der Papst die Unterscheidung zwischen der Konzentration auf „einen Punkt oder mehrere Punkte der katholischen Lehre", wie sie in Trient oder beim I. Vatikanum notwendig gewesen war, einerseits, und der mehr allgemeinen Zielsetzung, die er für das jetzige Konzil wünschte: „Heute ist die Situation ganz anders. Hier erfährt sich das Gemüt wie durchdrungen von übernatürlicher Freude angesichts einer wahren Epiphanie, einer Offenbarung, die sich nicht auf dieses oder jenes Element beschränkt, sondern alles berührt, jede Wohltat, die das Christentum uns beschert ... Es handelt sich um eine ganz glühende und tief empfundene Erneuerung der Seelen, die beginnt mit der persönlichen Heiligung, um sodann der heutigen Welt die Kirche vorzustellen in ihrem immerwährenden, unbefleckten und unveränderten Glanz."[321]

„Wirklich große Dinge – dies möchten Wir wiederholen – erwarten Wir von diesem Konzil, das zur neuen Stärkung des Glaubens, der Lehre, der heiligen Disziplin, des religiösen und geistlichen Lebens werden möge und außerdem zu einem großen Beitrag zur neuen Bekräftigung jener Grundsätze der christlichen Ordnung, von denen auch die Fortschritte des bürgerlichen, wirtschaftlichen, politischen und sozialen Lebens inspiriert und geleitet werden."[322]

Der Erfolg des Konzils wird dann in dem bestehen, was er eine *„Wiederherstellung nach den Maßstäben des ursprünglichen Zustandes und eine Erneuerung der Gesamtkirche"* nannte.[323] Wenn das Konzil dies verwirklicht haben würde, dann würde auch die Kirche an den Beginn einer neuen Ära ihrer Geschichte versetzt sein. An diese Dimension der Herausforderung des Konzils muß erinnert werden, weil sie als Kriterium dienen kann, um die Ergebnisse der Vorbereitungsarbeit zu messen, die der Papst in Bewegung gesetzt hatte.

Die ordentlichen Regierungsgeschäfte

Vermutlich hat die wachsende Bedeutung der Rolle des Jesuiten Augustin Bea, eines Wortführers der katholischen Bewegung für eine exegetische Erneuerung, einige römische Kreise veranlaßt, eine heftige Polemik gegen das Päpstliche Bibelinstitut zu eröffnen, das Anfang 1960 den 50. Jahrestag seiner Gründung feierte. Die Polemik sah sich in einer Kontinuität mit der Enzyklika *Humani generis* Pius' XII. und deutete eine andere Enzyklika desselben

Papstes über die exegetische Forschung, *Divino afflante Spiritu*, im einengenden Sinn. Hier wurde unter Beschwörung des Gespenstes des „Modernismus" vorgeschlagen, die Weiterentwicklung der Bibelstudien zu ignorieren – mit dem Ergebnis, daß die Kontakte zur protestantischen Welt behindert und die Voraussetzungen geschaffen worden wären für eine Konzilsentscheidung in ebendiesem Sinne.

Als Anfang 1961 die harte Kritik von Romeo am Bibelinstitut veröffentlicht wurde, gab der Papst privatim sein Mißfallen an diesem Artikel zu verstehen und unterstützte das Bibelinstitut in aller Öffentlichkeit, indem er seinen Rektor in die vorbereitende Theologische Kommission berief. Anscheinend lag der Grund für die Aktionen des Papstes eher in der exzessiven Argumentation Romeos und seiner Rolle im Konflikt zwischen der Lateranuniversität und dem Bibelinstitut als in Erwägungen, die von persönlicher Sympathie bestimmt waren; denn in Wirklichkeit hatte es den Anschein, daß Papst Johannes von den neuesten Entwicklungen der katholischen biblischen Studien befremdet war.

Im Juni 1960 wird Jules Isaac, ein Wortführer des Judentums, in Audienz empfangen; der Papst lädt ihn ein, Kontakt mit Kardinal Bea aufzunehmen. Schließlich wird Bea am 18. September offiziell beauftragt, die Beziehungen der Kirche zu den Juden einer Revision zu unterziehen.

Am 19. März, nachdem die Stationsgottesdienste der Fastenzeit feierlich eröffnet worden waren, läßt der Papst einen Brief an alle italienischen Bischöfe versenden, in dem er den heiligen Josef zum Schutzpatron des Konzils erklärt.[324] Zwei Tage später erlaubt er die Austeilung der Kommunion an Nachmittagen und setzt so die kleinen Liberalisierungen fort, die der Liturgiereform des Konzils den Weg bereiten. In dieselbe Richtung zielt die am 25. Juli erteilte Billigung der neuen Rubriken des Breviers und des Meßbuches und die endgültige Bestätigung der Streichung des Gebetes „für die treulosen (bzw. ungläubigen) Juden" in den Karfreitagsfürbitten.

Am 28. März wird eine neue Kardinalskreierung angekündigt. Anfang Mai konsekriert der Papst mit besonderer Feierlichkeit mehrere Bichöfe aus der Dritten Welt, womit die Sympathie der Kirche für den Prozeß der Entkolonialisierung betont wird. Diese Sympathie wird am 5. Juni nochmals bestätigt durch eine Rundfunkbotschaft an die Afrikaner. Im November, nach der Wahl des Katholiken J.F. Kennedy zum Präsidenten der Vereinigten Staaten von Amerika, schickt Johannes XXIII. diesem einen Brief mit seinen Glückwünschen.[325]

„Die Reichweite der uneigennützigen Liebe ausdehnen"

Aufmerksamkeit für die Dritte Welt

Das Jahr 1960 hatte den entscheidenden Durchbruch der Bewegung zur Erlangung der Unabhängigkeit des afrikanischen Kontinents gebracht, wenn auch inmitten von Problemen und Hindernissen aller Art, die zumeist durch den hartnäckigen Widerstand der alten Kolonialmächte verursacht wurden, die oft um die Unterstützung durch die Missionsgesellschaften bemüht waren, die Ansehen genossen und über ein engmaschiges Netz auf dem Kontinent verfügten. Die vom Heiligen Stuhl bekundete Haltung ausdrücklicher Sympathie für den Übergang zur staatlichen Selbständigkeit, welche die politische Richtung der schon während des Pontifikates von Papst Pacelli angebahnten Tendenz weiterentwickelte und unumkehrbar machte, sprach jeder Form solcher Solidarisierung von vornherein jede Berechtigung ab, ja, sie erleichterte den Übergang vom Status einer von europäischem Klerus geleiteten Missionskirche zum Status einheimischer Kirchen, deren Leitung im Land geborenen Seelsorgern anvertraut war. Am 10. November 1959 wird die einheimische Hierarchie im Kongo und in Burundi errichtet; am 8. Mai konsekriert Roncalli persönlich Bischöfe aus der Dritten Welt; am 5. Juni schickt er eine Botschaft an die Afrikaner, am 5. November eine weitere.

Anfang 1961 wird auch in Vietnam, in Korea und Indonesien die einheimische Hierarchie errichtet.

In den verschiedenen Phasen der dramatischen Krise zwischen Algerien und Frankreich solidarisiert sich Johannes XXIII. auf besonders engagierte Weise mit dem Erzbischof von Algier, Kardinal Duval.[326]

So bahnte sich ein Prozeß von unermeßlicher Tragweite an, nicht nur wegen der Präsenz der katholischen Kirche auf dem afrikanischen Kontinent, sondern auch aufgrund der Enteuropäisierung und Entwestlichung des lateinischen Katholizismus. Das war dieselbe Konzeption von Kirche, die schon bald bei den katholischen Christen Lateinamerikas Fuß fassen wird.

Diese neuen Situationen schlagen sich auch nieder in der Auswirkung des Pontifikates auf das ordentliche Regierungsgebaren und den Personalstand der Kirche. Die Bischofsernennungen, insgesamt 1076 während des gesamten Pontifikates, sind gekennzeichnet von einer wachsenden Aufmerksamkeit für die außereuopäischen Kontinente, von einer eindeutigen Zunahme der Berücksichtigung von Klerikern, die in den Diözesen, für die sie bestimmt sind, geboren sind, und von einer Abnahme des Durchschnittsalters der neuen Bischöfe vor allem in der Dritten Welt.[327] Insgesamt steigt die Zahl der Bischöfe von 2480 im Jahre 1958 auf 2809 im Jahre 1963. Die Zahl der Sitze residierender Bischöfe steigt von 1638 auf 1916 (alle der hinzugekommenen außer einem außerhalb von Europa). Ein anderer bezeichnender Aspekt der ordentlichen Regierungsgeschäfte betrifft die Zahl der Eingriffe des *Sacrum Officium,* die sich eindeutig vermindert: ein Zeichen des Klimawandels gegenüber dem Pontifikat Pius' XII. und seiner Vorgänger.[328]

Zu Beginn der sechziger Jahre aber scheint der Planet immer noch beherrscht von den Ideologien und ihrer Frontstellung gegeneinander, die allerdings schon dabei ist, die Periode des Kalten Krieges zu überwinden und überzugehen zur Periode der friedlichen Koexistenz. Die meisten sind überzeugt von der Unvereinbarkeit der beiden ideologischen Welten und davon, daß sie gegeneinander undurchdringlich sind, nämlich die atlantisch-kapitalistische und die sowjetisch-kommunistische. Die Symptome einer Überwindung dieser Gegensätze und die Aussichten auf Neuerungen sind noch ungewiß. Am 10. November 1960 hatte Papst Johannes dem neugewählten Präsidenten der Vereinigten Staaten von Amerika, J.F. Kennedy, einen bezeichnenden Gratulationsbrief geschrieben. Am 10. September 1961 schrieb er einen Brief mit einem Friedensappell zur Unterstützung des in Belgrad tagenden Kongresses der blockfreien Staaten.[329]

„Mater et Magistra"

Allem Anschein nach war der römische Katholizismus entscheidend beeinflußt von der Solidarität mit dem westlichen System, die ihm von den Pius-Päpsten und vor allem von Pius XII. in Reaktion auf die Bildung des sowjetischen Machtblocks eingeprägt worden war. Anläßlich des 70. Jahrestages der Veröffentlichung der Enzyklika *Rerum novarum* veröffentlicht Johannes XXIII. im Mai 1961 seine Enzyklika *Mater et Magistra,* mit der er – wenn er auch viele Formulierungen der katholischen Soziallehre übernimmt –

wichtige Neuerungen einführt, die noch gewichtiger erscheinen, wenn man sie vergleicht mit dem traditionalistischen Ansatz der Konzilsschemata, die in ebendiesen Monaten von einigen vorkonziliaren Kommissionen zu denselben Themen erarbeitet wurden. Die Enzyklika läßt vor allem die übliche deduktive Methode hinter sich, welche die Soziallehre erstarren ließ, indem sie aus ihr so etwas wie einen Kodex abstrakter Grundsätze machte; statt dessen bediente sie sich einer induktiven Methode, indem sie ausging von dem konkreten Bestand der aktuellen Probleme. Durch diese Vorgehensweise wurde es der Enzyklika erleichtert – und das war ein Gesichtspunkt von größtem Interesse –, den Begriff „Vergesellschaftung" (oder „Sozialisierung") ohne alle Vorbehalte zu verwenden und seinen Ursprung, seinen Bedeutungsumfang sowie seine Auswirkung als Massenphänomen zu analysieren. Auch wenn zu vielen Themen (wie Eigentum, Arbeit, Unternehmertum usw.) einfach die traditionellen Lehraussagen übernommen wurden, so wurden diese allerdings von den üblichen moralisierenden Untertönen gesäubert.

Der politische Horizont

Das allgemeine Klima schien dadurch bestimmt, daß sich sowohl Symptome einer „Enteisung" als auch alarmierende Verschärfungen der Spannung bemerkbar machten, wie z.B. im August 1961 die Errichtung der Berliner Mauer; am 25. November kam anläßlich des 80. Geburtstages des Papstes ein Glückwunschschreiben von Nikita Chruschtschow, dem Ministerpräsidenten der Sowjetunion, auf das der Papst am folgenden Tag antwortete[330]; allerdings bremste dies nicht die Wiederaufnahme der Maßnahmen gegen die russisch-orthodoxe Kirche. Manche machten sich – aus einer beschränkten „italischen" Sicht – Sorgen, ob das Verhalten des Papstes nicht den Widerstand gegen die Parteien der marxistischen Linken schwächen könne. Es ist kein Zufall, daß Papst Johannes im August 1961 eine lange und wichtige Meditation „Über die Übung der Klugheit bei Papst und Bischöfen" dem Verhältnis zwischen geistlicher Autorität und politischer Aktion widmet. Johannes schreibt hier, z.T. A. Rosmini zitierend: „Die hohe, heilige und göttliche Aufgabe des Papstes für die ganze Kirche und der Bischöfe für die einzelnen Diözesen besteht in der Verkündigung des Evangeliums und in der Hinführung der Menschen zum ewigen Heil; dabei gilt es, sich sorgfältig zu bemühen, daß kein anderes weltliches Geschäft diesen Dienst schwäche, behindere oder störe.

[...] Über allen Meinungen und Parteiungen, die die Gesellschaft und die ganze Menschheit erregen und erschüttern, erhebt sich das Evangelium."[331]

Die Notiz im Geistlichen Tagebuch fährt dann fort: „Das gute Gewissen in bezug auf mein Verhalten als Papst während dieser drei Jahre beruhigt mich. [...] Es ist sehr wichtig, die Bischöfe zu drängen, daß sie alle ebenso handeln. Das Beispiel des Papstes möge eine Schule und eine Ermutigung für alle sein. Die Bischöfe finden sich mehr der Versuchung ausgesetzt, sich über Gebühr einzumischen, und darum hat der Papst sie anzuleiten, daß sie davon Abstand nehmen, in irgendwelchen politischen Angelegenheiten Partei zu ergreifen oder sich für die eine oder andere Seite zu entscheiden ..." Und einige Monate später registrierte er, er habe „seinerzeit an seinem Vorsatz festgehalten – der hinreichend verstanden wurde –, sich einzusetzen für alles, was Dienst am Glauben, an der Gnade, an der pastoralen Spiritualität ist, sich aber von den ‚Einmischungen' politischen Charakters, welcher Art und Abstufung auch immer, fernzuhalten"[332]. Im übrigen wurde ein deutlicher Wille, sich nicht einzumischen, wenn auch mit einer Bekräftigung der Geltung der Lateranverträge verbunden, in der im April 1961 an Ministerpräsident Fanfani gerichteten Grußadresse ausgesprochen: „Die je besondere Eigenart der katholischen Kirche und des italienischen Staates, die beide Körperschaften besonderer Struktur und Physiognomie und besonderen Niveaus sind, setzt eine Unterscheidung und eine ebenso große, wenn auch von Freundlichkeit und Respekt bestimmte gegenseitige Zurückhaltung voraus ..."[333]

Der Tod Kardinal Tardinis

Während des Sommers 1961 stirbt Kardinalstaatssekretär Tardini, mit dem zusammenzuarbeiten nicht immer leicht gewesen war[334], obwohl er sich immer loyal verhalten hatte, wie Johannes selbst betonte: „Vorgestern, am Sonntag, den 29. Juli, um 4.45 Uhr hat mich mein stärkster Mitarbeiter im Werk der Regierung der heiligen Kirche, Kardinalstaatssekretär Tardini, verlassen, um in die Ewigkeit einzugehen. Und ich mit meinen achtzig Jahren, meine ich, meinen Aufenthalt hier unten noch lange ausdehnen zu können?"[335] Johannes XXIII. wählt als Nachfolger Tardinis Amleto G. Cicognani aus, den ehemaligen Vertreter des Papstes in den USA.[336] Wird diese neue Wahl, die wohl mehr von persönlichen Motiven bestimmt ist als die von 1958, es dem Papst ermöglichen, bei den zentralen Institutionen der Kirche eine größere Konformität mit seinen eigenen Orientierungen zu erreichen? Oder war die jetzt eingeschlagene Wegrichtung hin zu einem Regieren auf mehr persönliche und informelle Weise zugunsten der Initiativen, die ihm am Herzen lagen, nun unumkehrbar? Eine wichtige Frage, vor allem für einen unvermeidlicherweise kurzen Pontifikat!

Die formelle Einberufung des Konzils

Das Konzil war nun immer weniger fern: Am 12. Juni hatte die Zentrale Vorbereitungskommission ihre Arbeiten begonnen, nunmehr unter dem Vorsitz des Papstes und nicht des Kardinalstaatssekretärs und charakterisiert dadurch, daß sie sich aus einer großen Zahl von Prälaten aus allen Teilen der Welt zusammensetzte. Am Weihnachtsfest 1961 wurde dann schließlich die Apostolische Konstitution veröffentlicht, die den Beginn des Zweiten Vatikanischen Konzils für das kommende Jahr 1962 ankündigte.[337] In dieser Konstitution distanzierte sich Johannes XXIII. von den „verzagten Menschen, die nichts anderes sehen als die Finsternisse, die auf dem Antlitz der Erde lasten [...]. Ja, wenn wir der Aufforderung Jesu nachkommen, die ‚Zeichen der Zeit' (Mt 16,4) zu erkennen, dann scheint uns, daß wir inmiten so großer Finsternisse nicht wenige Anzeichen wahrnehmen können, die uns wohl Grund zur Hoffnung für das Geschick der Kirche und der Menschheit geben". In diesem Ausblick hatte er „eine Stimme, die im Innersten unseres Herzens wie von oben herab kam, wahrgenommen" und die Zeit für reif gehalten, „der katholischen Kirche und der Welt das Geschenk eines neuen Konzils anzubieten"[338].

Am Anfang und dann auch am Ende des Prozesses der Vorbereitung gibt es eindeutige Erklärungen, die die Meinung des Papstes hinsichtlich des Konzils beleuchten. Andererseits führt das nicht zu dem Ergebnis, daß seine große Vision viele der in der Vorbereitungsphase verfaßten Dokumente inspiriert hätte, weder die lehrhaften noch die pastoralen. Die lehrhaften Texte waren alle konzipiert als Antworten auf die zeitgenössischen Bedrohungen der Reinheit und Vollständigkeit des Offenbarungserbes. Aus diesem Grund stellten sie bewußt keine analytische oder synthetische neue Darbietung der Botschaft des Evangeliums dar, sondern befaßten sich nur mit jenen Lehren, die innerhalb oder außerhalb der Kirche gerade diskutiert wurden. Ihre Grundeinstellung war mißtrauisch und negativ und wurde bis zum Schluß und auf eine ganz und gar apologetische Weise verteidigt.

Was die pastoralen Texte betrifft, so wählten diese sehr oft die Form von Ausbesserungen am herrschenden System, indem sie verhältnismäßig unbedeutende Vorschläge zu dem machten, was als „pastorale Technik" bezeichnet wurde. Nur ganz wenige der Kommissionen, die beauftragt waren, sich mit den pastoralen Fragen auseinanderzusetzen, dachten an ein ernstes Nachdenken über die Herausforderungen und Chancen, welche die moderne Welt bot. Die produzierten Texte bewiesen gewiß keine große pastorale Erfindungskraft, und die angestrebten Reformen blieben sehr zurück hinter dem, was notwendig gewesen wäre, um jenes „neue Zeitalter" in der Kirche hervorzubringen, von dem der Papst immer wieder sprach.

Aber obwohl es der Papst war, der schließlich und endlich die Verantwortung für die Vorbereitungsarbeit und ihre Leitung innehatte, traf er keinerlei wichtige Entscheidung, um die Vorbereitung des Konzils in die von ihm gewollte Richtung zu lenken. Er bestand darauf, daß die Befragung während der Vor-Vorbereitungs-Phase so weit und frei wie möglich sein sollte. Er zögerte nicht, Korrekturen an den von Tardini entworfenen Mechanismen der Vor-Vorbereitungs-Arbeiten vorzunehmen. Er schuf das Sekretariat zur Förderung der Einheit der Christen und unterstützte Bea, der sich darum bemühte, daß dieses Organ mit weitreichenden Kompetenzen ausgestattet würde. Und er bestand darauf, daß zwischen der Arbeit zur Vorbereitung des Konzils und der Arbeit der Kurie unterschieden werden müsse.

Die ordentlichen Regierungsgeschäfte

Andererseits gibt es weitere Entscheidungen, deren Interpretation nicht so schwierig ist. Papst Johannes approbierte die Berufung der Spitzenkräfte der Kurie in die leitenden Positionen der Vorbereitungskommissionen des Konzils und begnügte sich damit, diese Verbindung mit der Struktur der Kurie dadurch zu mildern, daß er den Sekretären und Assessoren der Kurienbehörden verbot, zugleich Sekretäre der Vorbereitungskommission zu werden. Die konkrete Aufsicht über die Vorbereitungsarbeit vertraute er Msgr. Pericle Felici an. Er approbierte eine Reihe von *Quaestiones,* die ziemlich wenig widerspiegelten von seiner Vision, und erweiterte diese enge Sichtweise, wobei er den Kommissionen lediglich freistellte, noch weitere Punkte, die sie für wichtig hielten, hinzuzufügen.

Der Papst stattete jeder Kommission im Lauf ihrer Arbeit einen – wie es scheint, vor allem formellen – Besuch ab, aber uns steht kein erschöpfender Rechenschaftsbericht über seine dabei gemachten Beobachtungen zur Verfügung.[339] Es ist nicht klar, wie sehr der Papst die Arbeiten der einzelnen Kommissionen aus der Nähe verfolgte und ob er die zahlreichen Schemata prüfte, bevor sie der Zentralkommission zur Überarbeitung vorgelegt wurden. Seine Reden vor der Zentralkommission sind wie üblich in ihrem Inhalt sehr allgemein gehalten und auf einen ermahnenden Ton gestimmt. Und seine Bemerkungen zu den jeweils zur Prüfung vorliegenden Schemata bieten niemals Hinweise auf seine diesbezüglichen Gedanken. Bezeichnend ist dagegen seine Stellungnahme bezüglich des Jesuitenpaters R. Lombardi, der sich zur Zeit von Pius XII. großer Popularität erfreut hatte. Als dieser 1961 versucht, das Konzil auf eine sehr leistungsorientierte Weise zu charakterisieren, distanziert sich der Papst umgehend und deutlich von ihm[340], wobei er zu erkennen gibt, daß er nicht bereit ist, auf seine eigene Verantwortlichkeit als Ideengeber und geborener Vorsitzender des Konzils zu verzichten. Schon im Mai 1955 hatte Roncalli einige Bemerkungen in sein Tagebuch geschrieben, in denen Lombardis „einseitige Sicht der modernen Welt" betont wurde.

Am Ende der Vorbereitungszeit war die Autorisierung der Texte durch den Papst erforderlich, ehe irgendein Schema auf die Tagesordnung des Konzils gesetzt und an die Bischöfe versandt werden konnte. Die wenigen Auszüge aus Stellungnahmen des Papstes, die veröffentlicht worden sind, belegen im allgemeinen Zustimmung, aber sie sind allzu fragmentarisch, als daß sie ein sicheres Urteil über seine Meinungen erlaubten.[341] Jedenfalls hat es den Anschein, daß die Approbation durch ihn immer erst nach Abschluß des Auswahlprozesses erbeten wurde, also zu einem Zeitpunkt, in dem es für ihn schwierig gewesen wäre, noch wichtige in die Arbeitsplanung eingreifende Änderungen zu fordern, ohne die Eröffnung des Konzils auf den Sankt-Nimmerleins-Tag zu vertagen.

Wenn es aber auch nicht klar ist, aus welcher Nähe der Papst die Vorbereitungsarbeit verfolgt hat, während sie noch im Gang war, so besteht doch kein Zweifel darüber, daß er sehr schnell über die diesbezüglichen kritischen Äußerungen informiert wurde. Gegen Ende des Frühjahrs und im Sommer 1961 begannen viele, wichtige Kardinäle eingeschlossen, sich privat oder öffentlich bei ihm über gewisse Aspekte der Vorbereitungsarbeit zu beklagen: über Mangel an Koordination der Arbeit, mangelnde pastorale Ausrichtung, Ausschließung der Laien, Klagen der Medienvertreter über mangelhafte Informationen über die Arbeiten und Mangel an ökumenischer Ausrichtung.

Zur ökumenischen Dimension des Konzils fuhr der Papst fort, sein leidenschaftliches Interesse daran mehr als deutlich erkennen zu lassen, und zwar nicht nur in zahlreichen Bezugnahmen in seinen Reden und in der Schaffung des Sekretariates für die Einheit der Christen, sondern auch dadurch, daß er dieses ermächtigte, über die in seinem Motuproprio *Superno Dei nutu* [1960] formulierten Regeln hinauszugehen und Texte zu zentralen Themen des Ökumenismus vorzubereiten. Offensichtlich aber hat er nicht wirksam reagiert, wenn kritische Äußerungen zum Fehlen ökumenischer Sensibilität in der Vorbereitungsarbeit gemacht wurden.

Was auch immer die Gründe dafür gewesen sein mögen: Papst Johannes hat es offenbar vorgezogen, nicht mittels formeller Erklärungen einzugreifen, obwohl während der Vorbereitungsphase viele immer wieder ein vertieftes und weitergefaßtes Konzilsprogramm forderten. Dies räumte natürlich allen in die Arbeit einbezogenen Organen ein hohes Maß an Freiheit ein: dem Generalsekretariat, den einzelnen Fachkommissionen und der Zentralkommission. Aber obwohl die Zentralkommission als Autorität in der Vorbereitung des Konzils gedacht war, war sie doch niemals imstande, diese Rolle auf wirksame Weise zu spielen. Ihre Zusammenkünfte zeichneten sich aus durch eine große Freiheit und Offenheit, aber die Diskussion in der Zentralkommission über die – aus methodologischem und inhaltlichem Gesichtswinkel betrachtet – wichtigsten Themen hatte nur wenig Auswirkung. Der Papst scheint es vorgezogen zu haben, es den Konzilsvätern selbst zu überlassen, darüber zu entscheiden, was das Konzil sein und was es tun würde. Das Drama der ersten Sitzungsperiode – und damit auch das Endurteil über die Vorbereitungsarbeit – wird darin bestehen, daß die Mehrheit der Bischöfe, um zu zeigen, daß sie die Vision des Papstes teilte, es für nötig hielt, einen großen Teil der Vorbereitungsarbeit abzulehnen.

Die geistliche Einkehrzeit vom 10. bis zum 15. August 1961 ist besonders bedeutungsvoll, insofern Johannes sie für eine sehr tiefgründige und umfassende Reflexion nützt: „Nach meiner ersten Messe am Grab des hl. Petrus legte der Heilige Vater Pius X. seine Hände auf mein Haupt, um mich und mein beginnendes Priesterleben zu segnen. Und jetzt, mehr als ein halbes Jahrhundert später (nach genau 57 Jahren), breite ich meine Hände über die Katholiken der ganzen Welt – und nicht nur über die Katholiken – als Vater aller, als Nachfolger eben des jetzt inzwischen heiliggesprochenen Pius X., der in seinem eigenen Priestertum wie in dem seiner Vorgänger und Nachfolger weiterlebt, die, wie der hl. Petrus, zur Leitung der ganzen Kirche Christi, der einen, heiligen, katholischen und apostolischen Kirche berufen sind.

Das sind alles heilige Worte, die meine persönliche Vorstellungskraft in jeder Hinsicht übersteigen. Sie belassen mich in der Tiefe meines Nichts, das erhoben ist auf die Höhe eines Geheimnisses, das jede menschliche Größe in den Schatten stellt.

Als die Kardinäle der Heiligen Römischen Kirche am 28. Oktober 1958 mich im Alter von 77 Jahren zum Oberhaupt der ganzen Herde Christi wählten, verbreitete sich die Meinung, ich würde ein Papst des provisorischen Übergangs sein. Und jetzt stehe ich bereits vor dem vierten Jahre meines Pontifikates und habe ein gewaltiges Programm abzuwickeln, auf das die ganze Welt erwartungsvoll blickt. Was mich angeht, so halte ich mich an den hl. Martin: ‚Er fürchtete den Tod nicht, aber er weigerte sich nicht zu leben.‘ [...]

Diese meine geistliche Einkehr soll also einen Fortschritt im Streben nach meiner persönlichen Heiligung bezeichnen: nicht nur als Christ, Priester und Bischof, sondern als Papst, als ‚guter Vater aller Christen‘, als ‚guter Hirte‘ [Joh 10], als welchen mich der Herr gewollt hat, trotz meiner Geringfügigkeit und Unwürdigkeit. [...] So, und immer nur so soll das Leben, das hier unten zu leben mir noch verbleibt, lebendig bleiben: zu Füßen des gekreuzigten Jesus, besprengt mit seinem kostbaren Blute und mit den bitteren Tränen der Schmerzensreichen, der Mutter Jesu und meiner Mutter.

Diesen inneren Impuls, der mich in diesen Tagen überrascht hat, fühle ich im Herzen wie einen Pulsschlag und einen neuen Geist, wie eine Stimme, die mich mit Großmut und Eifer erfüllt; davon möchte ich drei wesentliche Auswirkungen festhalten:

1. Vollkommene Loslösung in jeder Hinsicht und völliger Gleichmut gegenüber Tadel wie auch Lob und gegenüber allem, was in der Welt an Gewichtigem in bezug auf mich vorliegt oder sich ereignen könnte.

2. Vor dem Herrn bin ich ein Sünder, bin ich Staub. Ich lebe durch die Barmherzigkeit Jesu, dem ich alles verdanke und von dem ich alles erwarte: Ihm unterwerfe ich mich, daß er mich durch seine Schmerzen und Leiden völlig verwandeln möge, in völliger Hingabe, unbedingtem Gehorsam und Übereinstimmung mit seinem Willen. Jetzt mehr denn je und ‚usquedum vivam, et in omnibus oboedientia et pax – solange ich lebe und in allem Gehorsam und Friede‘.

3. Völlige Bereitschaft, zu leben und zu sterben wie der hl. Petrus und der hl. Paulus und alles hinzunehmen, selbst Ketten, Lei-

den, Verurteilung und Martyrium, für die heilige Kirche und für alle durch Christus erlösten Seelen. Ich fühle die Schwere dessen, wozu ich mich verpflichte, und ich zittere davor, denn ich weiß, daß ich schwach und hinfällig bin. Doch ich vertraue auf Christus, den Gekreuzigten, und seine Mutter und schaue zur Ewigkeit auf."[342]

In den Notizen vom 13. August spricht er wieder vom Vorrang, den die Predigt des Evangeliums hat: „Der Papst liest und interpretiert es gemeinsam mit den Bischöfen. Er wie auch sie tun das nicht als Parteigänger weltlicher Interessen im Dienste von irgendjemand, sondern als Bewohner jener Stadt des ungestörten und glücklichen Friedens, aus der das göttliche Gesetz heruntersteigt, das der irdischen Stadt und der ganzen Welt die rechte Ordnung zu geben vermag. Das ist es, was die einsichtigen Menschen von der Kirche erwarten, nichts anderes."[343]

Als er die grundlegenden Aussagen auf diesen Seiten abschließt, ist sich Johannes XXIII. dieses einen vollkommen bewußt: „Hier handelt es sich nicht um den Schlußpunkt des menschlichen Lebens, sondern um das Ziel, die himmlische Berufung, zu welcher der Papst durch eine geheimnisvolle Anordnung der Vorsehung erhoben wurde.

Die Berufung zeigt sich in einem dreifachen Licht: persönliche Heiligung des Papstes, die sein Leben glorreich macht; die Liebe zur gesamten heiligen Kirche, nach dem Maß der göttlichen Gnade, die allein ihre Glorie herbeiführen und sichern kann; schließlich der bestimmte Wille Jesu Christi, der allein durch den Papst nach seinem Wohlgefallen die Kirche regiert, im Blick auf jene Glorie, in der alles gipfelt auf Erden und im Himmel.

Die hochheilige Pflicht des demütigen Papstes ist es, in diesem Licht der Glorie alle seine Absichten zu läutern, in Übereinstimmung mit der Gnade zu leben, so daß er sich die höchste Ehre verdient, Christus, dessen Stellvertreter er ist, vollkommen ähnlich zu werden: Christus, dem Gekreuzigten, der um den Preis seines Blutes die Welt erlöst hat: Christus, dem Rabbi, dem Meister, dem allein wahren Lehrmeister der Jahrhunderte und der Völker. [...]

Der Nachfolger Petri weiß, daß in seiner Person und in seinem Tun die Gnade und das Gesetz der Liebe alles trägt, belebt und verschönert. Im Austausch der Liebe zwischen Jesus und ihm, Simon oder Petrus, dem Sohn des Johannes, erhebt sich gleichsam auf einem sichtbaren und einem unsichtbaren Fundament die Kirche im Angesicht der Welt: auf Jesus, der für die leiblichen Augen unsichtbar bleibt, und dem Papst als dem Stellvertreter Christi im Angesicht der ganzen Welt. Welche Ehre und welche Freude ist es für mich, an dieses Geheimnis innigster Liebe zwischen Christus und seinem Stellvertreter zu denken, aber zugleich wieviel Anlaß zur Beschämung über die Armseligkeit und das Nichts, das ich bin! Mein Leben muß ganz Liebe zu Christus sein und zugleich ganz ausstrahlende Liebe und Hingabe für die einzelnen Menschen und für die ganze Welt."

Das Konzil rückt näher

Daß Johannes XXIII. der langen und immer weniger überzeugenden Vorbereitung des Konzils ein Ende setzen wollte, das zeigt auch der Brief, den er an Epiphanie 1962 an den Klerus der ganzen Welt richtet[344], auf den dann am 2. Februar die Festsetzung des Datums für den Beginn der Konzilssitzungen auf den 11. Oktober folgt, den Tag, an dem sich die Verkündung des Dogmas über Maria als Gottesgebärerin auf dem Konzil von Ephesus wieder einmal jährt.

Engagement für das Konzil

Der Brief vom Epiphaniefest war konzipiert als eine „Einladung an alle und jeden einzelnen – Priester und Ordensleute – zum eifrigeren und vollkommen gesammelten Gebet des Breviers für einen guten Erfolg des Zweiten Vatikanischen Konzils. Ich habe diesen Brief in aller Einfachheit und mit Liebe vorbereiten und ihn auf dieses Fest der Erscheinung des Herrn datieren wollen und ihn in meiner auf lateinisch gehaltenen Rede zum Abschluß der dritten Sitzung der Zentralkommission des Konzils angekündigt. Die Einladung an den gesamten Klerus braucht einige Tage, bis sie in aller Welt verbreitet und in die verschiedenen Sprachen übersetzt ist. Es ist allgemeine Überzeugung, daß dies ein glücklicher Vorschlag ist, der dazu beitragen kann, jene vollständige Übereinstimmung der Geister zu erreichen, für die das Konzil erwartet und vorbereitet wird. Es wird erwartet und vorbereitet als Bemühung um Klarheit der Lehre, die fähig ist, die moderne Welt zu erhellen, wie sie heute ist – mit dem Fortschritt der Wissenschaften und den heutigen Formen des persönlichen Lebens und der Gesellschaft; vor allem aber als Bemühung um geistliche Vollkommenheit und um Heiligung des Klerus"[345].

Der Brief schloß „mit einem Abschnitt aus jenem wunderbaren Trostbuch, das die Apokalypse ist, der der Meditation vor allem der Priester gehaltvolle Nahrung liefern kann. Darin wird beschrieben, wie im Himmel eine göttliche Liturgie gefeiert wird: ‚Und der Wohlgeruch des Weihrauchs mit den Gebeten der Heiligen stieg aus den Händen des Engels empor zu Gott.' Dies ist ein eindrucksvolles Bild für den Einfluß, den die Gebete der Heiligen, das heißt der Kirche, dank der Güte und Barmherzigkeit Gottes auf den Lauf der Ereignisse in der Geschichte der Menschheit haben. Das Vertrauen auf diese übernatürliche Wirksamkeit des Gebetes der Kirche und insbesondere des Stundengebetes hat uns angeregt, mit dieser Ermahnung alle, die daran beteiligt sind, zu bitten, es für den guten Ausgang des Konzils darzubringen."[346]

Während dieser Monate des Jahres 1962, als es nunmehr gewiß ist, daß das Konzil stattfinden wird, und zwar unter dem Pontifikat von Papst Johannes, werden die Spannungen besonders intensiv sichtbar, die zwar im Embryonalzustand auch schon in den vorhergehenden Jahren vorhanden waren, aber doch wie in Watte verpackt und in die Welt des Vatikans weggesperrt.

Die bevorstehende Eröffnung des Konzils, die durch das Motuproprio *Consilium* vom 2. Februar 1962 auf den kommenden 11. Oktober festgesetzt worden war, macht auch die Einladung an die Bischöfe des Sowjetblocks aktuell. Es intensivieren sich die Kontakte durch Vermittlung von Msgr. Lardone und dem sowjetischen Botschafter in Ankara – mit dem Ergebnis, daß die sowjetische Regierung Anfang April ihr Einverständnis zur Teilnahme der Bischöfe am Konzil ausspricht. Das war ein Ergebnis, das wenige Monate vorher noch unvorstellbar gewesen war, aber ein Vorspiel darstellte zu einem weiteren und ehrgeizigeren Unternehmen: zu erreichen, daß Beobachter des russisch-orthodoxen Patriarchates Moskau zum Konzil entsandt würden. Es ist noch nicht möglich, die Reaktionen der westlichen Diplomaten auf diese Kontakte zu untersuchen. Sicher aber ist, daß die Initiative Johannes' XXIII. die Zeit der internationalen Entspannung vorwegnahm, indem sie zeigte, daß es möglich war, wichtige Ergebnisse zu erzielen, ohne jedoch Zugeständnisse auf ideologischem Gebiet machen zu müssen.[347]

Zu Ostern wendet sich Papst Johannes mit einer *Epistula Paschalis* an alle katholischen Bischöfe, um sie zur aktiven Beteiligung am Konzil zu drängen.[348] Dieser Brief durchbrach die fast absolute Zurückhaltung, welche die Vorbereitungsarbeiten umgab. Denn er bekräftigte unmißverständlich, daß das Konzil nach Überzeugung des Papstes eine unveräußerliche Verantwortung hatte, welche die Bischöfe vollauf und in kollegialer Weise wahrnehmen mußten, ohne sich bloß auf die passive Billigung der von den Vorbereitungskommissionen erarbeiteten Texte zu beschränken, wie nicht wenige es tatsächlich wünschten.

Die Kreise, die geglaubt hatten, mittels der Vorbereitungsarbeit das II. Vatikanum beherrschen zu können, reagieren hart auf diese päpstlichen Initiativen zugunsten der Schaffung eines Klimas aktiver Beteiligung der verschiedenen kirchlichen Komponenten und vor allem der Bischöfe. Ein Thema, das scheinbar nur ein Randphänomen betrifft, das aber in Wirklickeit von entscheidender Bedeutung ist, stellt die Sprache dar, in der die Konzilsarbeiten abgewickelt werden sollen. Zu wiederholten Malen hatte der mit der Vorbereitung befaßte Apparat die Unentbehrlichkeit des Lateinischen behauptet. Man konnte sich nicht verhehlen, daß dies von vornherein einen Vorteil für die Bischöfe der Kurie oder die ihnen nahestehenden Bischöfe (Italiener, Spanier) bedeutet hätte, während es die anderen und vor allem die Nichteuropäer in eine Position der Unterlegenheit versetzt hätte. Als das Thema des Gebrauchs des Lateinischen beim Konzil bei der Zentralen Vorbereitungskommission aufkam, hatte der Papst erklärt, daß Latein die offizielle Sprache sein werde, daß aber, wenn nötig, auch für die anderen Sprachen Raum sein werde.[349] In Wirklichkeit schenkte die Geschäftsordnung des Konzils diesem Ansatz keine Beachtung, da sie für den Gebrauch der Muttersprachen nur in den Sitzungen der Konzilskommissionen Raum ließ.

Grund zu größerer Aufregung aber gab die Veröffentlichung der Apostolischen Konstitution *Veterum sapientia* am 22. Februar 1962, einer konfusen Collage unterschiedlicher Positionen, die zusammengehalten wurden von der intransigenten Idee, daß die lateinische Sprache die Sprache der Kirche sei. Den verschlossensten Kreisen der Kurie war es gelungen, vom Papst die Zustimmung zu dieser Konstitution zu erreichen.[350] Dieser Text schien, besonders wenn er zusammen mit den vorausgegangenen Lobpreisungen des Lateinischen durch den Papst anläßlich feierlicher Liturgien bedacht wurde, die Diskussion über diese Frage schon zu beenden, bevor das Konzil sie noch eröffnen konnte. Da einige Versuche, die begrenzte Tragweite dieses Aktes zu klären, gescheitert waren, konnten die Bischöfe anscheinend nur auf privatem Weg die Zusicherung erhalten, daß das Konzil die Möglichkeit haben werde, sich in aller Freiheit mit diesem Punkt zu befassen.

Auf derselben Linie liegt das Monitum gegen den Jesuiten und Paläontologen Pierre Teilhard de Chardin, welches das Sacrum Officium Anfang Juli veröffentlichte. Es wurde interpretiert als ein feindseliger Akt gegen viele transalpine Theologen – angefangen bei H. de Lubac –, die immer die volle Rechtgläubigkeit des französischen Jesuiten behauptet hatten. Das Sacrum Officium behauptete nun wieder seine „oberste" Autorität, und gleichzeitig wurde dadurch der Kredit, den die auf Erneuerung zielenden Vorschläge des Papstes bei den Episkopaten hatte, untergraben.

Papst Johannes seinerseits scheint diese ständig sich wiederholenden Akte, die nicht im Einklang stehen mit seiner Linie, stillschweigend einzustecken, ohne jedoch von den Überzeugungen, die seinen Pontifikat lenken, abzugehen. So verfügt er am 12. Juli 1962 die Übersiedlung des gesamten Apparates des Vikariates für die Diözese Rom nach Sankt Johann im Lateran.[351] Das ist ein Akt, der die Autonomie der Diözesankurie betont und auch auf bürokratischer Ebene sichtbar macht, daß es in der Person des Papstes eine Aufgliederung seiner Autorität in seine Eigenschaft als Bischof von Rom und in seine zentrale Verantwortung für die Gesamtkirche gibt.

Der Papst wünschte, daß die verschiedenen Organe des Heiligen Stuhls sich in der Vorbereitung des Konzils engagierten und daß sie dabei im Einklang mit dem von ihm vorgeschlagenen Ansatz handelten. Statt dessen aber ergriff die Bibelkommission unter dem Vorsitz von Kardinal Tisserant immer wieder demütigende Maßnahmen gegen Exegeten, die eine ausgewogene oder offene Linie vertraten, und sorgte dadurch für Verwirrung innerhalb einer der wertvollsten Bewegungen der Kirche, nämlich der Bibelbewegung, die doch berufen war, einen erstrangigen Beitrag zur konziliaren Erneuerung zu leisten. Johannes XXIII. sieht sich daher gezwungen, in aller Strenge einzugreifen: Belegt ist dies in einem an den Kardinalstaatssekretär gerichteten Brief vom 21. Mai 1962.

In diesem Brief deutete er eine mögliche Lösung an: „Entweder die Bibelkommission begreift, daß sie sich bewegen muß, daß sie daran arbeiten und planen muß, dem Heiligen Vater geeignete Maßnahmen vorzuschlagen, die den Erfordernissen der derzeitigen Stunde gerecht werden; oder es ist der Mühe wert, daß sie aufgelöst wird und daß die höhere Autorität *in Domino* für eine Neubildung dieses Organs sorgt. Es muß aber unbedingt Schluß gemacht werden mit dem Aufsehen, das die Unsicherheit erzeugt, die da und dort umgeht, und das niemandem Ehre macht, mit Ängsten davor, daß eindeutige Maßnahmen gegen Tendenzen gewisser Personen oder Schulen getroffen werden müßten. [...] Es wäre uns ein großer Trost, wenn wir im Zuge der Vorbereitung des Ökumenischen Konzils eine Bibelkommission von einer solchen Resonanz und Würde bekämen, daß sie zu einer Stelle wird, an die sich alle unsere getrennten Brüder wenden können und vor der diejenigen Achtung haben können, die, als sie die katholische Kirche verließen, ihre Zuflucht und ihr Heil unter dem schützenden

Schirm des Heiligen Buches gesucht haben, das doch so unterschiedlich gelesen und gedeutet wird."[352]

Zwischen dem 14. und 21. Juli sorgt der Papst dafür, daß einige Exegeten von hohem Rang und guter Offenheit (R. Schnackenburg, C. Spicq, B. Rigaux und S. Léon-Dufour) in die Bibelkommission berufen werden. Außerdem wird der Sekretär der Kommission, A. Miller, durch B. Wambacq ersetzt.[353] Man kann verstehen, daß der Papst angesichts von Situationen wie dieser am Gründonnerstag dieses Jahres notiert: „Die Reformen müssen von oben her beginnen."[354]

Im Juli 1962 wird ihm die Geschäftsordnung des Konzils unterbreitet: Der Papst läßt einige Veränderungen vornehmen.[355] Ebenso verfährt er mit dem Motuproprio, das er approbiert.[356] Dieser Text betont die Wichtigkeit der Beteiligung der Konzilsväter: „Sie sollen zusammen mit uns über die schwerstwiegenden Probleme der Kirche verhandeln." Für die Nichtkatholiken wird hier die Formulierung verwendet: „... die außerhalb ihrer [d.h. der katholischen Kirche] Grenzen leben" anstelle der in den vorausgehenden Textfassungen vorgesehenen intransigenteren Formulierungen wie „die draußen leben" oder „die außerhalb ihres Schoßes leben". Der Text des Papstes verstärkt auch noch die Bezugnahme auf die drei Verantwortlichkeiten der Bischöfe.

Der zentrale Teil des Motuproprio ist der Kirche und dem menschlichen Fortschritt gewidmet, und dort erscheint nun der Zusammenhang mit dem Heilsplan besser koordiniert als vorher. Schließlich wird in den abschließenden Bemerkungen noch der Beitrag aller Beteiligten am guten Gelingen des Konzils erwähnt. Man wird von den ersten Tagen der Konzilsarbeit an sehen, daß der Papst sich nicht nur befähigt, sondern auch verpflichtet fühlte, einzugreifen, um die Geschäftsordnung der fortschreitenden Entwicklung des konziliaren Bewußtseins anzupassen. Das war seine Art, der lebendigen und dynamischen Eigenart der Versammlung Geltung zu verschaffen.

Während des Sommers geht der Papst in seiner Einkehrzeit in Castel Gandolfo daran, seine Eröffnungsrede zum Konzil zu bedenken und auch schon niederzuschreiben, und er vermerkt dazu: „Die Aktivitäten vom 25. Januar 1959 – erste Mitteilung zum Thema Konzil – bis zum 11. Oktober 1962, dem offiziellen Beginn der großen Veranstaltung, sind in der Chronik dieser drei Jahre der Vorbereitungsarbeit verzeichnet. Es sind schon Akten und Informationen im Umlauf. Hier wird seitens des Papstes nach kurzen Anmerkungen zu Daten auf die wichtigsten individuellen Formen – Bete und arbeite! – der Betätigung der frommen und persönlichen Gesinnung beim unmittelbar bevorstehenden Beginn des Konzils hingewiesen. [...]

Das Verhalten des ‚Knechtes der Knechte Gottes' im Blick auf die Feier des Ökumenischen Konzils, das ‚ganz seine eigene Initiative und Verantwortung' ist. [...] Hier ist alles Vorbereitung der Seele des Papstes auf das Konzil: alles, auch die Vorbereitung auf die Eröffnungsansprache, die alle Welt, die in Rom zusammenströmt, erwartet, wie sie auch der Radioansprache lebhafte Beachtung schenkte, die heute abend in aller Welt gehört wurde. Um jedoch meinen Gedanken eine feste Linie zu geben, will ich mich auf die drei göttlichen Tugenden: Glaube, Hoffnung, Liebe, und die vier Kardinaltugenden: Klugheit, Gerechtigkeit, Starkmut und Mäßigung, konzentrieren; diese sieben Leitpunkte sind alle einer tiefen Betrachtung wert, und zwar nicht nur für jeden guten Diener des Herrn, sondern vor allem für die Vervollkommnung der heiligen und heiligmachenden Tugend eines Bischofs, vornehmlich des ‚Bischofs der Bischöfe', der als strahlender Punkt in der Herrlichkeit eines Konzils leuchten soll."[357]

Dreißig Tage vor der Eröffnung des Konzils wendet sich der Papst in einer Rundfunkansprache an die Welt.[358] So eröffnet er seine Ansprache: „Wir sind also mit Gottes Gnade am richtigen Zeitpunkt angekommen. Die prophetischen Worte Jesu [...] ermutigen die Menschen zu guter und großherziger Empfänglichkeit, vor allem in manchen historischen Stunden der Kirche, die offen sind für einen neuen Aufschwung der Erhebung zu den höchsten Gipfeln." So wird anläßlich eines feierlichen Augenblicks ein umfassendes lehramtliches Urteil formuliert, das den Hintergrund des gesamten Pontifikates darstellt – und noch mehr: einer neuen Phase des Lebens der Kirche.

Die gesamte Botschaft ist beherrscht von einem immer aufs neue wiederkehrenden christologischen Motiv in Roncallis Theologie: dem Licht Christi als dem Licht der Kirche und der Völker. Also ein Ansatz, der eine eindeutige Ausrichtung für die Konzilsarbeiten lieferte, gerade weil und insofern er nicht die Kirche und den Papst in den Mittelpunkt rückte. Wo er dann auf die Kirche zu sprechen kam, betonte Johannes ihre Vitalität, die sich Ausdruck verschaffen müsse dadurch, „daß sie ihren Söhnen und Töchtern vor allem die Schätze des erhellenden Glaubens und der heiligenden Gnade vor Augen stellt", die von Christus selbst verheißen sind, und dadurch, daß sie sich in den Dienst der Menschen, ihrer Würde und ihrer christlichen Berufung stelle. Der zentrale Teil der Ansprache war deswegen einem Überblick über die großen Probleme der zeitgenössischen Menschheit gewidmet, der in einer nochmaligen Beschwörung des Friedens gipfelte, eines Friedens, der nicht bloß darin besteht, daß es keine mit Waffen ausgetragenen Konflikte gibt, sondern darin, daß die Menschen geschwisterlich zusammenleben.

Der Papst konnte so reden, weil dies dadurch bestätigt wurde, daß damals tatsächlich ein Prozeß zunehmender Verständigung im Gange war, durch den „die kostbaren Glieder der Kette der Liebe" wieder zusammengefügt wurden, „die des Herrn Gnade schon seit den ersten Jahrhunderten der christlichen Zeitrechnung zur Vervollkommnung der katholischen Einheit über die Länder Europas und der damals bekannten Welt gespannt hatte, und die sich dann durch verschiedene Umstände gelockert hatten und tatsächlich zerbrochen waren..., die aber jetzt wieder zum Vorschein kommen". Wenn es im Jahre 1959 ein unerwarteter Akt war, dem Konzil die Einheit der Kirche als Thema anzuweisen, so konnten nun bloß drei Jahre später unverhoffte Möglichkeiten Wirklichkeit werden. Vor allem eine Passage der Rede konnte als starkes Signal einer immer stärker werdenden Erwartung gelesen werden: „Ein weiterer lichtvoller Punkt: In den Augen der unterentwickelten Länder stellt sich die Kirche dar als das, was sie ist und was sie sein will: als die Kirche aller, und insbesondere als die Kirche der Armen." Das war eine sehr gemäßigte Formulierung, aber sie war doch derart, daß sie von altgewohnten Doppeldeutigkeiten in dieser Hinsicht Abschied nahm.

Der Papst wird bei der Eröffnung des Konzils auf dieses Thema zurückkommen, wenn er sagt, die Kirche müsse sich der Menschheit zuwenden mit den Worten des Petrus: „Silber und Gold besitze ich nicht. Doch was ich habe, das gebe ich dir: Im Namen Jesu Christi, des Nazaräers, steh auf und geh umher!" Das war eine Synthese seines Pontifikates, der auf die Erschließung des wesentlichen Gehaltes des Evangeliums zielte und die Kirche drängte, eine Armut ihrer finanziellen Mittel zu akzeptieren und eine ständige Bereitschaft zu üben, sich auf die Menschen und ihr Leben einzulassen und allen als die gegenüberzutreten, die arm ist an allem, was nicht Christus selbst ist.

Papst Johannes hat keine aufsehenerregenden Taten der Selbstentäußerung vollbracht und vermutlich nicht einmal daran gedacht, aber er hat die Kirche auf einen Weg geführt, auf dem sie sich ihrer eigenen Grenzen bewußt wurde, und so hat er bewirkt, daß sie sich vom Mythos ihrer Allmacht verabschieden mußte. Dessen waren sich etliche Bischöfe bewußt, die sich, als sie – wenige Tage danach – zum Konzil in Rom ankamen, spontan zu einer informellen Arbeitsgruppe zusammenschlossen, die sich direkt von jener Passage der Ansprache des Papstes inspirieren ließ.[359] Wieder einmal zeigte sich, daß ein Wort fähig ist, Tatsachen zu schaffen. Viele Bischöfe, die in jenen Wochen die erste Lieferung der für die Konzilsarbeit vorbereiteten Schemata erhielten, reagierten auf diese Botschaft mit einer intensiven Bewußtseinsbildung, und zwar jeweils in dem Maß, wie sie begriffen, daß der Papst dem Konzil, und das heißt ihnen selbst, tatsächlich einen Freiraum und eine Aufgabe zur Verwirklichung von Erneuerung und Einheit zuerkannte.

Am selben 11. September erscheint im Geistlichen Tagebuch eine kurze „Rückschau auf die großen Gnadenerweise, die dem zuteil wurden, der sich selber für gering achtet, aber die guten Eingebungen aufnimmt und sie in Demut und Vertrauen ausführt". Papst Johannes nennt hier im einzelnen: „Erste Gnade: In Einfachheit die Ehre und die Last des Pontifikates anzunehmen und mit Freude sagen zu können, nichts, aber auch wirklich nichts unternommen zu haben, um sie zu erlangen. Im Gegenteil, ausdrücklich und bewußt darauf bedacht, meinerseits keinen Hinweis auf meine Person zu geben. Sehr zufrieden, als ich bei den verschiedenen Abstimmungen des Konklaves manche Möglichkeiten, die mich betrafen, schwinden und sich anderen Personen zuwenden sah, die auch nach meiner Ansicht überaus würdig und verehrenswert waren.

Zweite Gnade; Die Tatsache, daß mir einige einfache und unmittelbar realisierbare Ideen gekommen sind, die keineswegs kompliziert, sondern ganz einfach, doch von Tragweite und Bedeutung für die Zukunft sind und unmittelbar Erfolg haben. Heißt es doch: Die guten Eingebungen des Herrn aufnehmen, *in Einfachheit und voll Vertrauen.*

Ohne zuvor daran gedacht zu haben, habe ich in einem Gespräch mit meinem Staatssekretär am 20. Januar 1959 die Worte: Ökumenisches Konzil, Diözesansynode und Neufassung des kirchlichen Gesetzbuches ausgesprochen, ohne je zuvor daran gedacht zu haben, und entgegen allen meinen Ahnungen und Vorstellungen über diesen Punkt. Der erste, der von diesem meinem Vorschlag überrascht wurde, war ich selbst, denn niemals hatte mir jemand einen Hinweis dazu gegeben. Und ich muß sagen, daß mir dann alles in der unmittelbaren und kontinuierlichen Entwicklung ganz selbstverständlich erschien.

Nach drei Jahren gewiß mühevoller, aber auch glücklicher und ruhiger Vorbereitung sind wir nun am Fuße des heiligen Berges angelangt. Der Herr möge uns helfen, alles zu einem guten Ende zu führen."[360]

Italienische Politik

Die traditionelle Verbindung der italienischen Politik mit dem Vatikan (der sog. *„collateralismo"* gegenüber der christlich-demokratischen Partei) war in Schwierigkeiten geraten infolge der Orientierung Johannes' XXIII., die darauf zielte, den italienischen Bischöfen mehr Verantwortung zuzuweisen und seine päpstliche Amtsführung mehr auf die pastoralen Probleme der Gesamtkirche zu konzentrieren. Die Folge ist, daß man immer wieder Zeuge von „Enttäuschungen" auf seiten italienischer politischer Kreise wird, wenn sie meinen, vom Papst nicht die gewünschte politische Unterstützung zu erhalten. Parallel dazu haben andere Kreise keine Hemmungen, den Papst anzuklagen, er begünstige auf diese Weise die Linksparteien.

Im Sommer 1962 gab es anläßlich des Planes der Mitte-links-Regierung zur Verstaatlichung der Elektroenergie erzeugenden Gesellschaften nachdrückliche Bitten um eine Audienz der Spitzenleute der „Confindustria italiana" beim Papst. Diese Audienz hätte den Eindruck einer eindeutigen Unterstützung der Positionen gehabt, die gegen die Verstaatlichung waren. Am 9. Juli schreibt Johannes XXIII.: „Der Heilige Vater hat daran festgehalten, sich nicht einzumischen in die Streitigkeiten politisch-sozialer Art zwischen seinen Söhnen, die er respektiert und gleicherweise verständnisvoll liebt. Es ist der Herr, der die Herzen aller erforscht und kennt. Die gute und allgemeingültige Lehre ist ja vorhanden. Jeder sollte nur lesen, was Paulus an die Römer, Kap. 14, Vers 4–12, schreibt. Es sollte aufmerksam und von allen gelesen werden. Dann wird man das persönliche Schweigen des Papstes zu den Diskussionen der letzten Monate verstehen, Diskussionen zwischen Brüdern, die der Vater alle gleich lieb hat, über Fragen politisch-wirtschaftlicher Art, bei denen es etwas gewaltsame Bezugnahmen auf die heiligsten Grundsätze der Evangeliumsverkündigung und des sozialen Lehrens der Kirche gibt, die unterschiedlich auf die Wirklichkeit angewandt werden.

In den vier Jahren, seit Papst Johannes seine Verantwortung ausübt, hat er niemals die Gelegenheit gesucht noch sie genutzt, wenn sie sich zufällig bot, bei irgendeiner Begegnung mit Personen der Regierung oder gewerkschaftlicher Organisationen oder mit Leuten, die sonstwie in diese Auseinandersetzung verwickelt sind, seine Zurückhaltung aufzugeben: Nach dem Beispiel des Patriarchen Jakob, der sich inmitten seiner Söhne der einen oder anderen Partei damit begnügte, zu beobachten, zu leiden, zu schweigen. ‚Der Vater aber bedachte die Sache im stillen' (Gen 37,11).

Diese Äußerungen mögen der Präsident und der Vizepräsident der *Confederazione Nazionale Italiana degli Industriali* als Bitte verstehen, den Papst von der Gewährung einer Audienz zu dispensieren, einer Audienz, die nicht geheim bleiben könnte und die Anlaß zu unterschiedlichen Vermutungen geben würde. Im übrigen dürfte es allen zur Freude gereichen zu wissen, daß der Papst alle seine geliebten Söhne segnet, die sich aus rechter Gesinnung, wenn auch mit etwas überschießender Emotion oder aus verständlicher Sorge bemühen, die Soziallehre der Kirche zu verstehen und in die Praxis umzusetzen. Allen wünschen wir Weisheit und Klugheit, Geduld und Mut. Johannes XXIII. P.P."[361]

Einige Tage vorher hatte der Papst, als er den Präsidenten der Italienischen Republik in Audienz empfing, es für angebracht gehalten, folgendes ausdrücklich zu präzisieren: „Die persönlichen Aufgaben eines jeden sind hier in Rom genau festgelegt. Das eine ist nämlich der Papst im Vatikan, und ein anderes ist der Präsident der Italienischen Republik im Quirinal. Dieses Rom ist gewiß das Vaterhaus, in dem es viele Aufgaben gibt. Und damit tatsächlich viele Wohnungen: Und unter ihnen sehr verschiedene, solche der Natur und solche der Gnade. Aber über ihnen allen bricht sich das Licht aus einer und derselben Quelle, das Licht der guten und göttlichen Vorsehung im Himmel, das alle Dinge geordnet hat und fortfährt, alle Dinge in unterschiedlicher und für jeden von uns einmaliger Abstufung zu ordnen, Abstufungen der Energien und unverwechselbarer Aufgaben, zum Wohl der heiligen Kirche und zum Heil aller Völker [...]

Seit nunmehr vier Jahren fährt der demütige Nachfolger Petri fort, in der Wahrnehmung seines allerhöchsten und heiligen Auftrags der Wahrheit, der aufrichtigen und unerschrockenen Güte, der Gerechtigkeit, der Chancengleichheit und dem Frieden in der Welt Ehre zu erweisen. Alle Nationen der Erde, alle ehrlichen und offenen Menschen sind eingeladen, mitzuwirken an diesem großen Unternehmen des Wiederaufbaus der Welt – im Licht und unter dem zündenden Funken nicht der materiellen, zur Zerstörung dienenden Waffen, sondern der ewigen Grundsätze der christlichen Ordnung, in die es einzudringen gilt, die wiederaufgerichtet und auf die unterschiedlichen Lebensbedingungen der Völker und der Familien angewandt werden sollen. Die heilige Kirche Christi hat in Rom das Ökumenische Konzil vobereitet und ist noch dabei, es vorzubereiten, diese beeindruckende Versammlung sachkundiger und erleuchteter Abordnungen, um die Wege zu diesem allgemeinen Wiederaufbau der christlichen Gesellschaftsordnung zu markieren. [...]

Sie wissen, daß Wir schon vor einem Jahr bei der Einleitung der Arbeiten für das Konzil ein gewichtiges Dokument zu gesellschaftlichen Fragen veröffentlicht haben, das immer noch bei allen Nationen der Welt ein vielfältiges, beglückendes und von brennendem Eifer zeugendes Echo der Zustimmung und des Beifalls auslöst. In der Enzyklika *Mater et Magistra* werden Probleme der Gerechtigkeit und der sozialen Liebe in helles Licht gerückt und werden Vereinbarungen und Lösungen vorgeschlagen, die schon eine Vorbereitung und ein Vorgeschmack der wichtigsten Grundsätze sind, die der Proklamation durch ein Konzil würdig sind.

Zum Abschluß dieses providentiellen Dokumentes – an das Wir immer mit Bewegung denken – hatten Wir den von Uns bereits besiegelten Seiten noch einige weitere ganz von Unserer Hand stammende aus dem heiligen Buch der Psalmen ausgewählte Sätze hinzufügen wollen. Heute möchten Wir diese nochmals aufgreifen – als frohen, herzlichen und von Unserem Segen begleiteten Glückwunsch zu dem Dienst, den Sie mit Ihrer Wahl zum Haupt des italienischen Staates übernehmen. Es sind dies Worte aus dem 84. [nach der hebräischen Zählung und der deutschen Einheitsübersetzung dem 85.] Psalm: „Ich will hören, was Gott redet: Frieden verkündet der Herr seinem Volk und seinen Frommen, den Menschen mit redlichem Herzen. Sein Heil ist denen nahe, die ihn fürchten. Seine Herrlichkeit wohne in unserem Land. Huld und Treue mögen einander begegnen. Gerechtigkeit und Friede mögen einander küssen. Treue sproßt aus der Erde hervor. Gerechtigkeit blickt vom Himmel hernieder. Auch spendet der Herr dann Segen, und unser Land gibt seinen Ertrag. Gerechtigkeit geht vor ihm her, und Heil folgt der Spur seiner Schritte. (Ps 84/85, 9 ff).“[362]

Mit fester Abstufung entwickelt der Papst eine Linie, deren er sich vollauf bewußt war, wie das Geistliche Tagebuch bezeugt: „Was auffallend und providentiell erscheint, ist der klare Trennungsstrich, den diese Menschenmengen, Italiener und noch mehr Ausländer, die in Rom zusammenströmen, alsbald zwischen dem Heiligen und dem Profanen zu ziehen wissen. Hier das Rom als Metropole der katholischen Kirche, Sitz des universalen römischen Pontifikats, und dort das Rom der antiken Denkmäler, im Wirbel des bürgerlichen und ... mondänen Lebens, das auch an den Ufern des Tibers herrscht. All das jedoch mit dem Vorzug eines gegenseitigen Respektes vor der Verschiedenheit der menschlichen Elemente und ohne Härten in den Beziehungen zwischen Italienern und Nichtitalienern. Der Papst hat seinerzeit an seinem Vorsatz festgehalten – der hinreichend verstanden wurde –, sich für alles, was Dienst am Glauben, an der Gnade, an der pastoralen Spiritualität ist, einzusetzen, sich aber von den ‚Einmischungen‘ politischen Charakters, welcher Art und Abstufung auch immer, fernzuhalten.

Die Worte der Heiligen Schrift über das Verhalten des alten Patriarchen Jakob zwischen seinen Söhnen von rechts und von links, ‚der Vater aber bedachte die Sache im stillen‘, waren sehr glücklich. Jeder verstand, an seinem Platz zu bleiben, mit Maßen. [...] Und entgegen den Horoskopen, die vom Untergang der Welt reden, haben wir: einen Präsidenten der Republik, Segni, der jeden Tag kommuniziert; einen Bürgermeister von Rom, Della Porta, einen der besten Alumnen des Istituto Massimo der Jesuiten; und dazu die Anbahnung einer hervorragenden und wohlgeordneten Stadtverwaltung. Das mag zwar mit einigen Schwierigkeiten bei der Reorganisation der Verwaltung einhergehen. Aber Regierung und Stadtverwaltung arbeiten nach bestem Vermögen zusammen in der doppelten Absicht, daß das Konzil der Stadt Rom würdig gelinge, in Anbetracht seiner geistlichen Leitungsfunktion für die Welt, und daß andererseits Rom hinsichtlich der Unterbringung, der Verpflegung, der urbanen Gastfreundschaft und Ehre, die man den Gästen aus aller Welt erweisen will, die Rekorde der Vergangenheit übertreffe. Das ist weit mehr, als man nach Abneigung gewisser Geister, die es zwar überall im Dienst des ‚Fürsten dieser Welt‘, vor allem aber in Rom gibt, erwarten durfte.“[363]

Regierungsaktivitäten

Während des Frühjahrs 1962 gibt es eine neue Kardinalskreierung und die Errichtung der kirchlichen Hierarchie in Korea. Am 15. April hebt der Papst den Rang der Kardinaldiakone an, indem er verfügt, daß in Zukunft auch die Kardinaldiakone alle die Bischofskonsekration empfangen sollen. Am 21. Mai wendet sich der Papst mit dem schon erwähnten Brief an den Kardinalstaatssekretär, mit dem er in die Polemik gegen die Bibelkommission eingreift. Am 3. Juni wird ein neuer Aufruf zum Frieden in Algerien veröffentlicht und am 1. Juli die Enzyklika *Poenitentiam agere.*

Im Laufe des Sommers wird mit der Rede des Papstes zu den Weltraumflügen eine neue literarische Gattung in die päpstliche Lehrtätigkeit eingeführt. Von besonderem Interesse im Themenbereich Ökumene ist Anfang September 1962 die Mitteilung von Nuntius Lardone, daß Patriarch Athenagoras von Konstantinopel beabsichtige, den Papst zu besuchen.

„Exsultat Ecclesia"

Gerade nun, da die letzten Wochen vor dem Beginn des Konzils verstreichen, wird bei Papst Roncalli ein Krebsleiden diagnostiziert. Das Ende seines langen Lebens und seines kurzen Pontifikats steht nun unmittelbar bevor.

Der Papst wird von einer seit langem verinnerlichten asketischen Lebenseinstellung und von der Erwartung, daß er das Konzil eröffnen kann, aufrecht gehalten. Im Licht dieser Haltung läßt sich sein Entschluß erklären, an dem Programm einer doppelten Pilgerreise nach Loreto und Assisi festzuhalten. Diese Reise erhält ihre einzigartige Krönung dadurch, daß eine große Volksmenge herzlich daran Anteil nimmt. Dies war die erste über Rom hinausführende Reise eines Papstes nach dem Ende der weltlichen Herrschaft der Päpste, also seit mehr als hundert Jahren. Der Empfang, der ihm jeweils von den zivilen Autoritäten bereitet wurde, bestätigte nochmals, daß es keinerlei „römische Frage" mehr gab.

Die eigentliche Bedeutung der Reise aber beschrieb der Papst in Loreto folgendermaßen: „Die heutige apostolische Pilgerfahrt zu diesem altehrwürdigen Heiligtum will die Besiegelung der Bittgebete für das glückliche Gelingen der großen ökumenischen Versammlung sein, die zu Gott emporsteigen aus allen Tempeln der Welt in Ost und West und von den heiligen Orten, an denen Menschen im verborgenen Schmerzen leiden und Buße tun; und sie will auch ein Symbol sein für den Weg der Kirche hin zur Erringung der geistlichen Herrschaft, die im Namen Christi ausgeübt wird, der das Licht zur Erleuchtung der Heiden ist (vgl. Lk 2,32), einer Herrschaft, die Dienst und brüderliche Liebe ist und sehnsuchtsvolles Seufzen nach Frieden ..." Der erste Gedanke, den der Papst in diesem marianischen Heiligtum vorträgt, ist die Menschwerdung des göttlichen Wortes: „Die uns so vertraute Betrachtung dieses Geheimnisses will von diesem Ort her Elan gewinnen, um die Menschen einzuladen, über diese Verbindung des Himmels mit der Erde nachzudenken, die der Zweck der Menschwerdung Gottes und der Erlösung ist; und ganz konkret ist sie also auch der

Zweck des Ökumenischen Konzils."[364] So erklärt er den eigentlichen Sinn der Verehrung, die er für Maria hegt.

Der Aufenthalt am Grab des Franziskus in Assisi bietet die Möglichkeit, an zwei ihm teure Themen zu erinnern: an die Rolle der „Kleinen" in der Kirche und an den Frieden, zwei Themen, die beide eine bedeutende Rolle in der Botschaft vom vorausgehenden 11. September spielen. Der Papst zitiert aus seiner eigenen Rede, die er acht Jahre vorher an eben diesem Ort gehalten hatte: „Aus dem Evangelium, aus den geheimnisvollen Worten Jesu: ,Ich preise dich, Vater, daß du all das den Weisen und Klugen verborgen, den Kleinen und Unschuldigen aber offenbart hast' (Mt 11,25), aus diesen Worten ziehen wir diese schlichte Lehre: Diese sind es, denen das Himmelreich verheißen wird; und wenn bloß diesen – also weder den Selbstgefälligen noch den Gewalttätigen –, dann stehen wir hier bei Sankt Franziskus wirklich an den Pforten des Paradieses. Menschlicher Weisheit nämlich, irdischen Reichtümern, unangefochtener Herrschaft, all dem, an dem die Welt sich unter vielerlei Namen weidet – Glück, Wohlstand, großes Ansehen, politische Bedeutung, Macht und Durchsetzungskraft –, all dem wird hier Einhalt geboten, all dies erweist sich hier als brüchig." Wenig vorher, nachdem er gesagt hatte, daß „Christus das Licht der Welt" sei, formulierte er diesen Aufruf: „Im Namen und in der Kraft Christi, unseres Herrn: Friede sei den Völkern, den Nationen, den Familien; und von diesem Frieden her steige auf alle herab die Teilhabe am geistigen und materiellen Wohlergehen, die zur Freude der Herzen wird und zur Ermutigung, aufzubrechen auf dem Weg zu einem unbeschwerteren und edleren Leben. Es möge Friede sein in Eintracht, in einem von dem einen Ende der Erde zum anderen reichenden wechselseitigen Austausch der unermeßlichen Reichtümer verschiedener Art, die Gott den Menschen mit ihrem Verstand, ihrem Willen und Forschungsgeist anvertraut hat, damit die gerechte Neuverteilung der Güter zum Signal werde für die Hochhaltung jener Grundregeln sozialen Verhaltens, die von Gott kommen und zu Gott zurückführen."[365]

Nunmehr ist es vor allem die Vorbereitung der für die feierliche Konzilssitzung am 11. Oktober vorgesehenen Eröffnungsansprache, die den Papst intensiv beschäftigt.[366] Johannes war sich seiner eigenen Verantwortung wohlbewußt und reklamierte für sich die Vaterschaft an diesem Text, „Wort für Wort", deren lateinische Fassung er auch in Frage stellte – mit besonderer Aufmerksamkeit für die, „die unter dem Banner des Spruches kämpfen ,Sie können mich beugen, aber sie können mich nicht zerbrechen', der an sich so schön ist, aber in der Ungewißheit, wie er angewandt werden soll, auch so unglücklich ist"[367].

Das Konzil wird eröffnet

In einem Freude machenden feierlichen Rahmen, umgeben von mehr als zweitausend Bischöfen und unter den Augen einer großen Zahl von Menschen in aller Welt, sagt Papst Johannes, Christus sei wie schon vor zweitausend Jahren immer noch das große Thema, vor das die Welt gestellt sei und zu dem die Menschen Stellung beziehen müßten. Die Kirche habe die feste Zuversicht: „Durch ein angemessenes Aggiornamento und durch eine kluge Organisation der gegenseitigen Zusammenarbeit wird die Kirche erreichen, daß die einzelnen Menschen, die Familien und die Völker mit größerer Aufmerksamkeit die himmlischen Dinge beachten." Der schon am Tag seiner Wahl zum Nachfolger des Petrus ausgesprochene Plan wurde nun in aller Klarheit nochmals vorgestellt. Der Papst fährt damit fort, daß er die glücklichen Umstände ins Licht rückt, unter denen die Versammlung eröffnet wird und welche die von ihm zu wiederholten Malen geäußerte positive Wertung der geschichtlichen Stunde bestätigen. Diesmal jedoch ist er entschlossen, ausführlicher über seine eigene Beurteilung zu sprechen. Er sagt: „Es verletzt uns, wenn wir manchmal Vorhaltungen von Leuten anhören müssen, die zwar voll Eifer, aber nicht gerade mit einem sehr großen Sinn für Differenzierung und Takt begabt sind …"

Johannes hatte nämlich wahrgenommen, daß es außerhalb und innerhalb der Konzilsversammlung eine pessimistische Stimmung gab, die dazu führte, daß eine Bremsaktion unternommen wurde, die mehr und mehr belastend wurde und die vor allem in den Organen Gehör fand, die leitend tätig waren bei der Vorbereitung der Entwürfe für das Konzil. Deswegen wandte er sich nachdrücklich gegen die im wesentlichen negativen Bewertungen der Gegenwart und gegen die nostalgische Verklärung der Vergangenheit. Seine Sprache nimmt einen gebieterisch-feierlichen Ton an, als er sagt: „Wir müssen diesen Unglückspropheten widersprechen, die immer nur Unheil voraussagen, als ob der Untergang der Welt unmittelbar bevorstünde."

Nachdem er so das Terrain freigeräumt hat, bekräftigt er: „In der gegenwärtigen Stunde werden wir von der göttlichen Vorsehung zu einer allmählichen Neuordnung der menschlichen Beziehungen geführt. […] Alles, sogar was die Menschen dagegen tun, wendet sich zu dem, was für die Kirche das Bessere ist." Das Desinteresse der Welt für die Sorge um geistliche Dinge, so fügt er hinzu, müsse man zwar bedauern, aber man dürfe nicht den Vorteil verkennen, der sich daraus für die Kirche ergebe, frei handeln zu können. Unter diesen Rahmenbedingungen sei das Konzil berufen, „das unveräußerliche Überlieferungsgut der christlichen Lehre wirksamer zu bewahren und zu lehren".

Der Akzent wird daher auf die größere Wirksamkeit gesetzt, wobei unvermeidlicherweise mitgemeint sein muß, daß das frühere Handeln der Kirche als unangemessen zu werten sei. Es reicht nicht, sich von dem von den Vätern überkommenen heiligen Erbe nicht zu entfernen, sondern es gilt gleichzeitig, „auf die Gegenwart zu achten, auf die neuen Lebensverhältnisse und Lebensformen, wie sie durch die moderne Welt geschaffen wurden. Diese haben neue Wege für das Apostolat der Katholiken eröffnet." Daraus ergibt sich die Notwendigkeit, eine „antiquarische" Auffassung von der Kirche und ihrer Lehrtätigkeit zu überwinden" – eine Überzeugung, die tief in Roncalli verwurzelt ist: „Unsere Aufgabe ist es nicht nur, diesen kostbaren Schatz zu bewahren, als ob wir uns nur um Altertümer kümmern würden. Sondern wir wollen uns mit Eifer und ohne Furcht der Aufgabe widmen, die unsere Zeit fordert. So setzen wir den Weg fort, den die Kirche im Verlauf von zwanzig Jahrhunderten gegangen ist."

Aus all dem leitet Johannes die Folgerung ab, daß das Konzil sich nicht darauf konzentrieren soll, „den einen oder anderen der grundlegenden Glaubensartikel zu diskutieren", sondern daß es berufen sei, einen „Sprung nach vorwärts" zu tun, „der einem vertieften Glaubensverständnis und der Gewissensbildung zugute kommt"; damit bleibe man wohl der unverfälschten Lehre treu, aber diese müsse „mit wissenschaftlichen Methoden erforscht und mit den sprachlichen Ausdrucksformen des modernen Denkens dargelegt werden". Es ist nicht verfehlt, sich vorzustellen, daß Johannes auf diese Weise das Konzil und die Kirche anleiten wollte, sich – entsprechend dem von ihm selbst im längst vergangenen Jahr 1907 bei der Gedenkfeier für Baronius vorgetragenen Anliegen – schließlich und endlich mit der induktiven Methode zu messen und bei der Verkündigung der christlichen Botschaft die Sprache des Menschen von heute zu sprechen. So wurde die Berechtigung methodologischer Anliegen anerkannt, denen gerecht zu werden der Papst selbst – als Angehöriger seiner Generation – nicht oder nur zum Teil imstande war. Vielleicht geschah gerade in diesem Fall eine Ausübung des Primates im starken Sinn, insofern der Papst es verstand, der Kirche Aufgaben zu stellen, von denen er wußte, daß er selbst sie nicht vollkommen erfüllen konnte.

Um keine Mißverständnisse darüber aufkommen zu lassen, was der Sinn seiner Hinweise sei, greift Johannes unmittelbar danach zurück auf seine alte Unterscheidung zwischen Substanz und Akzidentien, zwischen Wesentlichem und Nebensächlichem: „Denn eines ist die Substanz der tradierten Lehre, d.h. des *depositum fidei;* etwas anderes ist die Formulierung, in der sie dargelegt wird." Die Aufmerksamkeit müsse sich konzentrieren auf die veränderliche Art der Darlegung des Glaubens entsprechend den Erfordernissen „eines Lehramtes von vorrangig pastoralem Charakter". Mit der Formulierung dieses Kriteriums schließt Johannes aus, daß das Konzil sich für ein vornehmlich intellektuelles und an einer theologischen Technik interessiertes Werk engagieren müsse, und er betont die Notwendigkeit, die Aufmerksamkeit vielmehr auf die Erfordernisse der pastoralen Praxis zu konzentrieren, die sich auf die Verkündigung des Evangeliums und auf das christliche Leben beziehen – ganz entsprechend seinem Modell des Guten Hirten. Es ging hier nicht darum, die „Pastoral" als Gegensatz zur „Theologie" zu verstehen, sondern – wie es schon die Formulierung „pastorales Lehramt" nahelegt – sich den Stil des Guten Hirten zu eigen zu machen als formgebendes Kriterium für die Beurteilung allen Handelns der Kirche und daher auch des lehramtlichen Handelns. Ein weiteres Mal focht Johannes hier für eine These, die eine grundlegende neutestamentliche Orientierung mit einem kennzeichnenden Moment der Verfassung des Menschen verschweißte.

Im Licht dieser Einsichten formuliert er auch die unterschiedlichen Weisen, wie die Kirche Widerstand gegen die Irrtümer leisten könne, die es auch heute gebe. Statt diese mit größter Strenge zu verurteilen, wie es Jahrhunderte hindurch für die westliche Kirche charakteristisch war, zieht Johannes „das Heilmittel der Barmherzigkeit" vor, eine Tugend, die ihm immer so teuer war. Er ruft die Kirche auf, „die Triftigkeit ihrer Lehre nachzuweisen, statt neue Verurteilungen auszusprechen". Es ging auch hier darum, einen geschichtlichen Kreis zu schließen, Schluß zu machen mit einem Vorgehen, das vornehmlich auf das Streitgespräch gesetzt hatte, das mit dem Kampf gegen den Protestantismus begonnen hatte und das sich noch verschärft hatte im Widerstand gegen die moderne Welt und die Entchristianisierung. Dies war ein Zyklus, während dessen die Kirche immer mehr ein hartes und oft mürrisches Gesicht aufgesetzt hatte, so als ob der christliche Glaube und die christliche Wahrheit vor einer direkten Berührung mit der Geschichte und dem Leben bewahrt werden müßten. Daraus wurde dann auch innerhalb der Kirche selbst ein monolithisches Denken eingeführt, womit man Gefahr lief, den Reichtum der einander ergänzenden Anschauungen, die es im Neuen Testament und in der christlichen Geschichte gibt, zu verlieren. Im Blick auf all dies ist die von Papst Johannes vorgetragene Methode, die Glaubenslehre „weder im Ton einer Verurteilung noch eines Ultimatums" darzubieten, keine Verwerfung der Vergangenheit, sondern die Anerkennung neuer Erfordernisse; ein Problem der neuen Einkleidung der alten Wahrheiten, die oft als eine Veränderung der Substanz mißverstanden wurde.

Der letzte Teil der Ansprache war der Einbeziehung der Nichtkatholiken gewidmet, die diese neue Orientierung der katholischen Kirche bewirkte. Der Papst sieht, daß es schon eine Einheit gibt „im Gebet und in leidenschaftlicher Hoffnung", und so erkennt er dem Ökumenismus das Recht zu, einen offiziellen Platz im Leben der römischen Kirche zu erhalten. Andererseits fand der Ökumenismus in den direkten Kontakten des Papstes selbst mit den führenden Leuten der anderen Kirchen und vor allem in der Anwesenheit von deren offiziellen Vertretern als Beobachter beim Konzil einen sichtbaren Ausdruck und eine reale Wirksamkeit, wie sie noch vor wenigen Jahren unvorstellbar gewesen wären. „Ja, wenn wir es recht bedenken", fährt Papst Johannes in seiner Rede fort, „bricht sich das Licht der Einheit, um die Christus für seine Kirche gebetet hat, in drei Strahlen: die Einheit der Katholiken untereinander, die als Vorbild ungebrochen bewahrt werden muß, die Einheit mit den vom apostolischen Stuhl getrennten Christen, deren Gebet und leidenschaftliche Hoffnung darauf abzielt, daß wir wieder zusammengeführt werden, endlich die Einheit, welche die noch nicht christlichen Religionen mit der Kirche in Wertschätzung und Respekt verbindet."

Wie auch bei anderen Passagen, so hat der originale Text des Papstes einen spürbar anderen Ton: „Dieses Geheimnis oder Sakrament der Einheit bietet sich unserem Geist dar in einer dreifachen Ausstrahlung: Einheit der katholischen Christen untereinander, sehr fest gefügt und erbaulich; Einheit der Christen, die zu den verschiedenen an Christus glaubenden Konfessionen gehören, Orthodoxe, Protestanten unzähliger [Konfessionen(?)] usw.; Einheit der den verschiedenen nichtchristlichen religiösen Familien Angehörenden, die den größten Teil menschlicher Geschöpfe darstellen, auch sie erlöst durch das Blut Christi, die aber noch keinen Anteil haben an der Gnade und der Kirche Jesu Christi, des Erlösers aller Menschen." Eine kosmische Vision der Einheit, die wesentlich christozentrisch ist!

In der Schlußermahnung werden die Bischöfe eingeladen, „auf die Inspiration durch Gottes Geist zu hören, auf daß die gemeinsame Arbeit den heutigen Erwartungen und Bedürfnissen aller Völker entspreche". In einem gewissen Sinn schloß sich an diesem feierlichen 11. Oktober der Ring der Verantwortung: Jetzt lag es bei den Bischöfen, sich fähig zu erweisen, den Dialog lebendig zu halten und den Verpflichtungen gerecht zu werden, die sich aus dem vom Papst eröffneten weitgespannten Ausblick in die Zukunft ergaben.

Der Papst notiert am selben Tag: „Dieser Tag markiert die Eröffnung des feierlichen Ökumenischen Konzils [...]. Ich danke dem Herrn, der mich der Ehre, in seinem Namen den Beginn so großer Gnaden für seine heilige Kirche zu eröffnen, nicht für unwürdig erachtet hat. Er hat es so gefügt, daß der erste Funke, der während dreier Jahre dieses Ereignis auslöste, aus meinem Mund und aus meinem Herzen kam. Ich war bereit, auch auf die Freude dieses Beginns zu verzichten. Mit derselben ruhigen Gelassenheit wiederhole ich: ‚Dein Wille geschehe', was die Frage betrifft, wie ich mich für die ganze Zeit und für alle Umstände meines demütigen Lebens auf diesem ersten Platz des Dienstes halten kann. Und ich will mich in jedem Augenblick dazu bereit halten, daß diese Aufgabe des Weitervorwärtsgehens, des Fortsetzens und Beendens auf meinen Nachfolger übergeht. *Dein Wille geschehe, wie im Himmel, so auf Erden.*"[368]

Am Abend zeigt sich Johannes der Menge, die sich auf dem Petersplatz versammelt hatte, um den Beginn des Konzils festlich zu begehen. Und er spricht wenige Worte, die von enormer Wirkung waren, sowohl auf seine Zuhörer als auch durch die Vermittlung der Massenmedien, und zwar so sehr, daß sie beispielhaft wurden für das Bild, das sich die Öffentlichkeit vom Papst macht: „Meine Stimme ist zwar nur eine einzige Stimme. Aber sie nimmt die Stimmen der ganzen Welt in sich auf. Hier ist tatsächlich die ganze Welt vertreten. Man könnte sagen, daß sogar der Mond sich heute abend beeilt hat. Schaut ihn an dort oben, wie er auf dieses Schauspiel herunterblickt. Ihm ist bekannt, daß wir den Abschluß eines großen Tages des Friedens feiern; ja, des Friedens: ‚Ehre sei Gott in der Höhe und Friede den Menschen guten Willens'. Wir müssen diesen Wunsch oft wiederholen. Vor allem, wenn wir feststellen können, daß tatsächlich der Lichtstrahl und die Liebe des Herrn uns einen und uns ergreifen, dann wollen wir sagen: Seht da, ein Vorgeschmack des Lebens, welches das Leben auf immer sein wird, das Leben aller Jahrhunderte und das Leben, das uns für alle Ewigkeit erwartet.

Wenn ich nun fragte, wenn ich jeden einzelnen fragen könnte: Ihr, woher kommt ihr? Die Söhne und Töchter Roms, die hier besonders stark vertreten sind, würden antworten: Wir sind Eure Söhne und Töchter, die Euch am nächsten sind, Ihr seid unser Bischof, der Bischof Roms, des *caput mundi,* der Hauptstadt der Welt; dies zu sein, dazu ist Rom durch den Plan der Vorsehung berufen: zur Ausbreitung der christlichen Wahrheit und des christlichen Friedens. In diesen Worten liegt die Antwort auf eure Huldigung. Meine Person zählt nichts: Es ist ein Bruder, der zu euch spricht, ein Bruder, der durch den Willen des Herrn zum Vater geworden ist. Vatersein und Brudersein aber ist alles miteinander Gnade Gottes. Alles! Alles!

Bleiben wir also dabei, einander wohl zu wollen, einander auf diese Weise wohl zu wollen; und wenn wir einander begegnen, dann wollen wir das wahrnehmen, was eint, und beiseite lassen, falls es so etwas gibt, was uns ein wenig in Schwierigkeiten festhalten könnte. Seien wir Brüder! Das Licht, das über uns leuchtet, das in unseren Herzen ist und in den Stimmen unseres Gewissens, ist Licht Christi, der mit seiner Gnade wirklich alle Menschen führen will. Heue Morgen haben wir uns eines Anblicks erfreut, den auch die Basilika von Sankt Peter in den vierhundert Jahren ihrer Geschichte noch nie erlebt hat. Wir gehören doch einer Epoche an, in der wir sensibel sind für Stimmen von oben. Und deshalb wollen wir treu sein und bei der Richtung bleiben, die Christus, der Hochgelobte, uns hinterlassen hat. [...]

Wenn ihr nach Hause kommt, dann werdet ihr dort eure Kinder vorfinden. Gebt ihnen einen Gutenachtkuß und sagt ihnen: Das ist der Gutenachtkuß des Papstes. Ihr werdet dort Tränen zu trocknen haben. Habt dann ein Wort des Trostes für die Betrübten und Niedergeschlagenen. Sie sollen wissen, daß der Papst besonders in bitteren und traurigen Stunden bei seinen Kindern ist. Schließlich wollen wir aller gedenken, besonders derjenigen, die mit uns durch das Band der Liebe verbunden sind, und ob singend oder seufzend oder weinend, aber immer voller Vertrauen auf Christus, der uns hilft und uns hört, wollen wir vorwärts gehen auf unserem Weg.

Dem Segen füge ich noch meinen Gutenachtgruß an, und ich empfehle euch, es nicht bei einem Anflug von guten Vorsätzen bewenden zu lassen. Heute, so kann man wohl sagen, beginnen wir ein Jahr, das uns außerordentliche Gnaden bringen wird. Das Konzil hat begonnen, und wir wissen nicht, wann es zu Ende sein wird. Sollten wir vor Weihnachten nicht zum Ende kommen, weil es uns vielleicht nicht gelingt, bis zu diesem Tag alles zu sagen und die verschiedenen Themen zu behandeln, wird eine weitere Zusammenkunft nötig sein. Nun gut: Immer aufs neue zu erfahren, daß wir ‚ein Herz und eine Seele‘ sind, muß uns immer wieder froh machen, uns, unsere Familien, Rom, die ganze Welt. Und so mögen diese Tage ruhig herankommen. Wir erwarten sie in großer Freude."369

Friede

Eine andere starke Seite des Pontifikates von Papst Johannes ist der Friede. Das Problembewußtsein dafür war langsam herangereift in Roncalli mit seiner tiefgründenden und immerwährenden Hochachtung vor dem gewöhnlichen Menschen, in der Wahrnehmung, daß das Gleichgewicht des Schreckens vor der Atombombe nur ein Vorspiel sein könne für die Zerstörung des Kosmos, wie es die jüngste Kubakrise allen vor Augen geführt hatte. Das hatte den Papst dazu bewegt, sich während der kurzen Zeitspanne seiner „Regentschaft" systematisch mit der Friedensproblematik zu befassen.

Das Geistliche Tagebuch bleibt ganz stumm hinsichtlich dieses Themas, und zwar so sehr, daß es scheint, als hätten die Probleme des Friedens bis zum 15. August 1961 die Aufmerksamkeit des Papstes nicht besonders in Anspruch genommen. Aber genau in der zweiten Hälfte jenes Jahres ändert sich etwas daran. Ein unmißverständliches Symptom dafür bleibt die Initiative von Nikita Chruschtschow, der dem Papst am 25. November aus Anlaß von dessen 80. Geburtstag ein Telegramm mit guten Wünschen schickte, ein Vorgang, der lebhafte Gefühle weckte und als Sensation empfunden wurde. In Moskau war man sich dessen bewußt geworden, daß Johannes XXIII. im Begriff war, ein erstrangiger Gesprächspartner für die Bemühungen um die Überwindung des Kalten Krieges zu werden, der bedeutete, daß die Welt immer hart an der Schwelle zu einer allgemeinen militärischen Reaktion stand. Was war eigentlich geschehen, um den Papst anzufeuern, diesem Thema eine solch aktive Aufmerksamkeit zu schenken?

Die von seiner Wahl am 28. Oktober 1958 ausgelöste Bewußtwerdung hatte die reichen in fast achtzig Lebensjahren von dem Christen Roncalli angesammelten Erfahrungen und Einsichten von neuem in Bewegung gesetzt und hochkommen lassen. Seine Verantwortung als Diener der Diener Gottes hatte ihn angetrieben, Gnadengaben und kulturelle Fähigkeiten, die er bisher nur gedämpft und im verborgenen hatte nutzen können, Früchte bringen zu lassen. Mehr als alles andere war nun seine Vision der Geschichte, die er sich, überzeugt von der fruchtbaren Beziehung zwischen Glaube und Geschichte, in einer einfachen und tiefblikkenden Synthese erarbeitet hatte, in eine dynamische Phase eingetreten. Dieses Konzept wurde nun auf die Vorgänge auf dem gesamten Planeten Erde angewandt. Aus diesem Blickwinkel betrachtet, kann man sich erklären, wie es dazu kam, daß das Problem des Friedens übermächtig am Horizont des Pontifikates von Papst Johannes auftauchte, Hand in Hand damit, daß der Gegensatz der beiden ideologischen Machtblöcke Anzeichen eines Abbröckelns aufwies und daß man mit schüchternem Blick die Möglichkeit eines anderen Ansatzes für die Gestaltung der internationalen Beziehungen herankommen sah.

Über solchen neuen Betrachtungsweisen lag allerdings immer noch der belastende Schatten eines drohenden atomaren Konfliktes, der aus dem Krieg nicht ein bloßes Abenteuer gemacht hätte, sondern die Möglichkeit bedeutet hätte, daß alles Leben zu Ende gehen würde, nicht bloß theoretisch, sondern wirklich. Johannes erkannte in diesem Miteinander von Todesschrecken und Hoffnungen die Zeichen von dramatisch wirkenden menschlichen Anliegen und schuf daraus eine Synthese. Dabei war sein Bestreben direkt verbunden mit der Herzmitte des Evangeliums, mit Christus als dem personifizierten Frieden. Man wird dann also zum Zeugen einer wachsenden Zahl von öffentlichen Interventionen zu dieser Problematik, die nicht verfehlen, immer markantere Vorbehalte und Widerstände zu wecken sowohl in der Kurie als auch in politischen Kreisen, die der Kurie verbunden sind. Man kann der Meinung sein, daß gerade die Einwände, die ihn erreichten, und die Widerstände, an denen er litt, beträchtlich dazu beigetragen haben, Johannes anzustacheln, parallel zu diesen Widerständen seine Lehraussagen tiefer zu begründen, wobei er sich vor allem auf zwei entscheidende Punkte konzentrierte. Einerseits mußte er seine Kräfte messen mit der überkommenen These, die als die traditionelle Lehrmeinung schlechthin galt, daß es die begriffliche und reale Möglichkeit eines „gerechten Krieges" gebe, und andererseits war es unvermeidbar, daß es zu einer Konfrontation kam zwischen der allgemeinen Friedenssehnsucht und der von der Kirche vertretenen Verurteilung weiter Teile der Menschheit, nämlich der unter dem Banner des Kommunismus Kämpfenden.

In diesen Raster fügt sich ein, was vor der Eröffnung des Konzils an Wegweisung geboten wurde, damit die Kirche „die Kirche aller sei, insbesondere aber die Kirche der Armen", damit – anders als alle „Unglückspropheten" meinten – die Lehre der Kirche auf wirksamere Weise dargelegt werde, indem man „einen Sprung nach vorwärts" machen könne, „der einem vertieften Glaubensverständnis und der Gewissensbildung zugute kommt", „was den Erfordernissen unserer Zeit entspräche".

In diesen Rahmen paßt es, wenn Johannes betonte, daß die Kirche „es heutzutage vorzieht, eher das Heilmittel der Barmherzigkeit zu gebrauchen als das der Strenge, und wenn er dazu einlud, die Einheit der Christen als Zeichen der Einheit der ganzen Menschheit zu suchen.

Am unmittelbaren Vorabend der Eröffnung des Konzils scheint ein unerwartetes Ereignis auf internationaler Ebene die Aussichten auf Entspannung zunichte zu machen und die Ängste derjenigen zu bestätigen, die den Plan eines Konzils für gewagt empfunden hatten. Es war die Kubakrise ausgebrochen, der dramatischste Ausbruch der Spannung, als man bereits auf dem Weg zur Beendigung des Kalten Krieges zu sein schien. In dieser Situation beginnt Papst Johannes ein wertvolles Werk der Aufhellung, das in einer kurzen Rundfunkbotschaft am 25. Oktober gipfelt, in welcher der Friede als das wichtigste Anliegen der Kirche dargestellt wurde. In seinen Schlußworten wandte sich der Papst nicht nur an die Christen, sondern auch an „alle Architekten des Friedens, an alle, die aufrichtigen Herzens für das wirkliche Wohl der Menschen arbeiten", was eine Bezugnahme auf die Sowjetunion durchschimmern ließ.[370]

Seine Arbeit für den Frieden kommt zum Abschluß am 9. April 1963, als er die Enzyklika über den Frieden unterschreibt, die einen mühevollen Weg durch die verschiedenen Instanzen der Zentralverwaltung der Kirche durchgemacht hatte und die nun den Höhepunkt dessen darstellte, was das römische Papsttum zu diesem Thema zustande gebracht hatte.

Die ordentlichen Regierungsgeschäfte

Es gibt noch kein vollständiges Inventar der Akte des Pontifikates Johannes' XXIII., aber es ist nicht schwer, sich daran zu erinnern, daß es sich in vielen Fällen um schwerwiegende und befremdende Interventionen handelte, die, wie z.B. der Brief *Veterum sapientia* über das Lateinische als Sprache der Kirche (vom 22. Februar 1962) oder wie das erneute Dekret des Sacrum Officium gegen die Kommunisten oder ihre Sympathisanten (vom 25. März 1959) in direktem Widerspruch zu den Hauptlinien des Pontifikates zu stehen scheinen. Hinsichtlich dieser Dimension des Pontifikates scheint eine Erklärung des apologetischen Typs unangemesen, nämlich eine Erklärung, die alle Akte, die für Öffnung und Weiterentwicklung standen und die mit Sympathie aufgenommen wurden, Papst Roncalli gutschreibt, während sie alle anderen der Kurie anlastet. Wenn man zurückgreift auf die Unterscheidung zwischen dem, was Roncalli entweder für wesentlich oder aber für nebensächlich hielt, verfügt man über ein wichtiges Verstehenskriterium. Im übrigen ist auch das – damit verbundene – anhaltende Widerstreben des kurialen Apparates, sich bestimmten Orientierungen des Papstes anzupassen, ein weiteres solches Kriterium.

Gerade am unmittelbaren Vorabend der Konzilseröffnung hatte es noch ein unerwartetes Ereignis gegeben. Das Patriarchat Moskau hatte nämlich die auf dem Weg über das Sekretariat für die Einheit der Christen ausgesprochene Einladung durch den Papst angenommen und zwei Delegierte entsandt, die als Beobachter am Konzil teilnehmen sollten. Es handelte sich um eine Überraschung, die um so bedeutungsvoller war, als auf internationaler Ebene die Kubakrise im Gange war, an deren Beilegung Roncalli, wie schon erwähnt wurde, aktiv mitgewirkt hatte.

Den Erwartungen derjenigen, die darauf drängten, man solle die nachstalinsche Regierung der Sowjetunion[371] um einen Beweis ihres guten Willens gegenüber der katholischen Kirche ersuchen, kam Papst Johannes dadurch entgegen, daß er um die Freilassung des ukrainischen Metropoliten G. Slipyi ersuchte, von dem es seit Jahren nur ungewisse Nachrichten unterschiedlichen Inhalts gab. Zwischen Ende Januar und Anfang Februar beschied die Regierung in Moskau das Ersuchen positiv und ließ den Metropoliten in Begleitung von Msgr. Willebrands, der eigens deswegen in die Sowjetunion gereist war, ausreisen. Formell war dies zustande gekommen als ein von der russischen Kirche erbetener Akt der Brüderlichkeit, substantiell war es ein Schritt vorwärts beim Werk des Papstes mit dem Ziel, günstige Voraussetzungen zu einem friedenspolitischen Ansatz in der Weltpolitik zu schaffen.

Auf derselben Linie lag es, wenn der Papst sich bereit erklärte, am 7. März Alexej Adschubej, den Chefredakteur einer der auflagenstärksten sowjetischen Tageszeitungen und Schwiegersohn von Chruschtschow, in Privataudienz zu empfangen. Auch dieser Akt verursachte harte Äußerungen der Kritik an der Unklugheit oder Nachgiebigkeit des Papstes. Dies empfand der Papst als sehr bitter, und es veranlaßte ihn zu einer sehr bezeichnenden persönlichen Stellungnahme. Am 20. März nämlich schrieb er dazu: „Die absolute Klarheit meiner Sprache zunächst in der Öffentlichkeit und dann auch in meiner Privatbibliothek verdient es, wahrgenommen und nicht absichtlich mit Schweigen übergangen zu werden. Man muß sagen, daß es nicht nötig ist, den Papst zu verteidigen. Ich habe zu Dell' Acqua und Samoré wiederholt gesagt, daß die Notiz veröffentlicht werden solle, die von Pater Koulic verfaßt wurde, dem einzigen [als Dolmetscher anwesenden] Zeugen der Audienz, die ich Rada und Alexej Adschubej gewährt habe. Die Erste Sektion [des Staatssekretariates] denkt diesbezüglich anders, und das mißfällt mir. Ein Wunsch des Papstes ... als er noch Nuntius oder Patriarch war ... Wenn man erst einmal wissen wird, was ich gesagt habe und was er gesagt hat, ich glaube, dann wird man den Namen von Papst Johannes preisen. Alles muß mit Sorgfalt vermerkt werden. Ich bedaure diejenigen, die in diesen Tagen Anlaß zu unsäglichen Spielen gegeben haben. Ich ignoriere es und lasse das Thema fallen."[372] Anfang März wird Johannes XXIII. der internationale Balzan-Preis für den Frieden zuerkannt. In seinem Kommentar dazu betont er, daß die Kirche beabsichtige, eine aktive, Zeugnis ablegende Politik der Neutralität zu betreiben.[373]

„Pacem in terris"

Einen Monat später, am 9. April, als er die Enzyklika *Pacem in terris* unterzeichnet, bemerkte Johannes XXIII., daß die Quellen, aus denen diese schöpfe, außer der Offenbarung auch die der menschlichen Natur zutiefst innewohnenden Bedürfnisse seien, und deswegen könne sie sich auch an alle Menschen guten Willens wenden.[374] Wie bei anderen Dokumenten ist es hier nicht möglich, den persönlichen Beitrag des Papstes zu *Pacem in terris* zu identifizieren. Diese Enzyklika zeigt einen viel stärkeren Atem als die Sozialenzykliken, auf die sie sich aber auch beruft. Das wichtigste Neue daran ist, unter diesem Gesichtswinkel gesehen, die Verwendung der biblischen Kategorie „Zeichen der Zeit", womit sie das für die Soziallehre typische deduktive Schema hinter sich läßt und der Aktualisierung des Evangeliums einen festen historisch-empirischen Bezug gibt.

Nach der Enzyklika sind die wirtschaftliche Förderung der Arbeiterklassen, der Eintritt der Frau in das öffentliche Leben, die juridische Organisation der politischen Gemeinschaften, die Schaffung von Organen, die befähigt sind, eine internationale Rolle auf wirtschaftlicher, sozialer, kultureller und erzieherischer Ebene zu spielen, und – aufs Ganze gesehen – das Phänomen der Vergesellschaftung mögliche Weisen, wie das Reich Gottes in der Geschichte präsent werden kann.

Wo sie das Problem des Friedens direkt anspricht, rückt die Enzyklika die Tatsache ins Licht, daß es offenbar eine Spirale der Aufrüstung gebe, die begründet werde mit dem notwendigen „Gleichgewicht des Schreckens", und sie behauptete die Notwendigkeit und Möglichkeit einer vollständigen Abrüstung. Die entschiedene Konsequenz, die aus diesen Voraussetzungen zu ziehen ist, wird in aller Klarheit formuliert, wenn es heißt: „Es widerstrebt in unserem Zeitalter, das sich rühmt, Atomzeitalter zu sein, der Vernunft, den Krieg noch als das geeignete Mittel zur Wiederherstellung verletzter Rechte zu betrachten." Nach der päpstlichen Enzyklika zwingen nämlich die neuen historischen Umstände dazu, die jahrhundertealte Kategorie „gerechter Krieg" aufzugeben und dazu beizutragen, daß mehr ins Licht gerückt wird, daß die endgültige Herrschaft absoluten Friedens ein Erkennungszeichen des Reiches Gottes ist und daß der Dienst am Frieden daher eine Verpflichtung ist, der die Kirche sich nicht entziehen kann. Dies war eine Wende von enormer Tragweite, deren Nachvollzug immer noch im Gange ist.

Mit besonderer Bezugnahme auf diese Erwägungen sprechen die pastoralen Appelle des fünften Teils das Problem der Zusammenarbeit der Christen mit Menschen an, die sich von nichtchristlichen oder antichristlichen Ideologien inspirieren lassen. In dem Maße, wie die Ablehnung des Krieges keine Ausnahmen mehr kennen darf, stellt sich der Friede als unteilbares Gut der ganzen Menschheit dar, zu dem alle beitragen müssen. Das fordert ein neues Bewußtwerden der – im Christentum klassischen, aber in den Akten der zeitgenössischen Päpste immer mehr in den Schatten geratenen – Unterscheidung zwischen dem Irrtum und dem Irrenden, wobei besonders zu achten ist auf „die in den verschiedenen Bereichen der weltlichen Ordnung gepflegten Begegnungen und Verständigungsbemühungen zwischen Gläubigen und solchen, die nicht oder doch nicht in der angemessenen Weise glauben".

Solche Begegnungen, so fügte die Enzyklika hinzu, „können Gelegenheiten sein, die Wahrheit zu entdecken und ihr Ehre zu erweisen". Unmittelbar darauf wird die neueste und interessanteste Weiterentwicklung der traditionellen Unterscheidung vorgestellt: „Die falschen philosophischen Lehren über die Natur, die Herkunft und die Bestimmung des Universums und des Menschen können auch nicht gleichgesetzt werden mit historischen Bewegungen mit wirtschaftlichen, sozialen, kulturellen und politischen Zielsetzungen, und zwar auch dann nicht, wenn diese Bewegungen aus jenen Lehren entstanden sind." Die Begründung ist historischer Art: Die Ideologien bleiben unbeweglich, unverändert in der Formulierung ihrer Lehren, während die Bewegungen sich weiterentwickeln. Daraus wurde gefolgert: „Annäherungen oder Begegnungen, die gestern noch für inopportun oder nutzlos gehalten wurden, sind heute opportun oder können es morgen werden." Die Enzyklika *Pacem in terris* präzisiert schließlich noch, die Bewertung dieses Problems komme denen zu, die von Mal zu Mal davon betroffen seien.

Die Aufnahme, die dieses Rundschreiben fand, übertraf alle Erwartungen und brach Verhärtungen auf, die scheinbar dazu bestimmt gewesen waren, für immer und ewig gültig zu bleiben. Der Kalte Krieg und die Hegemonie der Ideologien selbst sahen unversehens verstaubt und veraltet aus. Nicht nur die Thesen selbst wurden wahrgenommen, sondern es herrschte auch allgemeine Übereinstimmung darüber, daß der Papst aufrichtig und darum glaubwürdig sei. Viele gewannen den Eindruck, daß ein Wiederaufnehmen der reinen Positionen des Evangeliums, das ohne Anmaßung vorgetragen wurde, im Begriff war, eine unvorhersehbare historische Wirkung auszulösen. Gewiß war die Absage an diplomatische Finessen noch niemals so vollständig und überzeugend gewesen. Der Papst, der nunmehr ernstlich krank war, griff das Thema Frieden in den folgenden Wochen wieder auf. Am 10. Mai versäumt er nicht zu betonen, daß die Enzyklika „in den Arbeiterklassen stärkeren Widerhall gefunden" habe.[375] Und zwei Tage später hatte er erkannt: „Der Papst ist durch ebendiese Stimmen aus dem zivilen Bereich als die lebende und beständige Vergegenwärtigung jenes Friedens aufgezeigt worden, der der wahre Friede ist und der die Völker zusammenbringt und eint."[376]

Die Konzilsarbeiten

Der Papst verfolgt von Oktober bis Dezember 1962 die sieben Wochen des „Sicheinlaufens" des Konzils.[377] Nach der feierlichen Eröffnung zieht er es vor, in verdeckter Stellung zu bleiben, um Raum zu lassen, in dem die Versammlung und ihre Organe ihre Verantwortung übernehmen können. Deswegen greift Johannes XXIII. nicht in die Sitzungen ein, wenn er auch mit ängstlicher Sorge beobachtet, wie sich die Begegnung hunderter Bischöfe, die aus der ganzen Welt nach Rom gekommen sind, entwickelt.[378] Mit der Eröffnungsansprache hat er einen Ausblick in weite Horizonte geboten, aber er beabsichtigt nicht, sich bei konkreten Entscheidungen an die Stelle der Versammlung zu setzen. Ein freies Su-

chen nach Lösungen kann mühsamer sein, aber es führt zu kon-
struktiveren Lösungen.

Entsprechend dieser Einstellung sind die
päpstlichen Interventionen während dieser ersten Sitzungsperiode
inspiriert von dem Bemühen, sich darauf zu beschränken, die Hin-
dernisse zu beseitigen, die sich der Ausübung der Verantwortung
der Versammlung in den Weg stellen.

So wurde der Papst am 20. Oktober angerufen, das von der Geschäftsordnung für die Wahl der Kommissionsmitglieder vorgesehene Quorum zu beseitigen, um eine ermüdende Wiederholung
der Stimmabgaben zu verhindern. Wieder im Blick auf die Kommissionen beschloß der Papst dann, nicht acht, sondern neun Mitglieder zusätzlich zu den gewählten Mitgliedern zu ernennen, womit er die Geschäftsordnung (Art. 9) ein weiteres Mal abänderte.
Am 22. Oktober ließ Papst Johannes ankündigen, das Sekretariat
für die Einheit der Christen werde in Abänderung des Artikels 7
der Geschäftsordnung den Konzilskommissionen völlig gleichge-
stellt. Am 21. November schließlich, nach der paradoxen Abstim-
mung über das Schema „Über die Quellen der Offenbarung", wonach man die Diskussion unter Zugrundelegung eines von der
Konzilsmehrheit abgelehnten Textes hätte fortsetzen müssen, bewirkte die Intervention des Papstes – der vor allem von Kardinal
Léger zum Handeln aufgefordert worden war –, daß eine besonders vertrackte Krise beigelegt wurde. Tatsächlich war die päpstliche Interpretation des wirklichen Willens der Konzilsmehrheit
nicht nur eine Durchsetzung des Geistes von Art. 39 dadurch, daß
der Buchstabe dieses Artikels außer Kraft gesetzt wurde, sondern
die Konzilsväter empfingen auch ein eindeutiges Signal für die
Möglichkeit, ein vorbereitetes Schema ablehnen zu können, ohne
einen Konflikt mit dem Haupt der Versammlung anzuzetteln. Ja,
indem Papst Johannes die Neufassung des Schemas einer Ge-
mischten Kommission anvertraute, die aus der Kommission für
Lehrfragen und dem Sekretariat für die Einheit gebildet wurde,
legte er einen anderen allzu eng gefaßten Artikel der Geschäftsordnung (Nr. 58) im weiten Sinn aus und zeigte damit, daß das eifersüchtig gehütete Monopol der unter dem Vorsitz von Kardinal
Ottaviani arbeitenden Kommission sich dem Willen des Konzils,
dem sich der Papst anschloß, beugen mußte.

Die stufenweise erfolgende Verschlimmerung seiner Krankheit
hätte den Papst veranlassen können, einen sehr schnellen Abschluß des Konzils vorzuziehen, aber Johannes XXIII. fand zu aus-
reichender Gelassenheit, um die Bischöfe nicht anzutreiben, obwohl das Konzil in der Sitzung am 8. Dezember 1962, in der es auf
später vertagt wird, keinen einzigen Text verabschiedete. Nicht

einmal der Text über die Liturgiereform, der einzige von den vorbereiteten Texten, den die Bischöfe nicht abgelehnt hatten, wird promulgiert. Dem Papst entgeht nicht, daß das Konzil, wenn es veranlaßt worden wäre, im Eilmarschtempo voranzugehen, nichts anderes hätte tun können, als die vorbereiteten Schemata zu akzeptieren. Damit aber hätte es die großen Hoffnungen auf eine Erneuerung, die seine Ankündigung entfacht hatte, enttäuscht. Statt dessen läßt der Papst eine weitere Phase der Arbeit für den September 1963 planen und ordnet an, daß in den Monaten der Suspension die Arbeit der Konzilskommissionen weitergehen soll.[379] Damit dies im Geist der Konzilsmehrheit geschieht, wird eine „Koordinierungskommission" geschaffen, welche autorisiert wird, die Arbeit der Kommissionen zu beaufsichtigen und sie bei der „Verschlankung" der Schemata und der Revision ihrer Inhalte anzuleiten.

Bei der Bewertung der ersten beiden Arbeitsmonate, an deren Ende es nicht möglich war, auch nur einen einzigen Text zu verabschieden, bemerkte Johannes XXIII., daß es sich hier um „eine langsame und feierliche Einlaufphase, um den Beginn einer Art von Volontariat" gehandelt habe, womit man sich bemüht habe, „sich in den Kerngehalt des vom Herrn gewollten Planes einzuarbeiten"[380]. War dies vielleicht eine Spur einer gewissen Enttäuschung hinsichtlich der Erwartung eines schnellen Abschlusses, wie sie verständlich wäre für einen Papst solch hohen Alters? Vielleicht auch dies; aber vorherrschend blieb die Überzeugung: „Es war notwendig, daß die Brüder, die von weit her angereist waren und nun alle gleichsam um dasselbe gemeinsame Herdfeuer geschart waren, Kontakt aufnahmen und einander besser kennenlernten: Sie mußten einander in die Augen blicken, den Herzschlag der Brüder wahrnehmen, jeder einzelne mußte von seinen Erfahrungen reden in einem besinnlichen und fruchtbaren Austausch über das, was jeder zur pastoralen Arbeit beizutragen hatte, als Ausdruck der unterschiedlichen Klimata und Milieus des Apostolates."[381]

Der Papst hatte also vollkommen begriffen, daß das Hauptergebnis der ersten Sitzungsperiode des Konzils in der Tatsache bestand, daß Tausende von Bischöfen sich zusammengefunden hatten, um allen Kirchen einen gemeinsamen Dienst zu tun. Jeder trug zum Vorteil aller die Last seiner eigenen Erfahrung, seiner eigenen Kultur, seiner eigenen Persönlichkeit herbei. Jeden Morgen mehr gewann die Versammlung eine eigene Physiognomie, jeder wurde angeregt, sein Bestes zu geben, den anderen vorurteilslos entgegenzutreten. In einem zunächst vielleicht beschränkten, aber gewiß unendlich größeren Ausmaß als früher zeigte sich auch die Welt mit ihren Problemen dem Konzil, diese Welt, die in allzu großer Eile gewachsen war, was zu verstehen der Kirche Mühe machte. Historische Befremdungen und Gegensätze wurden abgebaut, und es wurde entdeckt, daß die Kirche mitten „in" der Welt lebt.

Johannes betonte auch, wie fruchtbar es gewesen sei, mit den Problemen der Liturgie zu beginnen: „Nicht von ungefähr wurde mit dem Schema über die Liturgie begonnen: mit den Beziehungen zwischen den einfachen Menschen und Gott, die auf dem festen Fundament der Offenbarung und des apostolischen Lehramtes gegründet sein müssen, um von dort her weiterzugehen zum Wohl der Seelen ..."[382]

Im Lauf dieser Ansprache am 8. Dezember wandte sich Johannes an die Bischöfe mit der Anregung, sie möchten, wenn sie demnächst in ihre Diözesen zurückgekehrt wären, fortfahren, dem Konzilsgeist Nahrung zu geben, indem sie die Schemata studierten und Anmerkungen dazu einschickten, aber sie sollten auch ihm verbunden bleiben: „In glühendem Gebet, so daß sie sich an die schönen Worte aus dem Buch Jesus Sirach über den Priester Simon erinnern können: ‚Rings umgab ihn der Kranz seiner Söhne wie junge Zedern auf dem Libanon' (Sir 50,12). Wie ihr seht, geht unsere Aktivität weiter in dieser Verbindung gemeinsamen Betens und Wollens."[383] Er scheint mit feinem Gespür die Sorge zu fühlen, wieder in die harte institutionell bedingte Einsamkeit zurückzufallen, die nun schon nicht weniger als vier Jahre andauert.

In der folgenden Weihnachtszeit hält Johannes es für nötig, gerade um die Wichtigkeit der Sessionspause zu betonen, sich mit einem Brief *Mirabilis ille* vom 6. Januar 1963 nochmals an den Weltepiskopat zu wenden, mit einem Brief, der „ganz und gar aus den Gedanken, dem Herzen und der Feder des Papstes persönlich" kommt, wie er selbst zwei Tage später notiert.[384] Die Analyse seines Inhaltes zeigt, daß er beherrscht war von dem Empfinden, es bedürfe „eines Gefühls der Kontinuität des Konzils, auch wenn die ehrwürdigen Bischöfe, die in Einheit mit dem Papst die Struktur des Konzils konstituieren, sich physisch weit entfernt befinden mögen ..."[385] Auf diesem Hintergrund sprach der Papst von einigen Erfordernissen, zu denen er die Zustimmung der Konzilsväter erbat.

Vor allem bekräftigte er die führende Rolle, die der Koordinierungskommission zugewiesen worden war, und er betonte: „Diese erstrangige Kommission schwächt die Arbeit der anderen nicht ab und vermindert sie nicht, sondern sie koordiniert sie und bestimmt eindeutiger ihre Richtung im Blick auf den Gesamtplan und die Ziele des Konzils." Der Papst wird dann sowohl auf der ersten als auch auf der zweiten Sitzung dieser Kommission (am 28. Januar und am 28. März 1963) eingreifen, um ihre Autorität zu stärken. Er betonte auch kraftvoll: „Es liegt aber bei den Konzilsvätern, die zu beschließenden Texte vorzuschlagen, zu diskutieren, in der gebührenden Form vorzubereiten und schließlich zusammen mit dem obersten Hirten zu unterschreiben." Nachdem er sich auf das Apostelkonzil von Jerusalem berufen hatte, das als „das vollkommene Modell des Konzils" definiert wird, betonte er noch nachdrücklich: „Seitdem stehen die Autorität der Bischöfe und ihre schwerwiegende Verantwortung in jedem Ökumenischen Konzil fest, vom Konzil von Jerusalem bis hin zum heutigen Zweiten Vatikanischen Konzil." Zu diesem Zeitpunkt, da das Dokument zur Liturgiereform zwar schon fertiggestellt, aber noch nicht abgestimmt ist, wendet sich das Hauptinteresse der Konzilsväter dem Schema über die Kirche zu und innerhalb dieses Textes dem Problem der bischöflichen Kollegialität, das auf lange Zeit die zweite Sitzungsperiode qualvoll bestimmen wird. Es ist nicht möglich zu sagen, wie sehr der Papst an dieses Problem gedacht hat. Es steht aber fest, daß aus seinen Worten eine eindeutige Proklamation der Rolle des Episkopats in der Kirche hervorgeht. Der Papst nahm dann auch noch Stellung gegen die Einführung neuer Frömmigkeitsformen durch das Konzil.[386]

Johannes unterstützte die Koordinierungskommission, und nachdem er sie am 28. Januar bei sich versammelt hatte, machte er den bezeichnenden Eintrag in sein Notizbuch: „Zu unterstreichen ist dieser erste Kontakt mit den Kardinälen, die Mitglieder der Konzilskommissionen sind und in den einzelnen Kommissionen den Vorsitz innehaben, und besonders der Kontakt mit den Mitgliedern der neugebildeten ‚Kommission zur Koordinierung der Konzilsarbeit'. Ich bekenne, daß der Gedanke mein Gewissen bedrückte, daß der Papst – im Gegensatz zu dem, was in den beiden ersten Monaten vom 11. Oktober bis zum 8. Dezember geschah – seinen Platz einnehmen muß, daß er mit Diskretion und als wirklicher Präsident *in maximo iure suo* seine Autorität als Haupt der katholischen Kirche geltend machen muß. Alles wurde gut verstanden, es wurde mit viel Freundlichkeit gesagt und von seiten aller Eminenzen auf ebensolche Weise aufgenommen. *So möge Gott uns helfen bis zum Ende.*"[387]

In Papst Johannes war also – vielleicht auch angestoßen durch die führenden Persönlichkeiten des Konzils und aufgrund der aufmerksamen Beobachtung der Orientierung der Konzilsmehrheit –

die Überzeugung gereift, daß er in der ersten Sitzungsperiode seine eigene Rolle im Konzil unzureichend wahrgenommen habe. Er bereitete sich also vor auf eine entschiedene Wende in seinem Verhalten („im Gegensatz zu dem, was in den beiden ersten Monaten ... geschah") und „seinen Platz einzunehmen" als „wirklicher Präsident", wenn auch mit Diskretion.[388]

Nachdem er seine zuversichtliche Hoffnung auf einen Fortschritt in der Einigung mit den nichtkatholischen Christen erneuert hatte, widmete er seine Ermahnung noch einem ihm lieben Gedanken und gebrauchte dabei Formulierungen ähnlich denen, die er vor fast zwanzig Jahren in Istanbul in seiner Predigt zu jenem düsteren Pfingstfest 1944 ausgesprochen hatte. Wie schon damals, aber nun mit sehr viel größerer Autorität, bestritt er, daß das Konzil sich allein mit der katholischen Kirche befassen dürfe. Dies wäre eine Untreue gegenüber dem Gebot des Herrn. „Der ungeschmälerten und ganzen katholischen Lehre treu geblieben zu sein und auch weiterhin treu zu bleiben ..., ist gewiß eine große Gnade und ein verdienter Ehrentitel. Aber dies allein genügt nicht, um die Verpflichtung durch das Gebot des Herrn zu erfüllen ..."[389] Mit diesen Worten wies Johannes hin auf einen Anspruch des Evangeliums, dem er mit einem eigenen Beitrag entsprechen wollte, nämlich mit der Vorbereitung seiner Enzyklika über den Frieden.

Sein Sterben

Während des Frühjahrs 1963 verschlechterte sich der Gesundheitszustand des Papstes rapide: Am 22. Mai, am Vortag des Festes Christi Himmelfahrt, wird der Ausfall der Generalaudienzen bekanntgegeben, aber der Papst zeigt sich gleichwohl am Fenster seines Arbeitszimmers und spricht einige Worte: „Laßt uns mit freudigem Verlangen dem Herrn nacheilen, der zum Himmel aufsteigt, und da wir ihm nicht folgen können und auf Erden zurückbleiben müssen, wollen wir in der heiligen Kirche die Apostel nachahmen, die sich versammelten, um den Heiligen Geist anzurufen."[390]

Am folgenden Tag, dem Fest Christi Himmelfahrt, zeigt sich Papst Johannes zum letzten Mal am Fenster zum Petersplatz, um den Segen zu erteilen. Dem Kardinalstaatssekretär, der ihm am 28. Mai gesagt hatte, die ganze Welt bete für ihn, vertraut er an: „Wenn die Welt für den kranken Papst betet, ist es wohl ganz normal, daß für diese Bittgebete ein Anliegen ausgesprochen wird: Wenn Gott das Lebensopfer des Papstes will, dann möge dieses dazu dienen, überreiche Gnaden herabzurufen auf das Ökumenische Konzil, auf die heilige Kirche, auf die Menschheit, die sich nach Frieden sehnt.

Wenn es aber Gott gefallen sollte, diesen päpstlichen Dienst noch länger andauern zu lassen, dann möge dies alles zur Heiligung der Seele des Papstes und all derjenigen gereichen, die mit ihm zusammenarbeiten und die leiden für die Ausbreitung des Reiches unseres Herrn Jesus Christus, sowohl in den alten als auch in den neuen Ländern der Christenheit und in der ganzen Welt."[391]

Unerbittlich naht das Ende, wenn auch Johannes nie das Bewußtsein verliert. Am 3. Juni um 19.45 Uhr stirbt er.

Der Pontifikat ist mit dem Hinscheiden am Pfingsttag beendet. Ein Tag, an dem unerbittlich etwas zu Ende gegangen ist. Und für gewöhnlich bringt ein solcher Tag auch tröstliche Erleichterung, weil er die Erwartung eines neuen Pontifikates eröffnet. Mit Papst Johannes aber haben sich diese Erfahrungskonstanten sozusagen spiegelbildlich umgekehrt. Sein Sterben nach einer langen und schmerzvollen Agonie stellte den Höhepunkt seines Pontifikats dar und ließ die Zustimmung, die er fand, noch zunehmen.[392] Dieser Papst, der sich einer Zustimmung erfreute, die viel größer war als der Widerstand, dem er begegnete, hatte eine Bewegung von ungewohnten Ausmaßen ausgelöst. Dieses Sterben ist ein der Menschheit anvertrautes Vermächtnis.

Es war die endgültige Besiegelung eines Zeugnisses für die Armut, das in einem sich gleichbleibenden Stil mit großem Engagement gelebt wurde. Ungeachtet der objektiven Bedürftigkeit seiner Familienangehörigen und ihrer gelegentlichen Bitten um Hilfe war Roncalli immer einem Stil herzlicher Anteilnahme, aber auch großer Nüchternheit treu geblieben. Während der großen Wirtschaftskrise der Jahre 1929–1930 hatte er die bescheidenen Hilfen in Dollar, die er von Msgr. Spellman erhielt, nach Sotto il Monte weitergeleitet. In Paris notiert er 1952 zum Verhältnis zu seinen Neffen: „Mit ihnen suche ich den Willen des Herrn, und ich bemühe mich, sie zum größeren Wohl ihrer Seelen zu lenken. Der Körper interessiert mich wenig."[393] Auch in seinem 1954 in Venedig verfaßten Testament, das er seitdem immer wieder bestätigt hat, ist die – schon zitierte – Passage, die dem Thema Armut gewidmet ist, besonders bezeichnend.[394]

Ende 1961 schreibt Roncalli an seinen Bruder Zaverio einen privaten Brief, den er als sein geistliches Testament betrachtete, und darin bekräftigt er nochmals, sich sozusagen entschuldigend: „Ich weiß wohl, daß Ihr einiges zu erleiden haben werdet von jenen, die recht unvernünftig daherreden: Was ist das: Einen Papst in der Familie haben, auf den sich voll Ehrfurcht die Blicke der ganzen Welt richten, und seine Angehörigen müssen so bescheiden weiterleben, und man beläßt sie in ihren einfachen sozialen Verhältnissen! Indessen wissen viele, daß der Papst als Kind einfacher, aber ehrenwerter Leute niemanden vergißt, daß er ein gutes Herz hat und es auch zeigt, für alle seine nächsten Verwandten, daß im übrigen seine Haltung dieselbe ist wie die fast aller seiner unmittelbaren Vorgänger und daß die Ehre eines Papstes nicht darin besteht, seine Verwandten zu bereichern, sondern ihnen je nach den Bedürfnissen und der Lage eines jeden einzelnen in Liebe beizustehen."[395]

Ein heiliger Christ, der Papst war

Sicher ist, daß der Christ Roncalli, der vom Gehorsam bis hinauf auf den Stuhl Petri geführt wurde, der Methode und dem Lebensstil treu geblieben ist, die er sich in mehr als sechzig Jahren seines Lebens, seines Betens und seines kirchlichen Dienstes erarbeitet hatte. Was zu einem Durchbruch wurde in seinem Pontifikat, das war die Tatsache, daß ein Papst sich dem Anspruch der stereotypen und offiziellen Modelle entzog, daß er nach einer langen Zeit christlicher Erfahrung, die gewachsen war auf seinem Weg in der Spur der Tradition und genährt wurde von einem immer neuen persönlichen Engagement und von der langen Zeit verborgenen Wartens auf den Antritt eines vom Evangelium inspirierten prophetischen Dienstes, Funken überspringen ließ, die bei denen, die davon berührt wurden, Leben weckten.

Roncallis kulturelle Prägung hat sich genährt aus den Quellen, und gerade deswegen hat ihn das befähigt, die Kraftlinien einer sehr lange währenden Epoche der Geschichte zu begreifen und „mit einem großen Sprung die Zukunft vorwegzunehmen". Das von der Heiligen Schrift genährte pastorale Engagement bezieht seine Kraft zutiefst aus einer christozentrischen Sicht der Geschichte (Christus als „Licht der Völker"). Diese Sicht bewirkt, daß die Kirche nicht als ein Museum gesehen wird, sondern vielmehr als ein prachtvoller Garten, den es zu kultivieren gilt. Und dies ist die Sicht eines Menschen, der sein eigenes Leben gegründet hat auf den radikalen Gehorsam gegen Gott („Gott ist alles, ich bin nichts"), der der Ursprung der Fruchtbarkeit der Geschichte ist, einer Fruchtbarkeit, die auch in einem Lebensstil der Armut und der Geschwisterlichkeit erfahren wird.

In dem, was Johannes XXIII. an Lehraussagen hervorgebracht hat, ist nicht so sehr die jeweilige „Abhandlung" kennzeichnend, sondern daß hier eine spirituelle Sensibilität, eine „kirchliche" und zugleich zutiefst menschliche Kultur sichtbar wird. Und der Ort, an dem diese Art von Lehren sich am besten Ausdruck verschaffen (d.h. derart, daß sie sich mit ihren kennzeichnenden und eigengeprägten Hauptzügen zu erkennen geben), ist die fast tägliche

Predigt (da Papst Johannes ja auch die Audienzen oft zu Predigten umwandelte).

Was kennzeichnend ist für Roncallis Lehrtätigkeit, das ist deren innere und auch sehr sichtbare Verbindung mit den praktischen Haltungen und Gesten, mit denen sich der Mann Gottes und „Hirt der Seelen" zu erkennen gibt: Da sind an erster Stelle vor allem seine Besuche bei Strafgefangenen und Kranken, seine Besuche in Pfarrgemeinden. In all dem ist er nicht bloß der Experte, der eine Lehre übermittelt, sondern er ist ganz unmittelbar da; das gilt sogar bei Dokumenten von höchster Verbindlichkeit wie beim Text der Ansprache zur Eröffnung des Konzils. Ein und dasselbe Predigtthema kann immer wieder aufgegriffen werden, sowohl in den alltäglichen Begegnungen mit den Gläubigen als auch in einer Audienz für den Klerus oder sogar beim feierlichen Akt der Inbesitznahme der Kathedra des Bischofs von Rom.

Es ist das morgendliche Gebet, bei dem die Gedanken formuliert werden, die während des Tages anderen mitgeteilt werden. Aber neben dieser ständigen Bezugnahme auf das Brevier und das Meßbuch und auf diesem Weg auf die Bibel und die Kirchenväter springt die Einheit des Stils und des inneren Gehaltes in die Augen. Der Stil ist klar, leicht verständlich und auf den Ton eines Gespräches gestimmt; der Inhalt ist identisch mit dem, was das Wesen des praktischen Lebens des gewöhnlichen Christen ausmacht: die göttlichen Tugenden und die Kardinaltugenden (und dabei wird vor allem der Milde und Demut der Vorrang zuerkannt), das Beispiel der Heiligen, die Praktiken der traditionellen Frömmigkeitformen, darüber hinaus aber vor allem das liturgische Gebet.

Die „Lehre" nährt sich bei Johannes aus dem *Buch,* das heißt aus dem Meßbuch und dem Brevier zugleich und auf diesem Weg aus der Heiligen Schrift, wie diese sich in den jeweiligen in die Liturgie übernommenen Ausschnitten darbietet. Hierzu muß eine Aussage zitiert werden, die Roncallis Geschmack und Empfinden wiedergibt: „Das Meßbuch ist der Aufbewahrungsort, an dem der Schatz der heiligen Lehre niedergelegt ist, Altes und Neues Testament, wie es sich der Erkenntnis der Gläubigen erschließt zur täglichen Belehrung, nach Art eines Echos der Stimme Jesu selbst: Wenn es euch Freude macht, dann stimmt ein in das Echo und den Gesang von Himmel und Erde." Hier wird der starre lexikalische Begriff *depositum fidei* beseelt, um damit die pastorale Praxis zu artikulieren, die in liturgischer Feier und Predigt geschieht und die vor allem die Glaubensnorm zurückführt auf die Gebetspraxis der Kirche, indem sie sie wieder zum einfachen und wesentlichen

Element des alltäglichen pastoralen Stils und der jedem Gläubigen zugänglichen Erfahrung macht. Roncalli liest das Meßbuch und das Brevier, noch bevor er die Bibel und die Kirchenväter liest. Meßbuch und Brevier haben bei ihm, aus chronologisch-biographischem Gesichtswinkel gesehen, einen einzigartigen Platz, und in quantitativer Hinsicht nehmen sie ebenfalls einen herausragenden Platz ein. Von 1897 bis 1963 hält Roncalli dem Breviergebet eine absolute Treue, und von 1904 an auch der Feier der Messe. Einigen Andeutungen in seinem Geistlichen Tagebuch (13.–19. Januar 1924) kann man entnehmen, daß er mehr als zwei Stunden täglich dafür aufwendet. Der vorrangige Wert, den die liturgischen Bücher für ihn hatten, so daß sie für eine gewisse Zeit *die* Lektüre Roncallis gewesen sind, ergibt sich nicht aus der Tatsache, daß er sie der Lektüre anderer Schriften vorzieht, sondern daraus, daß sie das Modell für die Struktur seiner gesamten Kultur geliefert haben: Tatsächlich sind die liturgischen Bücher *per definitionem* von vornherein konzipiert worden im Blick auf ein immerwährendes und fortschreitendes Neubedenken. Und darin besteht offensichtlich ihr strukturierender, aufbauender Wert. Roncalli zeigt sich nicht unduldsam gegenüber der Art, wie sie etwas vermitteln, sondern er springt auf nahezu systematische Weise über zu einer direkten und konzentrierteren Lektüre, und er beginnt dieses Abenteuer mit dem Lesen von Abschnitten der Heiligen Schrift oder der Kirchenväter, die Hilfen für die Meditation bieten.

Roncalli scheut sich nicht zuzulassen, daß seine privaten Tugenden zu öffentlich wahrnehmbaren Tugenden des Papstes werden, ja, gerade deswegen hat er eine bis dahin unerhörte Zustimmung geweckt und einen Einfluß auf die Geschichte ausgeübt, der in umgekehrtem Verhältnis zur kurzen Dauer seines Pontifikats steht. Das päpstliche Amt wurde belebt durch die echte und deswegen kühne Heiligkeit eines Christen; und die ganze Kirche, ja, jeder Mensch hat sich davon erleuchten lassen und hat sich daran gewärmt. Seit Jahrhunderten hat kein Papst das römische Papstamt so auf den Leuchter erhoben wie Roncalli, nicht durch die Taten, die er vollbracht hat – so wichtig sie auch waren: Konzil, ökumenische Öffnung, Engagement für den Frieden –, denn solche Taten haben auch andere vollbracht, sondern weil der alte ‚Angelino‘ aus Sotto il Monte dem Papstamt wieder ein Gesicht gegeben hat, wie es dem Evangelium entsprach und das deshalb auch ein echt menschliches Gesicht war; weil er Millionen von Männern und Frauen, von denen viele arm an Gütern und Hoffnungen und „fernstehend" waren, geholfen hat, sich nahe zu fühlen, nahe nicht einem mächtigen Mann, sondern einem gutherzigen und zu ihnen heruntersteigenden Mann, einem Bruder, der hinwies auf Jesus, indem er jeden Menschen einlud, auf ihn, Jesus, zu hoffen und sich ihm nahe zu fühlen.

Das endgültige Zeugnis für all dies hat Roncalli mit seinem Sterben abgelegt, das für unsere Zeit zu einer großen vom Evangelium beseelten Erfahrung geworden ist; nämlich ein Akt des Glaubens, der Hoffnung und der Brüderlichkeit, der so transparent war, daß er von einer unbegrenzten Zahl von Brüdern und Schwestern in seinem tiefen Sinn verstanden werden konnte. So wie das Sterben des Franziskus von Assisi hat auch das Sterben des Johannes das Kreuz Christi auf eine ebenso unmittelbare wie echt geheimnisvolle Weise für die Menschheit aktualisiert. Auch im Sterben hat Roncalli es verstanden, seinen einfachen Stil zu bewahren, indem er erlosch wie ein gewöhnlicher Christ und so Raum ließ für einen bisher so nicht gekannten Ausbruch allgemeiner Teilnahme. Die Tage bis zu seinem Heimgang am 3. Juni wurden für hunderte Millionen von Menschen zum Anlaß einer Erfahrung der Gemeinschaft im Glauben und in der Hoffnung. Im Sterben dieses „Knechtes" haben sie eine Tat des Lebens erkannt. Wie es nur in Ausnahmefällen geschehen kann, hat dieses Sterben nicht Furcht und Bestürzung bewirkt, sondern geschwisterliche Anteilnahme und hoffnungsvolle Erwartung. Das Sterben Roncallis hat nichts Fürstliches an sich gehabt, aber auch nichts Anonymes. Das Mitgefühl der Kirche wurde nicht von Empfindungen untertäniger Ergebenheit und auch nicht von bloßer Popularität geweckt, sondern von dem Mysterium, daß hier Christus in einer so starken und unerwarteten Weise gerade in einem Papst transparent wurde, daß sich dies sowohl Glaubenden wie Nichtglaubenden aufdrängte.

Der Papst, der dem kirchlichen Konsens so hohen Wert beimessen mußte, um die Widerstände zu überwinden, der seine Initiativen zur Erneuerung begegnet waren, hatte ein Geschehen von planetarischen Ausmaßen in Bewegung gesetzt. Die Menschen, die in Sorge waren, sicherzustellen, daß nichts von dem, was jeder Mensch und die Kirche mit ihm wiedergefunden hatten, verlorengehe, wollten sein Sterben als ein öffentliches Ereignis verstehen. Die harmonische Verschmelzung von privaten und öffentlichen Tugenden erreichte ihren Höhepunkt an jenem Pfingstfest, an dem die einzelnen Menschen und die Kirche eine historische Gelegenheit sahen, sich im Tiefsten zu verstehen, intuitiv die Richtung zu erkennen, in der die Menschheit sich gerade bewegte. Dieses Sterben ist ein Vermächtnis für die Kirche, das Konzil, die

Menschheit in seinem einzigartigen Zusammentreffen: Es war das Opfer eines Gerechten, der gleichzeitig Haupt und Meister war.

Ein Sterben, das wie sein ganzes Leben gezeichnet war mit dem Siegel der Milde, des Gehorsams, der Demut, aber auch gekennzeichnet von einem großen Erneuerungsplan, der dazu bestimmt war, dem Glauben so vieler Menschen neue Nahrung zu geben.

Gerade ein solcher Tod verhindert, daß Papst Johannes banalisiert wird, indem man auf Stereotypen wie „der gute Papst" zurückgreift. Nicht von ungefähr wurde diese Definition verwendet, um die Bedeutung der Zustimmung des Volkes zu Papst Roncalli unter Kontrolle zu bringen, um sie zu verkürzen auf eine Wertschätzung der persönlichen Qualität der Bonhomie, der schlichten Gutherzigkeit Roncallis und damit die Zustimmung zu den starken und kennzeichnenden Inhalten auszuschließen. Wenn man so handelt, versucht man zu trennen, was Gott vereint hat. Denn Roncalli war sich dessen so klar bewußt, daß seine persönlichen Tugenden, seine Wertung der historischen Verpflichtung der Kirche und seine Wiederentdeckung der Brüderlichkeit auf allen Ebenen als christlichen Lebensstils eine untrennbare Einheit bildeten.

In einem unaufhörlichen Crescendo vom ersten Weihnachtsfest seines Pontifikates bis zum leuchtenden Pfingstfest seines Sterbens war für alle die grundlegende ganz einfache und übernatürliche Einheit seines Seins und seines Handelns sichtbar. In ihm hatten der Summus Pontifex (im historisch echtesten Sinn größter Auswirkung auf das Geschick der menschlichen Gesellschaft) und der Diener Gottes (im absolutesten und innerlichsten Sinn dieses Wortes) zu einer vollkommenen Koinzidenz und zu einer wechselseitigen Rechtfertigung gefunden, zwei Tatsachen, die es nicht mehr erlauben, nur das eine anzuerkennen, ohne das andere zu verlieren.

Diejenigen, die aufgrund ihres Bildungsweges und ihrer vornehmlich weltlichen und geschichtswissenschaftlichen Interessen vor allem auf die von diesem Mann der Kirchenregierung bewirkte Revolution geblickt haben und immer noch vor allem darauf blicken, können wohl eines nicht bestreiten: Es besteht eine enge Abhängigkeit der programmatischen Entscheidungen, der Methoden der Durchführung und der so schnellen und außergewöhnlichen Ergebnisse von der Reinheit und von dem mehr als menschlichen Reichtum seiner Seele; und genauer gesagt: von jenen besonderen Tugenden der Demut, der Milde, der Hingabefähigkeit, des Glaubens, der Hoffnung und der uneigennützigen Liebe, die er in einem solch hohen Grade besaß, die er aber auch verband mit einer solch persönlichen und originalen und inspirierten Färbung, daß es den Anschein hat, daß dies hinausging über jedes noch so edle Vorbild an Rechtschaffenheit und menschlicher Loyalität.

Diejenigen andererseits, die aufgrund ihrer bewußten religiösen Sicht oder auch bloß aus einer unbewußten Sensibilität für die Attraktivität der Tugend oder des Mysteriums ihre Aufmerkamkeit vor allem auf die spirituelle Leuchtkraft dieser Seele richten, können wohl auch nicht bestreiten, daß das Papst Johannes eigene Charisma in ihm eine solche Einheit zwischen Natur und Gnade, zwischen innerem Leben und Regierungshandeln, zwischen kirchlichem Dienst und einfach allgemein-menschlichem Dienst bewirkt hat, daß es nicht möglich ist, heute seine Heiligkeit zu betrachten und zu bewundern, ohne die wesentlichen Intentionen seiner Regierung und seines kirchlichen und historischen Lehrwirkens ernsthaft anzuerkennen und zu versuchen, diese bis in ihren tiefsten Grund zu verstehen.

Im Augenblick seiner Wahl zum Papst hat sich in ihm etwas Neues ereignet: Die Summe der Überzeugungen und Fähigkeiten, die seine ganze ihm als Christen und Priester eigene innere Welt bildeten, seine große Liebe zu Gott und zu den Menschen und gewiß auch das neue Licht und das neue Feuer des Heiligen Geistes, die sich in diesem Augenblick seiner bemächtigten, die Notwendigkeiten und Möglichkeiten in der Kirche und der ganzen Menschheit, um die er entweder seit langem gewußt hatte oder die er nun blitzartig ahnte, all dies zusammen lief nun hinaus auf eine einzige Wirkung und auf einen ganz und gar folgerichtigen Entschluß: auf die ganz einfache und elementare, wenn auch unvorhersehbare und von den meisten nicht vorhergesehene Entschlossenheit, von diesem Augenblick an Lehrmeister und Führer aller Menschen sein zu wollen, nun, da Gott ihn zum Nachfolger des Petrus haben wollte und ihm, der immer gehorsam gewesen war, damit den seinen Gehorsam bindenden Auftrag erteilte, den anderen, das heißt allen Menschen, zu gebieten und sie zu weiden.

Bisher ist dem kategorischen Charakter dieses Entschlusses noch nicht genügend Aufmerksamkeit geschenkt worden. Alles ging bei ihm weiter wie bisher, vor allem, was seinen grundlegenden Willen zu Demut, Milde, Losgelöstheit, Einfachheit betrifft. In einer neuen folgerichtigen, absoluten und kraftvollen Entwicklung nahm nun der in die größte Natürlichkeit gekleidete Entschluß Gestalt an, in äußerster Entschiedenheit Gott zu gehorchen, der von ihm wollte, daß er gebiete und lehre. Sein Gehorsam hörte nicht auf, sondern er machte ihn zum Oberhaupt und zum Beispiel für alle.

Wer seine Tugend betrachtet und rühmt, muß erkennen, daß dieser Mann von dem Augenblick an, da er Papst geworden war, wirklich in einem Höchstmaß hellwacher Entschlossenheit zum universalen Hirten und Lehrer wird. Wer sich dessen nicht bewußt wird, bewundert eine bloß imaginäre Heiligkeit, eine Heiligkeit, die es vielleicht bei anderen gibt, die aber nicht die wirkliche Heiligkeit von Papst Johannes ist. Johannes XXIII. ist der Papst, der schon mit den ersten Worten, mit denen er seine Wahl angenommen hat, sein Werk im voraus damit definiert hat, daß es dazu bestimmt sei, „dem Herrn ein vollkommenes Volk zu bereiten, ihm die Wege zu bereiten, damit, was krumm ist, gerade werde und das, was uneben ist, ebener Weg werde, damit jeder Mensch Gottes Heil erblicken kann" (Lk 3,4–6).

Seine menschliche Physiognomie

Den Menschen Roncalli kennzeichnen offensichtlich einige besonders in die Augen springende Züge, die ihm während seines ganzen langen Lebens zu eigen waren. Erwähnt werden muß vor allem seine bäuerliche Herkunft, die er übrigens mit einem Großteil des italienischen – und vor allem des norditalienischen – Klerus der ersten Jahrzehnte des 20. Jahrhunderts gemeinsam hat. Bei Roncalli jedoch hat die bäuerliche Herkunft, die er beständig nicht bloß als irgend etwas Zufälliges, sondern – wie der nie unterbrochene briefliche Austausch mit seiner patriarchalischen Familie bezeugt – als eine ursprüngliche und eifersüchtig gehütete Gegebenheit gelebt hat, offensichtlich eine tiefwirkende Funktion gehabt. So scheint es richtig zu sein, einige seiner Charakterzüge auf diese Herkunft zurückzuführen: vor allem eine gewisse Langsamkeit (die ihn in der Zeit, als er Mitarbeiter von Bischof Radini Tedeschi war, bekümmert hat), die aber verbunden war mit einem beständigen Fleiß, der seine ganze Fruchtbarkeit im Laufe seines so langen Lebens beweisen wird.

Auf ebendiesem Hintergrund kann man auch die gutherzige Einfachheit Roncallis einordnen, die so oft mit Einfalt verwechselt wurde. Aus einem anderen Blickwinkel betrachtet, ist zu sagen, daß die Erfahrung, die er in einer Großfamilie gemacht hat, die zeitweise aus einem halben Hundert Personen bestand, die Gewöhnung an ein tolerantes Zusammenleben gefördert hat. Die bäuerliche Kultur scheint auch eine der Wurzeln zu sein für Roncallis Fähigkeit, den wesentlichen Kerngehalt von Tatsachen und Ideen wahrzunehmen, ohne sich von nebensächlichen und zweitrangigen Aspekten ablenken zu lassen. Auf eine im bäuerlichen Leben wurzelnde Lebenseinstellung zurückzuführen ist wohl auch seine Fähigkeit, im Verlauf von Jahrzehnten die unterschiedlichsten Erfahrungen so zu speichern, daß sie zu einem harmonischen Ganzen werden.

Übrigens hat schon allein die lange Lebensdauer, die mit immer gleichbleibender energischer Gelassenheit erlebt wurde, alle wichtigen Eigenschaften seiner persönlichen Prägung auf die Probe gestellt, so daß es schwerfällt, eine Diskontinuität in seinen Einstellungen und Verhaltensweisen festzustellen – ungeachtet der Verschiedenartigkeit der einzelnen Phasen seiner Erfahrung und seines intensiven Bemühens, Verhaltensweisen zu erarbeiten, die den jeweiligen Umständen angemessen waren. Ein anderer bestimmender Zug von großer Bedeutung ist offensichtlich die friedfertige Kraft, mit der er unablässig seine Überzeugungen vertreten hat. Immer wieder hat die heitere Gelassenheit seines Verhaltens dazu verleitet, daß man ihn für schwach hielt, für unfähig, der Ereignisse Herr zu werden; daß man meinte, er habe keine tiefverwurzelten Überzeugungen. Oder aber man hielt ihn wegen der Entschiedenheit seiner Einstellungen oder seiner Entschlüsse für starrköpfig oder unbesonnen. Vielleicht ist erst während seines Pontifikates die friedliche Kraft seiner Überzeugungen in ihrer ganzen bestürzenden Dichte offenbar geworden. Zumindest bis zum Konklave 1958 haben viele gemeint, Roncalli kurzerhand als einen Prälaten einstufen zu können, der zwar aller Achtung würdig, aber keine ausgeprägte Persönlichkeit sei und über keine höhere Fähigkeit zu urteilen und zu entscheiden verfüge. Noch heute verstehen viele Historiographen nicht, ein solch unbegründetes und deswegen abwegiges Vorurteil zu vermeiden.

Seine spirituelle Physiognomie

Es ist unmöglich, sich des Eindrucks zu erwehren, daß die spirituelle Dimension der Persönlichkeit Roncallis eine zentrale Rolle in seinem Leben gespielt hat. Es war dies übrigens ein Leben wie aus einem Guß, das nicht zuläßt, es mit Hilfe von Aufspaltungen in Teilbereiche verstehen zu wollen, und seien es auch fromme Distinktionen wie die zwischen innerem Leben und äußerer Aktivität oder zwischen Spiritualität und Wirken in der Öffentlichkeit. Darum muß man Roncallis spirituelle Erfahrung in ständiger Verbindung mit der Gesamtentwicklung seines Lebens analysieren. Ich will also zu analysieren versuchen, wie sich seine geistliche

Erfahrung entfaltet hat, und dabei die besonders bezeichnenden Übergänge betonen, die nicht den Phasen seiner kirchlichen Karriere entsprechen.

Entscheidend sind offenkundig einige besondere Momente: der Eintritt ins Seminar mit der dort gepflegten Frömmigkeit, die stark nachtridentinisch geprägt war, womit sie sich in einer Kontinuität mit der in der Familie und in der heimatlichen Pfarrgemeinde gepflegten Frömmigkeit befand; im Jahre 1896 die Begegnung mit der *Nachfolge Christi* des Thomas von Kempen; 1902/1903 in Rom die Begegnung mit dem Redemptoristen F. Pitocchi; das ein Jahrzehnt dauernde Zusammensein mit Bischof Radini Tedeschi (1905–1914); Erfahrungen mit der liturgischen Bewegung; die erste Begegnung mit der Bibel (1909) und deren fortschreitende Vertiefung; die „Verlöbnisse" mit verschiedenen Landeskirchen und ihren Engeln, vor allem seit 1925; die Übung des Glaubens in der Kirche und in der Bruderschaft der Menschen, des Glaubens als einer Art „Dorfbrunnen", zu dem alle kommen, um daraus zu schöpfen, und in dessen Umkreis in aller Einfachheit eine Beziehung des Miteinander-Teilens entsteht.

Diese Methode der Analyse wird offensichtlich bestätigt durch eine Notiz von Roncalli selbst, der 1922 im Gedenken an Pater Pitocchi bemerkt: „… Das geistliche Leben, das mehr ist als eine Abfolge von Akten, nämlich die spontane Frucht der guten Anlage und der sehr christlichen Erziehung, gestärkt von der Gnade des Herrn, muß sich Stufe um Stufe nähren aus einer Gewohnheit des Denkens und Handelns, die überdacht wird im Licht der höheren Grundsätze, deren die Seele sich bewußt werden wird."

Die Übung des Glaubens mitten unter den Menschen

Die beiden letzten Jahrzehnte seines Lebens von der Versetzung nach Paris bis zur Beendigung des Petrusdienstes sind die Gelegenheit für das Sichtbarwerden eines intensiv betriebenen geistlichen Aufbauwerkes, das auch immer mehr vertrauensvoll der Entwicklung der Umstände überlassen wird. Schon die Tatsache, daß er kirchliche Stellungen von immer größerem Gewicht (Nuntius, Kardinal, Patriarch, Papst) einnimmt, führt allen einen Mann vor Augen, der für so lange Zeit mit seinen bescheidenen Aufträgen im weit entfernten Osten begraben zu sein schien. Das konnte ein Anlaß zur Bewährung, aber vielleicht auch eine Möglichkeit zum Sichverzetteln sein. Man erlebte aber dann – wie auch eine wachsende Zahl von Nichtkatholiken und Nichtchristen bezeugt –, wie in wachsendem Maß die inneren Einstellungen eines Prälaten, der immer mehr Ansehen genoß, auch in seinem äußeren Verhalten sichtbar wurden. Auf den ersten Blick gesehen, schien Roncalli ein ganz gewöhnlicher Christ zu sein. Ursache dafür war, daß er sich – spontan, aber in wacher Selbstkontrolle – wesentliche Werte der echtesten spirituellen Tradition zu eigen gemacht hatte, die er in konsequenter Anpassung an seine persönliche Situation lebte, wobei er eine gehorsame Antwort auf den Willen Gottes mit der unablässigen und engagierten Bemühung um Heiligkeit und Treue zum Evangelium verband. Die persönlichen Lebensverhältnisse und Ämter und noch mehr die Ereignisse im Leben der Gesellschaft werden dann offensichtlich zum Anstoß dafür, daß die schon verinnerlichten Tugenden immer aufs neue begriffen und auf die veränderte Wirklichkeit bezogen werden, was es ihm ermöglicht, der Versuchung zu einer bloß innerlichen und privaten Frömmigkeit zu entgehen, die unempfindsam ist für das Leben und taub ist gegenüber den Brüdern und Schwestern.

Das Streben nach geistlicher Vollkommenheit ist jedoch noch nicht beendet. In der neuen kirchlichen Stellung wird die Grenze in Richtung neuer innerer Dimensionen verschoben. Es entsteht ein neues, bisher unbekanntes Bewußtsein der Einfachheit als einer Form des Bekenntnisses zum Evangelium vor den Augen aller, das nicht anmaßend ist, aber auch nichts von seinem Anspruch zurücknimmt.[396] Das Bemühen um Milde wird nun aktueller denn je, was gerade als Reaktion auf die neue Autoritätsstellung zu verstehen ist.[397] Es vollzieht sich eine Entdeckung der Kühnheit, des Wagemutes, als des angemessenen Verhaltens in der Wahrnehmung der pastoralen Verantwortung und nicht als Widerspruch zur Milde.[398]

Zu Beginn der Pastoralvisitation 1954 in der Kathedrale San Marco in Venedig bekräftigt er nochmals, daß er dabei „im Licht des Guten Hirten, des großen Hirten Jesus" vorgehen wolle, und er sagt Näheres über die Art seines Eingreifens: „Euer Patriarch wird nicht mit dem Stock oder mit der Peitsche zu euch kommen, sondern er wird kommen mit freundlicher Zuneigung, mit Respekt und auf väterliche Weise, um aufzudecken, was vielleicht schlecht oder fehlerhaft ist, vor allem aber, um heimzurufen und zu ermutigen. Er übt – wie die heilige Mutter Kirche – keine Gewalt; und wenn der Hirte sich mit jemandem schlagen muß, dann wird das gegen den reißenden Wolf gerichtet sein, um die Unschuld, die Gerechtigkeit, das gute Recht zu retten; aber immer wird er all das mit Wohlwollen und Güte tun."[399] Es scheint, daß

Roncalli nicht einmal im Kampf mit dem reißenden Wolf auf die Milde verzichten kann! Andererseits glaubt er auch, was die Wirksamkeit von Maßnahmen betrifft, nicht an die Peitsche. In einem Brief an Montini, damals Erzbischof von Mailand, schreibt er: „Die Stationsgottesdienste der Fastenzeit […] bieten mir immer eine Menge von Gelegenheiten, mit dem Milieu vertraut zu werden, Gelegenheiten, bei denen ich sehe, daß alle ihre Freude daran haben […]. Das hindert mich nicht, Fehler und Bedürfnisse wahrzunehmen, Personen und Situationen zu bewerten; und ich bin überzeugt, daß dies wichtig ist, vor allem sich der Wirklichkeit bewußt zu sein, sich zu bemühen, sie zu bessern und sich nicht einzubilden, daß alles oder überhaupt irgend etwas unmittelbar mit dem Zauberstab oder mit der Peitsche erreicht werden könne."[400]

Die Haltung der Milde und der Verzicht auf Polemik sind ihm so wichtig, daß sie zu seinem Ritornell, zu seinem Refrain werden: „Das Ritornell, das immer wiederkehrende Thema des Patriarchen von Venedig bei den Versammlungen der Kardinäle und Erzbischöfe ist die Einfachheit des Evangeliums, die Rückkehr zur Heiligen Schrift: die leicht-verständliche, kurzgefaßte, nicht polemische, sondern milde Katechese, ohne Aufregung und Beschimpfungen."[401]

Roncalli weiß, daß die Barmherzigkeit Frieden schafft, und im Aufbruch auf einen Weg, der ihn später bis zur Verurteilung jeder Art von Krieg führen wird, notiert er 1958 während einer Einkehrzeit: „Ein Friede, der sich ausbreitet in allen persönlichen Kontakten, auch mit den ärgerlich Unruhigen: Mitleid mit ihnen haben und ihre Schwäche ertragen, indem man schweigt, sich nichts anmerken läßt, sie entschuldigt. Brüderliche Liebe, nicht bloß eine Maske der Liebe; Langmut."[402] Nicht bloß eine Maske der Liebe also, sondern versuchen, der großen Liebe des Herrn treu zu sein, den er in der Rede zum Jahresende 1953 anruft: „Vor allem bleib gut und nachsichtig zu uns, o Herr. Wo deine Barmherzigkeit über uns waltet, werden wir dir auch in unseren Schwächen und in unserer Hinfälligkeit treu sein. O, deine Barmherzigkeit, deine Barmherzigkeit, o Herr. Wir werden uns bemühen, dir treu zu sein, aber es ist deine Barmherzigkeit, der wir unsere Hoffnungen anvertrauen und von der wir unsere ewigen und unsterblichen Gewißheiten erwarten."[403]

Schon der diplomatische Dienst auf hoher Ebene und dann die Verantwortung als Bischof von Venedig boten Roncalli die Gelegenheit, die Probe darauf zu machen, wie weit die Barmherzigkeit im kirchlichen Dienst und nicht nur in der persönlichen Askese trägt, wie weit sie also den Platz beanspruchen kann, den er ihr zugewiesen hat.

Roncalli hat sich nicht gescheut, zuzulassen, daß seine privaten Tugenden zu öffentlich wirksamen Tugenden des Papstes wurden. Gerade dies hat eine Wende in der jahrhundertelangen Geschichte des römischen Papsttums bewirkt. Gleichzeitig hat er verhindert, daß seine Spiritualität, deren tragende Pfeiler im Evangelium begründet waren, von den Erfordernissen seiner öffentlichen Arbeit erstickt oder verunstaltet werde. Das Petrusamt wurde beseelt durch eine echte und darum kühne, wagemutige Heiligkeit und gewann so wieder ein dem Evangelium entsprechendes und deswegen auch menschliches Gesicht.

Gerade diese christliche und menschliche Doppelwertigkeit der letzten Strecke des geistlichen Weges Roncallis gebietet es, den ebenso zentralen wie verborgenen Wert der Armut wahrzunehmen. Sie war für Roncalli eine Begleiterin, von der er sich nicht trennen wollte, mehr ein Vollzug von Gehorsam als eine Entdeckung oder eine Sache der Wahl: Armut als beschränkte Verfügbarkeit von materiellen Gütern, aber auch als herausragende Weisung des Evangeliums und deswegen als vertrauensvolle Erwartung von Winken der Vorsehung, ohne eifersüchtig nur die eigenen Pläne im Auge zu haben. Die echte Bereitschaft, ein Leben in Armut zu führen, hat ihn aufmerksam gemacht für die Bedeutung der Armut der heutigen Menschheit und fähig, die Bedeutung der Armut als eines Zeugnisses für das Evangelium zu erkennen.

Eine „gewöhnliche" Spiritualität

Der Rückblick auf den ganzen geistlichen Weg von Papst Johannes ermöglicht es, einige zusammenfassende Schlußfolgerungen zu formulieren:

Es drängt sich vor allem der Eindruck eines unablässigen Vorwärtsgehens auf. Roncalli gibt das Bemühen um inneren Fortschritt niemals auf, wobei er sich antreiben läßt von dem Entschluß, Christus nachzufolgen, und davon, daß die Zeitereignisse den Anruf des Evangeliums durchklingen lassen, so wie Wasserzeichen in Papierbögen sichtbar werden. Paradoxerweise aber ist sein suchendes Bemühen stets weniger Verwirklichung eines Planes als vielmehr Annahme einer Berufung.

Er verfolgt seinen Weg in einer Bewegung von Stufe zu Stufe, die sich aber oft dem Blick entzieht, weil sie wie begraben erscheint unter der Geraden des ganz Normalen, das scheinbar eintönig ist und sich ständig wiederholt.[404] Der Leser des Geistlichen Tagebuchs und der anderen Schriften Roncallis läuft – wie übrigens auch viele, die Johannes XXIII. persönlich gekannt haben – ständig Gefahr, Gefangener eines Eindrucks von einer sozusagen „banalen" Normalität zu bleiben, der begünstigt wird durch ein einfaches Vokabular, dem alle Gewähltheit fremd ist, durch einen Stil, dessen Periodenbau alle Kompliziertheit fehlt. Seine geistliche Sprache kennt niemals Höhenflüge oder mystische Dunkelheiten.

Dies ist ein Fortschreiten, das sich nährt aus einem Bemühen, dem Unruhe fremd ist, das aber immer dynamisch ist; das vorwärts geht, ohne Schablonen zu folgen oder ohne sich eine exklusive Spiritualität zu eigen machen zu wollen, das aber eine unterscheidende Auswahl trifft, oft angeleitet vom Gehorsam gegen die Erfordernisse der jeweiligen Umstände. Daß Roncalli eine große Anzahl von spirituellen Schriften aller christlichen Epochen kennt und verwendet, könnte an eine Art von unvorbedachter und zufälliger geistlicher Bildung denken lassen, der die ordnende Mittelachse fehlt.

Roncalli aber realisiert auf diese Weise eine wirkungsvolle Anhäufung von spirituellen Grundeinstellungen, indem er in aller Freiheit aus der Tradition der Frömmigkeit und der Heiligkeit schöpft; eine Anhäufung, in der es betonte Elemente gibt in Form von großen Augenblicken eines stärkeren asketischen Engagements, die aber nicht selbstgewählt sind, sondern die zumeist in Herausforderungen bestehen, die erkannt und angenommen werden. Recht gesehen, ist er selbst es, der sich mit sicherer Unterscheidungsgabe in dieser Anhäufung von spirituellen Grundeinstellungen auskennt und sie unter Kontrolle behält, da er sich darüber klar ist, daß ihre Mitte und ihr Kriterium der Christus Gottes ist und nicht der Anschluß an irgendeine Schule der Spiritualität.

So ergibt sich ein in seiner „Normalität" oder „Gewöhnlichkeit" einzigartiger und fast einmaliger Wegverlauf, der gekennzeichnet ist von den multiplikatorischen Auswirkungen, die erzeugt wurden durch die immer neue Befruchtung durch scheinbar heterogene und synkretistisch einander angenäherte Elemente. Der spirituelle Weg Roncallis könnte aufgrund der disparaten Herkunft dessen, was da zusammengetragen wurde, als „fragmentiert" erscheinen. Das aber ist nicht der Fall. Ja, es erweist sich vielmehr, daß eine organische Synthese gelungen ist, die es vermocht hat, diese Beiträge zu verschmelzen und nicht nur additiv zusammenzufügen. Gerade hier ist mit Händen zu greifen, wie sehr Roncalli ein Mann der Tradition im besten Sinne gewesen ist, dem es gelungen ist, die Substanz der verschiedenen Stränge der Spiritualität zu erkennen – mit dem Ergebnis, daß er auf diese Weise ihre tiefsten gegenseitigen Verknüpfungen ans Licht gebracht hat.

Schließlich steht man hier Ergebnissen gegenüber, die so unerwartet und unvorhersehbar sind wie das, was die Menschheit übereinstimmend in Johannes XXIII. erkannt hat, da sie gewahr wurde, daß in ihm echte Lichtstrahlen des Christus für den Menschen von heute durchbrachen. Besonders im Hinblick auf dieses Phänomen ist die Vermutung formuliert worden, daß es so etwas wie ein „Mysterium Roncalli", ein „Geheimnis Roncalli" gebe. Was aus den Quellen hervorgeht, belegt, daß es ein „Geheimnis" der Spiritualität Papst Johannes' XXIII. nicht gibt. Dies deckt sich übrigens mit einer Notiz aus den letzten Jahren, wo es es im Blick auf seinen Gehorsam heißt: „Dies ist das Geheimnis meines Lebens. Sucht keine anderen Erklärungen. Ich habe immer den Satz des heiligen Gregor von Nazianz wiederholt: *Voluntas Dei pax nostra* ..."[405]

Die spirituelle Physiognomie Roncallis ist also nicht identisch mit einer Schulrichtung, sie ist auf keinerlei Weise „spezialistisch" in dem Sinne, wie dies die Spiritualität eines Charles de Foucauld oder eines Don Calabria ist. Es ist nicht ohne Bedeutung, daß Roncalli, wenn er auch ein intensives geistliches Leben geführt hat, nie die Gründung einer geistlichen Familie geplant oder in Angriff genommen hat. Seine Spiritualität erscheint vielmehr als eine „gewöhnliche" oder „allgemeine" Spiritualität, insofern sie sich auf die gemeinsamen Lebensbedingungen der Christen bezieht, wenn sie auch in unterschiedlichen Graden der Intensität gelebt werden mag. Es ist eine „gewöhnliche" und altmodische Spiritualität, aber nicht, weil sie infiziert wäre von den zur Zeit Roncallis häufigsten Abirrungen wie dem Voluntarismus, der bisweilen in einen Semipelagianismus einmündet, oder dem Moralismus, der der Versuchung ausgesetzt ist, die Spiritualität auf einen Moralkodex zu reduzieren.

Anmerkungen

1 Diese von L. Capovilla herausgegebenen beiden Bände liegen der ebenfalls zweibändigen deutschsprachigen Ausgabe zugrunde, deren Text, soweit wie möglich, im folgenden übernommen wurde: L.F. Capovilla (Hg.), Johannes XXIII. Briefe an die Familie I: 1901–1944; II: 1945–1962. Freiburg i.B./Basel/Wien, 1969/1970. (Im folgenden zitiert als „Briefe an die Familie".) [Anmerkung des Übersetzers.] G. Farnedi hat einen Ergänzungsband mit weiteren 152 Briefen aus den Jahren 1911–1952 herausgegeben: Lettere familiari, Casale M. 1993. (Im folgenden zitiert als „Lettere familiari" – im Unterschied zu dem Kürzel „Familiari", das für die italienische Originalausgabe von Capovilla steht.) Für den ersten Teil dieser biographischen Skizze habe ich auch das sorgsam gearbeitete Buch von M. Benigni zu Rate gezogen: Papa Giovanni chierico e sacerdote a Bergamo. 1892–1921. Reihe Studi e memorie del Seminario di Bergamo, 5, Mailand 1998.
2 Briefe an die Familie I, 26 u. 24.
3 Brief vom 21. September 1908. Briefe an die Familie I, 37.
4 Amadei, 250.
5 Aus dem Brief vom 19. Oktober 1929 an Msgr. G. B. Floridi, Generalvikar von Bergamo.
6 Geistl. Tagebuch, 1896.
7 Amadei, 250.
8 Geistl. Tagebuch, 25. September 1898.
9 Geistl. Tagebuch, Dienstagabend, 1. November 1998.
10 Geistl. Tagebuch, Donnerstagabend, 8. Dezember 1898.
11 L.F. Capovilla, Il Rosario con papa Giovanni, Rom 1979, 89f.
12 Geistl. Tagebuch, 15. Januar 1899 (in der monatlichen Einkehrzeit).
13 Geistl. Tagebuch, 21.–28. Februar 1900.
14 Geistl. Tagebuch, 29. August 1900.
15 Geistl. Tagebuch, 1. September 1900.
16 Giornale[2], 425.
17 Biographische Notiz, in: Giornale[2], 426.
18 „Classificazioni al Seminario di Bergamo / Corso Teologia: luglio 1900 / Dogmatica 10 – Morale 10 – S. Scrittura 10 / Diritto Canonico 10 – Diritto Sociale 9 / Storia Ecclesiastica 10 – Eloquenza 10 / S. Liturgia 8 [...] / Classificazione di III Liceale: / Religione 10 – Filosofia 10 – Fisica 9 / Storia naturale 9 – Storia civile 10 – Matematica 7 – lingua italiana 9 – latina 9, greca 9." [Zum Wert der Zensuren: 10 Punkte sind in diesem Klassifikationssystem die Höchstzahl.]
19 Fiducia, 10.
20 Geistl. Tagebuch, 10.–20. Dezember 1902.
21 Autobiographische Notiz von 1959, in: Giornale[2], 427.
22 Geistl. Tagebuch, 12. April 1903.
23 Am selben Tag, an dem Ernesto Buonaiuti zum Priester ordiniert wurde.
24 Geistl. Tagebuch, 9.–18. Dezember 1903.
25 Geistl. Tagebuch, 1.–10. August 1904.
26 Geistl. Tagebuch, 1912.
27 Geistl. Tagebuch, 20. Dezember 1902.
28 Giornale[2], 471.
29 Geistl. Tagebuch, 1.–10. April 1903.
30 Geistl. Tagebuch, 10.–20. Dezember 1902.

31 Geistl. Tagebuch, 28. April 1901.
32 Geistl. Tagebuch, 10.–20. Dezember 1902.
33 Geistl. Tagebuch, 9.–18. Dezember 1903.
34 Ebd.
35 Ebd.
36 Geistl. Tagebuch, 1.–10. August 1904.
37 Interessant ist diesbezüglich die Sammlung: C. Badalà (Hg.), Fiducia e obbedienza. Lettere ai rettori del Seminario Romano 1901–1959, Mailand 1997.
38 L.F. Capovilla (Hg.), VIII anniversario della morte di papa Giovanni 1963, 3 giugno 1971, Rom 1971.
39 Geistl. Tagebuch, 16. Januar 1903.
40 Autobiographische Notiz, in: Giornale[2], 427.
41 18. September–22. Oktober 1906, veröffentlicht in: Giornale[2].
42 Geistl. Tagebuch, Februar 1900.
43 Il cardinale Cesare Baronio, Bergamo 1914. Neudruck: Rom 1961, 43.
44 AaO. 43f.
45 Geistl. Tagebuch, 2.–8. Oktober 1910.
46 Text des Briefes in: Vita diocesana 4 (1912) 299–334.
47 Gli inizi del seminario di Bergamo e S. Carlo Borromeo, Bergamo 1939; außerdem: La Misericordia Maggiore di Bergamo e le altre Istituzioni di benficenza amministrate dalla Congregazione di Carità, Bergamo 1912.
48 Vgl. Appunti per la storia, in: I preti del S. Cuore di Bergamo nel 50° della fondazione, Bergamo 1959, 1–22.
49 Geistl. Tagebuch, 13.–19. Oktober 1912.
50 Geistl. Tagebuch, 1.–7. September 1907.
51 Geistl. Tagebuch, 25.–31. Oktober 1908.
52 Geistl. Tagebuch, 10.–25. September 1909.
53 Radini, 127.
54 Geistl. Tagebuch, 2.–8. Oktober 1910.
55 L.F. Capovilla (Hg.), X anniversario della morte di papa Giovanni, Rom 1973, 63.
56 Geistl. Tagebuch, 10. August 1914.
57 Capovilla (Hg.), X anniversario, 63.
58 Vgl. Mons. Giacomo Maria Radini Tedeschi, vescovo di Bergamo, Bergamo 1914, Rom 1963.
59 Geistl. Tagebuch, 27. September–3. Oktober 1914.
60 Geistl. Tagebuch, 23. Mai 1915.
61 L' Eco di Bergamo, 6. Juni 1965, 19.
62 Briefe an die Familie I, 64.
63 L.F. Capovilla, Giovanni XXIII. Il Maestro inatteso, aaO. 1972, 43.
64 Rom 1977, 63.
65 Geistl. Tagebuch, 28. April–3. Mai 1919.
66 Humanitas, 451.
67 AaO. 429f.
68 AaO. 451.
69 23. August 1919, AaO. 457.
70 AaO. 469.
71 L. Capovilla (Hg.), Natale 1970–Capodanno 1971, aaO. 1971, 18–20.
72 AaO. 15.
73 Algisi, 424f.
74 AaO. 414.

75 Notiz vom selben Tag in einem unveröffentlichten Notizbuch und Brief unter demselben Datum an die Schwestern; in: Lettere familiari, 22f.

76 Brief vom 3. Juni 1925.

77 S. Trinchese, Relazione della visita di studio fatta ai Centri dell' Opera della Propagazione della fede in Francia e in Germania [14 febbraio 1922], in: ders. (Hg.), Fede Tradizione Profezia, Brescia 1984, 183f. Einige Details hierzu werden angeführt von F. Tedde, Angelo Roncalli e l'accentramento romano dell' Oeuvre de la Propagation de la Foi, in: Rivista di Storia della Chiesa in Italia 53 (1999) 83–108.

78 Er war am 7. Mai 1921 von Benedikt XV. zum Päpstlichen Hausprälaten ernannt worden, nachdem er am 15. März 1921 vom Bischof schon zum Ehrenkanoniker der Kathedrale von Bergamo ernannt worden war. Der Bischof schrieb ihm, was diese Ernennung zum Ausdruck bringen wollte: „Die Bezeugung der Wertschätzung und des Dankes, den ich selbst und die ganze Diözese Ihnen schulden für so viele Verdienste, die Sie sich erworben haben unter uns und als treuer, liebevoller und erleuchteter Sekretär [...] meines Vorgängers sel. Angedenkens, Msgr. Radini Tedeschi, als Professor und Spiritual im Priesterseminar, als Gründer des ‚Hauses des Studenten' sowie für alle Werke des Eifers im heiligen Dienst, mit denen Sie so wirkungsvoll beigetragen haben zum Wachstum der christlichen Frömmigkeit inmitten unseres Volkes." Roncalli antwortete ihm und schrieb über seine Jahre bei Radini Tedeschi: „Ich habe noch nicht aufgehört, jene Jahre für die arbeitsreichsten und vielleicht auch für die – obwohl im Verborgenen verbrachten – fruchtbarsten meines Lebens zu halten. [...] Was das wenige betrifft, das ich in den sechs Jahren, seit Ew. Exzellenz Bischof sind, vollbringen konnte, so ist es nur die Frucht des mir lieben und gesegneten Gehorsams gegen Gott und Ew. Exzellenz und des persönlichen Wohlwollens, das Sie mir immer erwiesen haben und für das Sie mir heute einen neuen Beweis liefern." Zitiert in: Pastore, 96–97.

79 Geistl. Tagebuch, 13.–19. Januar 1924; vgl. La propagazione della fede nel mondo, Rom 1958.

80 Vermerk von diesem Tag in einem unveröffentlichten Notizbuch.

81 Briefe an die Familie I, 101.

82 Vgl. S. Trinchese, Roncalli e le missioni, Brescia 1989

83 Geistl. Tagebuch, 13.–17. März 1925.

84 Ebd. Hier trägt Roncalli die Gelöbnisse ein, die er während der Konsekration gemacht hat.

85 Notiz vom 4. April 1918.

86 Geistl. Tagebuch, 4. April–4. Mai 1930.

87 Geistl. Tagebuch, 13.–17. März 1925.

88 Brief an Msgr. G. Dieci vom 5. Mai 1928, in: C. Valenziano (Hg.), Lettere dall' Oriente, Brescia 1969, 50–53.

89 Il Cardinale Cesare Baronio, 46f.

90 1934 wird er von der Regierung mit dem Orden des Großoffiziers der Krone von Italien ausgezeichnet, der ihm und Msgr. Margotti verliehen wird: Brief an die Familie vom 1. Januar 1934. Vgl. Lettere familiari, 200–204.

91 Geistl. Tagebuch, 18.–22. Juli 1932.

92 Geistl. Tagebuch, 13.–17. März 1925.

93 Obbedienza, 173f.

94 AaO. 41.

95 Am 6. Mai 1925 schreibt er aus Sofia seinen Schwestern: „Ihr sprecht von einer Rückkehr ganz Bulgariens zur Gnade der Einheit der Kirche. Ach, das

wäre zuviel gehofft ... Es bedarf noch langer Jahre, um zu einer Einheit zu gelangen, an der es doch schon seit vielen Jahrhunderten fehlt." Zitiert in: Lettere familiari, 33.

96 AaO. 41.

97 Capovilla, Papa Giovanni gran sacerdote, 150f.

98 Der Bulgare Stephan Kurtev war der katholische Priester, der Roncalli in den ersten Monaten seiner Visitation Bulgariens im Jahre 1925 begleitet hatte. Am 21. September 1925 wurde er zum Apostolischen Proadministratorernannt und am 5. Dezember in Rom, wohin ihn Roncalli begleitete, zum Bischof konsekriert. Seine Ernennung zum Exarchen für die katholischen Christen Bulgariens, der nun den Namen Kyrill annimmt, vervollständigt die Verwirklichung von Roncallis Plan der Reorganisation der kirchlichen Verwaltung in Bulgarien, der auf den einheimischen Klerus setzt.

99 Brief vom 27. Juli 1926 an C. Morcefki; vgl. Obbedienza, 279.

100 Giovanni Dieci war einer der Mitarbeiter in der „Opera per la propagazione della fede"; er wird Roncalli, dessen Stelle er nach dessen Abschied von Bulgarien übernehmen wird, verbunden bleiben, und er wird ihn – als einziger seiner römischen Freunde – in Istanbul besuchen.

101 Geistl. Tagebuch, 27. November–2. Dezember 1926.

102 Geistl. Tagebuch, 13.–17. März 1925.

103 Geistl. Tagebuch, 20.–24. Dezember 1928.

104 Schließlich mußte entsprechend der Ansicht des bevollmächtigten Ministers Italiens in Sofia, Piacentini, die Übergabe des Seminars an die Assumptionisten als Vertreter französischer Einflüsse verhindert werden. Vgl. Obbedienza, 96f.

105 Protokoll vom 24. Januar 1930; vgl. Obbedienza, 93–114.

106 L. Capovilla (Hg.), Natale 1970–Capodanno 1978, 32f.

107 Geistl. Tagebuch, 28. April–4. Mai 1930.

108 Ciril Korolewski (Pseudonym für François Charon, geb. 1878 in Caën), französischer Gelehrter, seit 1902 Priester der Melkitischen Kirche, Assistent der Vatikanischen Bibliothek in Rom und Gründer der Zeitschrift „Stoudion", ist ein führender Verfechter des vatikanischen Unionismus in den zwanziger Jahren: Zusammen mit Kardinal Tisserant hatte er 1923-1924 eine lange Orientreise unternommen, nach offizieller Version, um auf die Suche nach Manuskripten für die Vatikanische Bibliothek zu gehen. Der nach Beendigung jener Reise dem Papst zugestellte Bericht war mitbestimmend für den römischen Beschluß, einen Apostolischen Visitator nach Bulgarien zu entsenden. Später wurde Korolewski zum Konsultor der Kongregation für die katholischen Ostkirchen, der Kommission für Rußland und der Kommission für die Kodifizierung des Kirchenrechtes der katholischen Ostkirchen ernannt. Er hat eine Biographie des Metropoliten Szeptyckij geschrieben. Er starb 1959.

109 Geistl. Tagebuch, 25. November–1. Dezember 1940.

110 L. Capovilla (Hg.), Natale 1977–Capodanno 1977, o.O. 1977, 20–23.

111 Vgl. Brief vom 26. Oktober 1930, in: Briefe an die Familie I, 219.

112 Brief vom 27. Dezember 1930, in: Familiari I, 243.

113 Brief an Msgr. Cesarano vom 9. November 1931; vgl. Obbedienza, 299f.

114 Notiz vom 25. November 1931, in: Giovanni XXIII., Pensieri dal Diario, Vicenza 1963, 116.

115 Brief vom 4. Februar 1933, in: Lettere familiari, 176.

116 Geistl. Tagebuch, 27.–31. August 1934.

117 Obbedienza, 259–262.
118 Ich folge hier den abschließenden Seiten der Monographie von F. Della Salda über die Zeit in Bulgarien: Obbedienza, 139–143.
119 Vgl. Lettere ai Vescovi di Bergamo (1931–1961), Bergamo 1973, 39f, 25. Dezember 1933; außerdem: Bulgaria, Epistolare 3 dicembre 1933. Für die Zeit in Istanbul vgl. A. Melloni, Fra Istanbul, Atene e la guerra. La missione di A.G. Roncalli (1935–1944), Genua 1993; ferner: A. Melloni (Hg.), La Predicazione a Istanbul. Omelie, discorsi e note pastorali (1935–1944), Florenz 1993.
120 Briefe an die Familie I, 288f.
121 L. Capovilla, Quindici letture, Rom 1970, 113.
122 Geistl. Tagebuch, 15.–22. Dezember 1935. Selbst Kardinal Sincero scheint sich mit der Ernennung abgefunden zu haben. Vgl. Lettere familiari, 216.
123 L. Capovilla, Papa Giovanni, gran sacerdote, 165.
124 Geistl. Tagebuch, 13.–16. Oktober 1936.
125 Geistl. Tagebuch, 13.–16. Oktober 1935.
126 R. Morozzo della Rocca, Roncalli diplomatico in Turchia e Grecia, in: Cristianesimo nella storia 8 (1987), n. 52.
127 Notizen vom 16. Januar 1936.
128 Notizen vom 22. Februar 1936.
129 Geistl. Tagebuch, 4.–8. September und 13.–16. Oktober 1936.
130 Geistl. Tagebuch, 22. Mai 1899 und 11.–15. Juni 1956.
131 Briefe an die Familie I, 409.
132 Geistl. Tagebuch, 12.–18. November 1939.
133 Ebd.
134 G. Melloni, Fra Istanbul, 182f.
135 Roncalli am 10. Januar 1939 an Descuffi, in: Frate Francesco 63 (1986/6); auf denselben Ton gestimmt ist ein weiterer Brief Roncallis an Giovanni da Fivizzano vom 10. Januar 1939 (prot. 2297, F-552-3): „Sie werden die Weihnachtsansprache des Hl. Vaters gelesen haben. Uns ist besonders jetzt eine große Vorsicht in unseren Worten und unserem Handeln geboten. Niemand darf aus unserem Verhalten Anlaß nehmen können, um irgendwelche Vorfälle auzulösen. Am Fest der Erscheinung des Herrn habe ich über die Reliquien der heiligen Magier gesprochen, die im Kölner Dom verehrt werden. Ich habe sehr milde und respektvolle Worte angefügt. Sie haben dazu genügt, daß das ‚Journal d' Orient‘ mich als Philosemiten dargestellt hat und daß man mich im Konsulat für einen Antirassisten hält. Und dabei habe ich doch weder ein Wort über die Juden noch über den Rassismus gesagt. Andererseits haben sich die mit Politik befaßten Leute leise und vorsichtig, wie auf Zehenspitzen gehend, verhalten."
136 Vgl. den Anhang zu V. Del Giorno, Esquisses sur la latinité de Constantinople, II, 708f., zit. bei A. Melloni, Fra Istanbul, 185.
137 Roncalli am 13. Februar 1939 an seine Schwestern und Brüder, in: Briefe an die Familie I, 407.
138 Ebd.
139 A. Melloni, Fra Istanbul, 186, weist darauf hin, daß es in Istanbul eine umfangreiche Auswahl von Presseorganen gab.
140 Die Rede vom 19. Februar 1939 liegt heute vor als Einleitung zu dem Buch Discorsi di Pio XI (1922–1938), I, Turin 1960, XV–XXVIII. Vgl., auch für die Notiz über den in der Casa d'Italia in Istanbul gehaltenen Vortrag: V.U. Righi, Papa Giovanni sulle rive del Bosforo, Padua 1971, 115.
141 Melloni, Fra Istanbul, 191.

142 Ebd.

142a Das Hatay ist ein Verwaltungsgebiet im Süden der Türkei, das 1920 als autonomer Bezirk zum französischen Mandat Syrien kam, 1938 die kurzlebige Republik Hatay bildete und 1939 wieder zur Türkei kam. [Anmerkung des Übersetzers.]

143 Pastore, 227.

144 Brief vom 14. November 1938, in: Frate Francesco 64 (1987) 25.

145 Geistl. Tagebuch, 21.–31. Oktober 1942.

146 Autobiographische Notiz, zitiert in: A. Melloni, Istanbul, 240f.

147 Ebd.

148 Ebd.

149 „Hier habe ich daran gedacht, allsonntäglich in der Kathedrale Christenlehre zu halten, wie sie vom Herrn Pfarrer in Sotto il Monte gehalten wird." (Brief aus Istanbul vom 15. März 1936 an die Familie, in: Lettere familiari, 239.)

150 Istanbul, 137f.

151 AaO. 223–225.

152 G. Farnedi begründet diese Meinung mit einem Brief aus Sofia vom 14. Juni 1926, in dem Roncalli seinen Schwestern schreibt: „Wie kann man denn von dieser Regierung schlecht sprechen, die doch gewollt oder ungewollt den Interessen der Religion viel geholfen hat, mehr als das irgendeine andere Regierung getan hat! Man soll also gerecht sein und die Wahrheit und das Verdienst anerkennen, wo immer es sein mag." In: Lettere familiari, 79.

153 Am 4. Februar 1933, in: Lettere familiari, 176.

154 Actes et documents du St. Siège relatifs à la guerre mondiale, Vatikanstadt 1965 ff, passim. Dort werden auch die bissigen Randbemerkungen von Msgr. Tardini zu den Berichten Roncallis wiedergegeben.

155 Geistl. Tagebuch, 8.–13. Dezember 1947.

156 Gli atti della visita apostolica di S. Carlo Borromeo a Bergamo, 5 Bände. Florenz 1936–1957.

157 Istanbul, 366–373.

158 L. Capovilla, Quindici letture, 113.

159 Istanbul, 138–140.

160 Righi, Bosforo, 196.

161 Actes VIII, 647.

162 Actes IX, 310f.

163 24. Mai 163, in: L. Capovilla, Quindici letture, 475.

164 Roncalli am 24. Dezember 1944 an Pappalardo, zit. in: A. Melloni, Fra Istanbul, 303–304. Hier wird Rechenschaft abgelegt über die Zahlungsverpflichtungen und die Art der Ausgaben bei den verschiedenen Posten und über die bescheidenen Aktivzinsen; und all das wird gehandhabt „nach der von Gregor dem Großen empfohlenen Regel. nämlich: 1. Ausgaben, die für den Bischof nötig oder nützlich sind, in concreto einige alte Bücher oder Möbel, die dann in der Delegatur zurückgeblieben sind; 2. Bedürfnisse des Weltklerus [...]; 3. die Armen, deren Zeugenaussagen, so denke ich, einige Zeit lebendig bleiben werden; 4. Instandsetzungskosten [...], lauter Dinge, über die dem Hl. Stuhl keine Mitteilung gemacht werden muß, da ich ihn mit all dem in keiner Weise belästigt habe. Diese von mir gemachten Ausgaben für die Armen und für die beiden Residenzen können zu einem Teil aus den Akten der Buchführung erhoben werden, zum anderen Teil bleiben sie das Geheimnis meines Bewußtseins, und

vielleicht auch zum Teil das Geheimnis des guten Rufes der Großzügig-
keit, der zugunsten meines armen Namens entstanden ist". Im selben
Brief schenkt er der Delegatur „die Bücher, die sich in den beiden Stock-
werken der Delegatur befinden, die fast alle von mir beschafft worden
sind". Der Ex-Delegat, der er jetzt ist, gibt auch einen Überblick über das
Hauspersonal und über Kleriker, die sich in einer besonders hilfsbedürfti-
gen Situation befinden.

165 Vgl. auch: L. Papeleux, Le Vatican, Pétain, De Gaulle (1944–1945), in: Re-
vue d' histoire de la deuxième guerre mondiale (1986/1) 77–94.

166 Der Botschafter in Ankara an das Ministerium, 30. August 1945, zitiert
von A. Melloni, Fra Istanbul, 306.

167 In dem schon erwähnten Brief an Pappalardo.

168 A. Latreille, De Gaulle, la libération et l' Église catholique, Paris 1978. Die
Angelegenheit bezüglich der der Kollaboration beschuldigten Bischöfe löste sich derart auf, daß es letztlich nur noch um drei Bischöfe ging. Nach
der derzeitigen Quellenlage ist es schwierig zu entscheiden, welchen Anteil die Verhandlungen zwischen Roncalli und der Regierung in Paris einerseits und die Verhandlungen zwischen Botschafter Maritain und dem
Vatikan andererseits hatten. É. Fouilloux (Straordinario ambasciatore? Paris 1944–1953, in: G. Alberigo (Hg.), Papa Giovanni, Rom/Bari 1987, Anm.
61) hebt mit Recht hervor, daß das Telegramm De Gaulles an Bidault vom
14. Mai 1945 schon eine Lösung vorankündigt, die der tatsächlich schließlich gefundenen schon sehr nahekommt. Vgl. Ch. De Gaulle, Lettres, no-
tes et carnets, VI, Paris 1984, 19f.

169 Briefe an die Familie I, 654.

170 L.F. Capovilla (Hg.), XII Anniversario della morte di papa Giovanni, Rom
1970, 82. Auch in dem Brief aus Paris an die Familie vom 30. Dezember
1944 bestätigt er: „Gestern hat der Heilige Vater mir gesagt, daß meine Ernennung auf diesen so hohen und wichtigen Posten einzig und allein ihm
persönlich zu verdanken sei"; vgl. Lettere Familiari, 305.

171 Actes XI, 670f.

172 Geistl. Tagebuch, 26. März–3. April 1945.

173 Brief an Don Giovanni Rossi vom 2. Juni 1945; vgl. L.F. Capovilla, Papa
Giovanni XXIII gran sacerdote, 170.

174 Brief vom 24. März 1945, in: Souvenirs, 129.

175 Geistl. Tagebuch, 8.–13. Dezember 1947.

176 Das Notizbuch von 1945 belegt eine dichte Reihe von diesbezüglichen Begegnungen mit den wichtigsten Mitgliedern der französischen Regierung:
Bidault, Latreille, Paleski und De Gaulle selbst. Ziemlich bald kommen
Notizen hinzu, die sich auf die Verhandlungen über die Vorschläge zu
Neuernennungen beziehen. Auf diese Probleme scheint sich auch eine
Anmerkung vom 20. Februar 1952 zu beziehen: „Aus Rom gute Antworten. Ich sehe, daß sie das, was es hier an Begegnungen gibt, was ich vor-
schlage, abschwäche und aufhalte, mit Zustimmung verfolgen. Man sieht,
daß das Wetter ruhig ist. Der Heilige Vater scheint damit befaßt zu sein,
gute Bischöfe ausfindig zu machen. Tatsächlich folgt der eine auf den anderen, einer ist besser als der andere."

177 Geistl. Tagebuch, 8.–13. Dezember.

178 Einzig und allein Roncalli hat einige wenige Dokumente für die Pariser
Zeit aufbewahrt. Die Berichte der Nuntiatur in Paris an das Staatssekretariat sind immer noch nicht zugänglich, so daß sie nicht einmal im Verlauf
des Seligsprechungsprozesses angemessen geprüft worden sind.

179 Notiz vom 21. Oktober 1950. Der Jesuit P. Rouquette hatte im Oktoberheft der Études einen Artikel unter dem Titel „L' encyclique ‚Humani generis'" (108–116) veröffentlicht, der von dem Versuch inspiriert war, eine wohlwollende Lektüre der Enzyklika zu ermöglichen.
180 Notiz vom 30. Januar und vom 19. Februar 1952.
181 Geistl. Tagebuch, 8.–13. Dezember 1947.
182 Ebd.
183 Aus einem unveröffentlichten Brief vom 19. Januar 1947 an Msgr. Montini.
184 Unveröffentlichte handschriftliche Notizen.
185 Unveröffentlichter Brief vom 15. November 1948 an den Abt von En-Calcat, Marie de Floris.
186 Geistl. Tagebuch, 23–27. November 1948.
187 Ebd.
188 L. Capovilla (Hg.), XV anniversario della morte di papa Giovanni, Rom 1978, 79.
189 Nach den Informationen, die É. Fouilloux am Quai d'Orsay aufgefunden hat, hatten die französischen Diplomaten festgestellt, daß man im Staatssekretariat des Vatikans mit diesem Stil des neuen Nuntius nicht zufrieden war.
   Einem Bericht von Jacques Maritain zufolge „hat Msgr. Tardini, obwohl er den Wert der – allerdings ‚sehr unvollständigen' – Informationen der Nuntiatur anerkannte, nicht verborgen, daß er die diplomatischen Qualitäten von Msgr. Roncalli nicht hoch einschätzt"; und am 15. November 1951 berichtet Wladimir d' Ormesson: „Die Nuntiatur informiert das Staatssekretariat nicht so vollständig, wie es nötig wäre, über das Leben der Kirche in Frankreich. Msgr. Feltin hat bei Msgr. Tardini eine gewisse Gereiztheit gegen Msgr. Roncalli wahrgenommen. Im Vatikan dürfte man die Leistung der Nuntiatur in Paris als eher mittelmäßig beurteilen. Man wirft ihr Langsamkeit und Mängel in gewissen wichtigen Bereichen vor." In: Archives du Quai d' Orsay, Europe-Saint-Siège, 1944–1949 und 1919–195, zitiert von Fouilloux, Straordinario ambasciatiore?, 75.
190 XII anniversario, 30.
191 Briefe an die Familie II, 197. Die Reise war heikel aufgrund der zunehmenden Gewalt im Befreiungskampf der Unabhängigkeitsbewegungen und der französischen Repressionsmaßnahmen. Vgl. das Zeugnis des damaligen Bischofs von Constatine: Le cardinal Léon Duval: Évêque en Algérie, Paris 1984, 43–72.
192 Msgr. Roger Beaussart (†1952), ehemaliger Weihbischof in Paris, ein Prälat von hoher asketischer Statur.
193 Geistl. Tagebuch, 15.–21. Mai 1953.
194 Giovanni e Paolo, 56f.
195 Notiz vom 29. November 1952.
196 Souvenirs, 40–49; außerdem: Giovanni e Paolo, 54–62.
197 Nach dem Annuario Pontificio von 1953 zählte die Diözese ca. 360 000 Seelen, 94 Pfarrgemeinden, 241 Diözesanpriester, 301 Ordenspriester, 30 Seminaristen. 1958 waren es 453 000 Seelen, 113 Pfarrgemeinden, 231 Diözesanpriester, 300 Ordenspriester, 59 Seminaristen.
198 Brief vom 11. Februar 1953 aus Paris an Msgr. Bernareggi.
199 Brief von G.B. Montini vom 10. November 1952, Antwort Roncallis vom folgenden 14. November, in: Giovanni e Paolo, 54–57. Die dichte Chronologie läßt im unklaren, ob der Wille, den Nuntius in Paris abzulösen, oder

eher die Notwendigkeit, der Diözese einen neuen Bischof zu geben, das vorherrschende Motiv war.

200 Geistl. Tagebuch, 15.–21. Mai 1953.
201 Vgl. den Brief an den Neffen Battista Roncalli vom 2. März 1953: „Es empfiehlt sich, darauf Rücksicht zu nehmen, daß der Patriarch in Venedig wie ein Vogel in völliger Armut leben muß. Das Notwendigste wird nicht fehlen, aber mit Überfluß wird man nicht rechnen können. So berichtet man mir wenigstens. Der Herr – ,per quem nec ales esurit – der keinen Vogel hungern läßt' – wird für seinen demütigen Diener sorgen." In: Briefe an die Familie II, 298f.
202 Geistl. Tagebuch, 15.–21. Mai 1953.
203 Grußwort an die Venezianer am 15. März 1953, in: Scritti e discorsi I, 18.
204 AaO. 4.
205 Notiz vom 18. Januar 1954, in: Natale 1975–Capodanno 1976, 18–20.
206 Vgl. Scritti e discorsi III, 194.
207 AaO. 251f.
208 Bollettino diocesano del Patriarcato di Venezia 49 (1958) 700–709.
209 Gli inizi del Seminario di Bergamo e S. Carlo Borromeo, in: Humilitas 25 (1938) 1006.
210 Scritti e discorsi I, 22–26. Wenige Wochen später veröffentlichte er das Statut und die Geschäftsordnung für die Katechismusschulen, in: Bollettino Diocesano 44 (1953) 180–186. Ein weiterer Hirtenbrief an die Gläubigen wurde am 2. Mai veröffentlicht: AaO. 91–94.
211 Die Bände „Scritti e discorsi" drucken eine ansehnliche Zahl dieser Homilien ab; einige weitere werden von der „Voce di San Marco" wiedergegeben; von anderen ist nur bekannt, daß sie gehalten wurden. Es war damals nicht üblich, daß die Bischöfe – zumindest in den größeren Diözesen – regelmäßig in den Kathedralen predigten. Einen ersten Versuch einer Analyse der Predigttätigkeit Roncallis bietet M. Guasco, La predicazione di Roncalli, in: Papa Giovanni, 113f. Noch in diesen ersten Monaten intensivierte er die Arbeit für die neuen Kirchen, indem er ein eigens dazu bestimmtes Büro einrichtete: Bollettino Diocesano 44 (1953) 171.
212 Patriarch Roncalli hat immer wieder gezeigt, daß alle Bischöfe der Diözesen des Triveneto seine Suffragane seien und daß es deswegen eine Praxis kollegialer Zusammenarbeit unter ihnen geben müsse.
213 Scritti e discorsi II, 32f.
214 AaO. 32 und 30.
215 Scritti e discorsi III, 330.
216 Es folgen bestätigende Unterschriften vom 17. September 1957 und vom 4. Dezember 1959 und eine Anmerkung vom 12. September 1961; vgl. die Reproduktion des maschinenschriftlichen Textes in: Giornale², 252f. Dem Text beigefügt sind Verfügungen vom 29. Juni 1954 zu bestimmten Angelegenheiten und Gegenständen, in denen auch L.F. Capovilla als Testamentsvollstrecker benannt wird.
217 Geistl. Tagebuch, 20.–25. Mai 1955.
218 Brief vom 9. August an Msgr. Bosa, in: Scritti e discorsi II, 163–165.
219 Scritti e discorsi I, 89.
220 Wenn er seine Entscheidung für das Mittel der Barmherzigkeit beschreibt, beruft sich Roncalli nur in zwei nahezu gleich alten weiteren Texten auf das Bild der Peitsche: in einem Brief vom 18. April 1954 an Montini: „Die Stationsgottesdienste der Fastenzeit [...] bieten mir immer eine Menge von Gelegenheiten, mit dem Milieu vertraut zu werden, Gelegenheiten,

bei denen ich sehe, daß alle ihre Freude daran haben [...]. Das hindert mich nicht, Fehler und Bedürfnisse wahrzunehmen, Personen und Situationen zu bewerten; und ich bin überzeugt, daß dies wichtig ist, vor allem sich der Wirklichkeit bewußt zu sein, sich zu bemühen, sie zu bessern und sich nicht einzubilden, daß alles oder überhaupt irgend etwas unmittelbar mit dem Zauberstab oder mit der Peitsche erreicht werden kann." In: Giovanni e Paolo, 68). Sodann anläßlich der Pastoralvisitation: „Die heilige Visitation ermöglicht aufmerksamere und tiefgründigere Begegnungen. [...] Euer Patriarch wird nicht mit dem Stock oder mit der Peitsche zu euch kommen, sondern er wird kommen mit freundlicher Zuneigung, mit Respekt und auf väterliche Weise, um aufzudecken, was vielleicht schlecht oder fehlerhaft ist, vor allem aber, um heimzurufen und zu ermutigen." (Scritti e discorsi I, 179.)

221 Geistl. Tagebuch, 20.–25. Mai 1955.
222 Istanbul, 35.
223 Der vollständige Text ist veröffentlicht in: Scritti e discorsi II, 329–351.
224 AaO. 226.
225 In: Bollettino diocesano 47 (1956) 376–378; wiederaufgenommen im Osterbrief vom 18. April 1957, in: A. und G. Alberigo, Giovanni XXIII profezia nella fedeltà, Brescia 1978, 235.
226 Scritti e discorsi II, 359.
227 Geistl. Tagebuch, 19.–25. September 1909.
228 Geistl. Tagebuch, 9.–13. November 1927.
229 Am 13. Februar an die Fastenprediger, in: Scritti e discorsi II, 327f. Vgl. A. Riccardi, La Conferenza episcopale italiana negli anni cinquanta e sessanta, in: G. Alberigo (Hg.), Chiese italiane e Concilio. Esperienze pastorali nella Chiesa italiana tra Pio XII e Paolo VI, Genua 1988, 35–59; F. Sportelli, La Conferenza Episcopale Italiana (1952–1972), Potenza 1994.
230 Scritti e discorsi III, 81–84.
231 AaO. III, 15 f. Aus diesen Worten ist das Echo der „Cinque piaghe della Santa Chiesa" von A. Rosmini herauszuhören.
232 AaO. III, 322.
233 15. Mai 1958, AaO. III, 550–565.
234 Geistl. Tagebuch, 13.–17. März 1926.
235 Lombardi wurde damals von vielen für die Stimme Pius' XII., wenn nicht geradezu für die Stimme Gottes gehalten.
236 Geistl. Tagebuch, 11.–15. Juni 1956.
237 Scritti e discorsi III, 264 u. 4, 216.
238 Zwei Homilien werden am 25. November gehalten (Scritti e discorsi III, 310–326), die erste während der Messe zur Eröffnung der Synode und die andere zum Thema „Der Patriarch"; es folgen die dritte am 26. November, die dem Thema „Der Klerus" gewidmet war (Scritti e discorsi III, 329–341), die vierte am 27. November zum Thema „Das Volk" (AaO. III, 342–356) sowie die fünfte und letzte zum Abschluß der Arbeiten (AaO. III, 357–366). Die 510 Paragraphen der Synodalbeschlüsse sind veröffentlicht in: Patriarchalis Ecclesiae Venetiarum Synodus XXXI, Venedig 1958. Der Band enthält auch einiges vorbereitendes Material. Die Synodalbeschlüsse sind analysiert worden von S. Ferrari, I sinodi diocesani di Angelo Roncalli, in: Cristianesimo nella Storia 9 (1988) 120–135.
239 Scritti e discorsi III, 335.
240 AaO. III, 354.
241 Die Beschlüsse sind in bloß zwei „Bücher" gegliedert, deren erstes den

Personen und deren zweites der pastoralen Tätigkeit gewidmet ist. Damit weichen sie auf auffallende Weise ab von der Dreiteilung, die vom Codex Iuris Canonici nahegelegt würde und der man im allgemeinen folgte, wonach ein Teil den *Normae generales,* ein weiterer Teil den „Sachen" und ein dritter Teil den Personen gewidmet ist.

Es ist interessant, mit Ferrari feststellen zu können, daß auch die von Radini Tedeschi veranstaltete Synode von Bergamo eine andere Struktur aufwies als die, welche Roncalli der Synode von Venedig gab, wenn sie auch weniger formal war als die des Codex von 1917.

242 Von einem „Mysterium Roncalli" hatte 1965 der französische Jesuit Rouquette gesprochen, womit er sich zum Echo von Meinungen machte, nach denen es eine Diskontinuität zwischen dem Roncalli, wie er während seiner Amtszeit als Nuntius in Paris bekannt war, und Papst Johannes XXIII. gegeben habe.

243 Geistl. Tagebuch, 2.–7. Juni 1957.

244 Geistl. Tagebuch zu diesen Tagen.

245 Lettere 1958–1963, 481.

246 Berichtet von A. Riccardi, in: Le Chiese di Pio XII, Roma/Bari 1986, 42.

247 Scritti e discorsi II, 264–267, und die Anmerkung von L. Capovilla, in: Giovanni e Paolo, 94. Der Briefwechsel zwischen dem Sacrum Officium und dem Patriarchen ist veröffentlicht worden von G. Zizola, L' utopia di papa Giovanni, Assisi 1973, 287–291. Im Juli 1956 wurde in Venedig eine kommunale Koalition gebildet, die sich zusammensetzte aus der Christlich-Demokratischen Partei und der Sozialdemokratischen Partei, die auch Wähler von außerhalb, nämlich von der Sozialistischen Partei, hatte gewinnen können. Am 12. August wurden die „Richiami e incitamenti" (Scritti e discorsi II, 451–462) veröffentlicht, die auch von L' Osservatore übernommen wurden. Darin wurde gegen eine „apertura a sinistra" um jeden Preis Stellung bezogen. Die Unzufriedenheit der Bischöfe der Region Veneto mit der Haltung des Patriarchen fand Ausdruck in einer Erklärung, die im Bolletino diocesano vom 21. August 1956, S. 302, veröffentlicht wurde und die vom Patriarchen nicht unterschrieben worden war. Vgl. auch die „Exhortatio" für den Monat Februar, in: Bollettino diocesano del patriarcato di Venezia, Nr. 48, Januar 1957, 26–29.

248 Diese Orientierung kommt gut zum Ausdruck in dem am 10. August 1953 anläßlich des Jubiläums seiner eigenen Priesterweihe an den Klerus und an die Gläubigen gerichteten Brief, in: Scritti e discorsi I, 66–68.

249 Vgl. B. Ulianich, Un papa, un itinerario? In: Bozze 79 (1979) 31–76; G. Pattaro, La „teologia" che ispira il pensiero pastorale del card. Roncalli a Venezia, in: V. Branca/S. Rosso Mazzinghi (Hg.), A.G. Roncalli dal Patriarcato di Venezia alla cattedra di S. Pietro, Florenz 1984, 149–165. Über den Einfluß von Radini Tedeschi auf Roncalli vgl. G. Battelli, Un pastore fra fede e ideologia. Giacomo M. Radini Tedeschi 1857–1914, Genua 1988.

250 G. Battaglia, Il papa buono nei miei ricordi di discepolo, di collega, di amico, Faenza 1973, 113.

251 Vgl. G. Alberigo, 28. ottobre 1958: un Conclave di transizione, in: Bergomum 93 (1998/3) 7–25.

252 DMC I, 3f.

253 Einer seiner strengsten Vorgesetzten und Richter während der Zeit seiner Tätigkeit im diplomatischen Dienst. Nach Meinung mancher war diese Ernennung das Resultat intensiver Verständigungsbemühungen, zu denen es während des Konklave gekommen war.

254 Weitere Kardinalsernennungen fanden statt am 14. Dezember 1959 (acht Kardinäle), am 28. März 1960 (sieben Kardinäle, unter ihnen auch ein Japaner, ein Filippino und ein Afrikaner), am 16. Januar 1961 (vier Kardinäle) und am 19. März 1962 (zehn Kardinäle); insgesamt wird Johannes also 45 Prälaten den Purpur verleihen. Johannes XXIII. hat sich nicht bemüht – vielleicht auch wegen der vorhersehbaren Kürze seines Pontifikates –, Männer seines Vertrauens im Apparat der Kurie zu installieren. Er hat es vorgezogen, sich mehr und mehr die Mitarbeit von Personen, die er für geeignet hielt, ihnen einen besonderen Verantwortungsbereich anzuvertrauen, zu sichern, so etwa R. Verardo im Umkreis des Sacrum Officium, A.M. Cavagna als seinen Beichtvater und Berater, G. Testa und P. Pavan für soziale Probleme, G. De Luca für kulturelle Fragen. Lardone wird einer der wenigen direkten Mitarbeiter des Papstes, zusammen mit seinem Sekretär Capovilla und dem Substituten im Staatssekretariat Angelo dell' Acqua. Auf einer anderen Ebene hat Roncalli eine Beziehung des Einvernehmens und der Konvergenz mit einigen Kardinälen wie A. Bea, L.-J. Suenens und P.É. Léger hergestellt.
255 DMC I, 3–5.
256 DMC I, 10–14.
257 Ebd.
258 Geistl. Tagebuch, 26. März–2. April 1945.
259 Scritti e discorsi I, 16–21.
260 DMC I, 35–44.
261 DMC I, 525.
262 Notiz vom 28. November 1958.
263 Geistl. Tagebuch, August 1961.
264 Geistl. Tagebuch, Schlußüberlegungen zu den Exerzitien 1961.
265 Geistl. Tagebuch, 11. September 1962.
266 Geistl. Tagebuch, 9.–13. Juli 1962.
267 Zur Einberufung und Vorbereitung des Zweiten Vatikanischen Konzils vgl. Vat II/1.
268 Geistl. Tagebuch, Juli–August 1962.
269 Geistl. Tagebuch, 10. September 1962.
270 DMC IV, 519–528.
271 Vgl. G. Alberigo, L' ispirazione di un concilio ecumenico: Le esperienze del Cardinale Roncalli, in: Le deuxième concile du Vatican (1959–1965) Rom 1989, 81–99; Giovanni XXIII e il Vaticano II, in: Papa Giovanni, 211–243.
272 Homilie vom 25. Januar 1959, in: DMC I, 129–133. Vgl. A. Melloni, Prodromi e preparazione del discorso d' annuncio del Vaticano II („Questa festiva riccorrenza", 25. gennaio 1959), in: DMC II, 653.
273 Bekannt ist die positive Bewertung der konziliaren Tradition, die Roncalli zu wiederholten Malen bekundet hat: „Eine Form, welche die Geschichte der Kirche uns gelehrt hat und die auch immer überreiche Ergebnisse gezeitigt hat." In: DMC II, 653.
274 „Wir alle sind nun in ein neues Zeitalter eingetreten." In: DMC IV, 882.
275 DMC II, 654.
276 DMC IV, 868.
277 27. April 1959, in: DMC I, 285.
278 Bulle zur Eröffnung des Konzils vom 25. Dezember 1961, in: DMC IV, 867–876.
279 DMC V, 24–31.

280 DMC I, 903.

281 DMC V, 516.

282 DMC II, 690.

283 DMC III, 5.

284 DMC III, 18.

285 DMC III, 574–575.

286 DMC IV, 503–505.

287 DMC V, 457f.

288 A. Melloni (Hg.), Sinossi critica dell' allocuzione Mater Ecclesia, in: Fede Tradizione Profezia. Studi su Giovanni XXIII e sul Vaticano II, Brescia 1984, 248f., Zeilen 198–235, insbesondere Zeile 225.

289 DMC I, 897; *L' Osservatore Romano,* 11. Mai 1960; DMC IV, 258f.; Acta Synodalia 1/I, 196–198.

290 Rundfunkbotschaft vom 11. September 1962, in: DMC IV, 521.

291 Vgl. Vat II/1.

292 G. Caprile, Pio XII e un nuovo progetto di concilio ecumenico, in: La Civiltà Cattolica 177 (1966/3) 209–227.

293 Geistl. Tagebuch, 29. November–5. Dezember 1959.

294 Primo Sinodo romano A.D. MCMLX, Vatikanstadt 1961; vgl. M. Manzo, Papa Giovanni vescovo a Roma, mit einer Einleitung von A. Riccardi, Cinisello B. 1991.

295 DMC III, 38.

296 DMC II, 136–146, Die Anregung war von Msgr. Dell' Acqua formuliert worden.

297 Ebd.

298 Geistl. Tagebuch, 29. November–5. Dezember 1959.

299 Anfang April 1959 bekräftigte das Sacrum Officium die Verurteilung aller Mitglieder oder Wähler kommunistischer Parteien. Das offenkundigste Symptom der Unzufriedenheit der Kurie mit der Schweigsamkeit Johannes' XXIII. ist zu erkennen darin, daß am 18. Mai 1960 – ohne Zustimmung des Papstes – in *L' Osservatore Romano* ein Artikel erschien, der den Titel „Punti fermi" trug und offensichtlich eine Frucht dieser Unzufriedenheit und zugleich ein Versuch war, den Papst zum Handeln zu zwingen. Nach dem Erscheinen des Artikels und als Folge davon wurden die Tabellenaudienzen für Kardinal Ottaviani eine gewisse Zeitlang eingestellt.

300 DMC I, 142.

301 DMC I, 285.

302 DMC I, 351.

303 Geistl. Tagebuch, 29. November–5. Dezember 1959.

304 Am 1. August und am 26. September wurden zwei weitere Enzykliken veröffentlicht: *Sacerdotii nostri primordia* und *Grata recordatio.* Weitere Enzykliken folgten am 28. November 1959, am 15. Mai und 11. November 1961, am 1. Juli 1962 und zuletzt am 9. April 1963.

305 DMC II, 204 u. 652; vgl. A. Riccardi, Il Vaticano e Mosca, Rom/Bari 1962, 151–158.

306 Vgl. V. Martano, Athenagoras il patriarca (1886–1972). Un cristiano fra crisi della coabitazione e utopia ecumenica, Bologna 1996.

307 A. Riccardi (in: Il Vaticano e Mosca) rekonstruiert die verschiedenen Phasen der Mission Lardones aufgrund unveröffentlichter Dokumente.

308 A. Melloni, Prodromi e preparazione, passim.

309 Vgl. den Brief des Papstes an Kardinal Feltin vom 8. Oktober 1959 (in: Let-

tere, Nr. 87) und auch F. Leprieur, Quand Rome condamne. Dominicains et prêtres ouvriers, Paris 1989, 484–498.

310 Brief vom 8. Oktober 1959, abgedruckt in: Lettere, 169f; vgl. J. Vinatier, I rapporti del nunzio Roncalli con il card. Suhard, in: G. Alberigo (Hg.), Giovanni XXIII transizione del papato e della chiesa, Rom 1988, 51-67.

311 Vgl. Vat II/1.

312 DMC I, 819–823; vgl. A. Indelicato, Difendere la dottrina o annunciare l' evangelo. Il dibattito nella Commissione centrale preparatoria del Vaticano II, Genua 1992; M. Velati, Una difficile transizione. Il cattolicesimo tra unionismo ed ecumenismo (1952–1964), Bologna 1996.

313 DMC III, 15–26 u. IV, 867–876.

314 DMC III, 16. Ein anderer Aspekt der Beurteilung der historischen Bedeutung der Konzilien durch den Papst ist seine häufige Bezugnahme auf die politischen Einflüsse, von denen die Konzilien oft betroffen waren und von denen das derzeitige Konzil glücklicherweise frei war.

315 DMC IV, 867f.

316 DMC III, 18; DMC IV, 867–869.

317 DMC IV, 868. Vgl. auch die sehr ähnliche Entwicklung dieses Gedankens in seiner ersten Rede vor der Vorbereitungskommission, in: DMC III, 18f, ebenfalls die Pfingstansprache am 5. Juni 1969, in: DMC III, 397–399.

318 DMC II, 399.

319 DMC IV, 870.

320 DMC III, 18.

321 ADP I, 44.

322 DMC III, 24.

323 DMC IV, 163.

324 Lettere, Nr. 146.

325 10. November 1960, in: Lettere, Nr. 135. Während des Sommers kommt es auch zur Unterzeichnung des Konkordates mit der Republik Österreich.

326 Lettere, Nr. 148, u. DMC IV, 335–337; vgl. M. Impagliazzo, Duval d' Algeria. Una Chiesa tra Europa e mondo arabo (1946–1988), Rom 1994.

327 Bezeichnend ist auch, daß das Durchschnittsalter der neuernannten Prälaten merklich abnimmt, auf 63 Jahre für Europa, auf 60 Jahre für Nordamerika, 59 für Asien, 57 für Lateinamerika und 54 für Afrika.

328 Unterschiedliche Reaktionen verursacht ein am 20. Dezember 1958 in L'Osservatore Romano veröffentlichtes Kommuniqué des Sacrum Officium gegen das Buch „Esperienze pastorali" von Lorenzo Milani; vgl. M. Toschi, Don Lorenzo Milani e la sua Chiesa. Documenti e studi, Florenz 1993, 153.

329 Lettere, Nr. 135.

330 Lettere, Nr. 167.

331 Geist. Tagebuch, 13. August 1961.

332 Geistl. Tagebuch, Juli–August 1962.

333 DMC III, 204f.

334 Bei zwei Anlässen (im März und im August 1960) hatte Tardini seinen Rücktritt vom Amt des Kardinalstaatssekretärs angedroht (C.F. Casula, Tardini e la preparazione del concilio, in: Studium [1986/6] 194f.), obwohl der Papst ihm die führende Rolle bei der Vorbereitung des Konzils und eine herausragende Funktion innerhalb der Kurie überlassen hatte.

335 Lettere 1958–1963, 515.

336 Vgl. R. Trisco, Giovanni XXIII e il card. Amleto Cicognani, in: G. Alberigo (Hg.), Giovanni XXIII transizione del papato, 79–104.

337 Ein sehr bezeichnendes Echo der Konzilsinitiative von Papst Johannes stellt der Ablauf einer panorthodoxen Konferenz dar, die vom 27. September bis zum 1. Oktober auf der Insel Rhodos stattfindet; vgl. Le Congrès panorthodoxe de Rhodes, in: Irénikon 34 (1961) 550–560; C.-J. Dumont, La conférence de Rhodes. Une grande date pour l'Église orthodoxe, in: Informations catholiques internationales 1960/155, 39–42.

338 DMC IV, 867–876.

339 Siehe Acta et Documenta praeparatoria (= ADP) I, 60, 62–65, 78, 80–82, 84f, 88f, 100, 115, 186f; lediglich diese beiden letzten Seiten geben den vom Papst für das Sekretariat für die Einheit der Christen gesprochenen Text wieder; für alle anderen Begegnungen sind nur vage zuammenfassende Berichte in *L' Osservatore Romano* veröffentlicht worden.

340 Vgl. G. Zizola, A. Roncalli e p. Lombardi, in: Cristianesimo nella Storia 8 (1987) 73–92.

341 Es wäre interessant, die Beurteilung der Texte durch den Papst zu kennen, während sie in Bearbeitung waren, und ob irgendeine von ihm geäußerte Kritik wirklich Einfluß auf die Geschichte der Texte ausgeübt hat. Zumindest einen Text, das Schema *De ordine morali* der Theologischen Kommission, hat Papst Johannes für zu hart und negativ gehalten, wie er P. Tucci, dem Chefredakteur der Zeitschrift *La Civiltà Cattolica,* anläßlich seiner Audienz am 27. Juli 1962 vertraulich mitteilte; in: G. Caprile, Il concilio Vaticano II, Rom 1966, I/2, 279, Anm. 6.

342 Geistl. Tagebuch, 10.–15. August 1961.

343 Ebd.

344 Lettere, Nr. 175. Am 8. April wendet sich der Papst mit einem weiteren Brief an die Römer (AaO. Nr. 180).

345 Notizbuch 1962, Eintrag am 6. Januar 1962.

346 DMC IV, 885.

347 A. Riccardi, Il Vaticano e Mosca, 324. Die Gerüchte über Kontakte zwischen Kardinal Tisserant und führenden Persönlichkeiten des Patriarchates Moskau, um damit der Entsendung von Beobachtern die Wege zu ebnen, erscheinen im Licht der Tatsache, daß es schon den hier erwähnten Kommunikationskanal gab, nur mäßig interessant; vgl. A. Melloni (Hg.), Vatican II in Moscow, Leuven 1997.

348 Lettere, Nr. 181; diese Pädagogik der Einbeziehung wurde Anfang Juli auch auf die Ordensfrauen ausgedehnt: Lettere, Nr. 184.

349 ADP I, 95.

350 Vgl. A. Melloni, Tensioni e timori nella preparazione del Vaticano II. La „Veterum sapientia" di Giovanni XXIII (22. febbraio 1962), in: Cristianesimo nella Storia 11 (1990) 275–307.

351 Lettere, Nr. 286.

352 Lettere, Nr. 83.

353 AAS 54 (1962) 602.

354 L. Capovilla (Hg.), XIV anniversario della morte di papa Giovanni, 40.

355 Die Zahl der Mitglieder des Präsidialrates war von sieben auf zehn erhöht worden: Das wird wahrscheinlich ermöglichen, daß das Gremium repräsentativer wird, aber es hat auch dazu beigetragen, seine Funktionstüchtigkeit zu belasten und damit seine Eignung zur angemessenen Leitung der Konzilsarbeiten zu mindern; vgl. V. Carbone, Segretario generale del Concilio ecumenico, in: Il card. Pericle Felici, Rom 1992, 169–171. An zweiter Stelle wurde noch ein Sekretariat für die außerordentlichen Angelegenheiten des Konzils eingerichtet, das alle von den Konzilsvätern

eingereichten Vorschläge sichten sollte. Auch der Art. 39 wurde dahingehend abgeändert, daß das bei allen Abstimmungen des Konzils – abgesehen von der Wahl von Personen – erforderliche Quorum von 60 % auf eine Zweidrittelmehrheit angehoben wurde. Das wird zwar garantieren, daß ein höheres Maß von Übereinstimmung gesichert ist, aber vielleicht hatte Roncalli nicht vorhergesehen, daß dadurch Schwierigkeiten der Art entstehen werden wie am folgenden 20. November, als es um die Frage ging, ob das Schema „Über die Quellen der Offenbarung" angenommen werden sollte oder nicht.

356 Motuproprio „Appropinquante concilio" vom 2. August 1962. ADP IV/1, 253–280 druckt den an Papst Johannes geschickten Text und den endgültigen Text in zwei parallelen Spalten ab. Eine Anmerkung auf S. 253 weist hin auf die auf Wunsch des Papstes vorgenommenen Abänderungen.

357 Eintragungen im Geistl. Tagebuch: Juli–August 1962 und Montag, 10. September 1962 während der Einkehrzeit im Sankt-Johannes-Turm der vatikanischen Gärten.

358 DMC IV, 520–528.

359 Vgl. Chiesa e povertà, Rom 1968; außerdem: D. Pelletier, Une marginalité engagée: le group „Jésus, l'Église et les pauvres", in: M. Lamberigts/Cl. Soetens/J. Grootaers (Hg.), Les Commissions conciliaires, Leuven 1996, 63–89.

360 Geistl. Tagebuch, 11. September 1962.

361 Lettere, 403–405.

362 DMC IV, 418–421.

363 Geistl. Tagebuch, Juli–August 1962.

364 DMC IV, 557 u. 558.

365 DMC IV, 564 u. 565.

366 Der kritische Text wurde rekonstruiert aufgrund von Originalmanuskripten in: G. Alberigo/A. Melloni (Hg.), L' allocuzione Gaudet mater Ecclesia di Giovanni XXIII (11 ottobre 1962), in: Fede Tradizione Profezia, 185–283. Dieser Fassung sind die Zitate im italienischen Original unseres Buches entnommen. [Für die hier vorliegende Übersetzung ins Deutsche haben wir die entsprechenden Zitate einer ebenfalls kritischen Fassung des Textes entnommen: W. Bühlmann, Johannes XXIII. Der schmerzliche Weg eines Papstes. Mit dem authentischen Text der Konzilseröffnungsrede (Topos Taschenbücher, Bd. 259), Mainz 1996, 114–129.]

367 L. Capovilla, Papa Giovanni gran sacerdote, 116.

368 Eintrag in einem Notizbuch vom 11. Oktober 1962.

369 DMC IV, 591–593.

370 Vgl. Vat II/2.

371 Zu Weihnachten 1962 hatte Chruschtschow dem Papst Glückwünsche geschickt, die dieser mit einem Brief beantwortete: Lettere, Nr. 201.

372 G. Zizola, L' utopia, 223–229. Adschubej war auch Überbringer eines neuen Briefes von Chruschtschow, auf den der Papst antwortete: Lettere, Nr. 206. Der letzte Kontakt zwischen dem Botschafter der Sowjetunion und Msgr. Lardone in Ankara war am 8. März 1963.

373 DMC V, 150.

374 DMC V, 192f.

375 DMC V, 243.

376 DMC V, 483.

377 Vat II/2.

378 Vgl. A. Melloni, Giovanni XXIII e l' avvio del Vaticano II, in: M. Lambe-

rigts/Cl. Soetens (Hg.), Vatican II commence. La 1ère periode, Leuven 1993, 75–104.

379 Am 6. Dezember 1962, zwei Tage vor der feierlichen Abschlußsitzung der ersten Arbeitsperiode, wird eine „Gechäftsordnung für die Zeit zwischen dem Abschluß der ersten Sitzungsperiode des Ökumenischen Konzils und dem Beginn der zweiten Periode" veröffentlicht, in: AS I/1, 96–98.

380 Rede zur Konzilssitzung am 8. Dezember 1962, in: DMC V, 24–31.

381 Ebd.

382 DMC V, 26f.

383 DMC V,27.

384 L. Capovilla, Quindici lecture, 193.

385 Brief vom 6. Januar 1963, in: DMC V, 499–511.

386 Ebd.

387 Notizbucheintrag Johannes' XXIII. zu diesem Tag.

388 Am 9. Februar 1963 vertraute er P. Tucci während einer Audienz an, er sei vollkommen zufrieden mit dem Konzil: „Das Konzil ist wirklich voll in seine Arbeitsphase eingetreten erst in den beiden letzten Wochen, als es begann, die Implikationen der Botschaft vom September und der Eröffnungsrede vom 11. Oktober zu verstehen. [...] In der ersten Sitzungsperiode hat er [der Papst] es vorgezogen, nicht in die Debatten einzugreifen, um den Konzilsvätern die Freiheit zur Diskussion und die Möglichkeit zu lassen, den rechten Weg selbständig zu finden; andererseits hätte er, da er nicht über die nötige Kompetenz in verschiedenen Fragen verfügt, mit manchen Interventionen mehr Verwirrung stiften als Hilfe leisten können. Die Bischöfe mußten selbständig lernen, und sie haben es getan." (Aus einer Notiz P. Tuccis von damals.)

389 Brief an die Bischöfe vom 6. Januar 1963.

390 DMC V, 490.

391 L' Osservatore Romano, 29. Mai 1963.

392 Die Analyse der zustimmenden Äußerungen zu Papst Johannes befindet sich noch in einem Anfangsstadium. Siehe z.B.: R. Sani, Gli intellettuali italiani e Giovanni XXIII, in: Humanitas 43 (1988) 200–230; M. Marazziti, I papi di carta. Nascita e svolta dell' informazione religiosa da Pio XII a Giovanni XXIII, Genua 1990.

393 Notizbucheintrag vom 24. Januar 1952.

394 DMC V, 609–612.

395 Brief vom 3. Dezember 1961, in: DMC V, 614–617. Nach einem Notizbucheintrag vom 27. September gab es auch während des Pontifikates Anlässe, Vorschläge von Leuten abzulehnen, die im Vatikan Ausgaben für ihn machen wollten.

396 „Derjenige ist einfach, der sich nicht schämt, das Evangelium zu bekennen, auch vor Menschen, die es als eine Schwäche und Kinderei ansehen, es zu bekennen in seinem vollen Umfang, wo auch immer und in Gegenwart aller; derjenige ist einfach, der sich von niemandem täuschen oder beeinflussen läßt, der die Seelenruhe nicht verliert, ganz gleich, wie die anderen sich gegen ihn benehmen." (Geistliches Tagebuch, 13. August 1961.)

397 „... daß das Evangelium unwandelbar und daß die Lehre Christi im Evangelium Sanftmut und Demut ist ..." (Geistliches Tagebuch, 11.–15. Juni 1956.)

398 Die zeitlich am weitesten zurückliegende Stelle, an der diese Haltung sichtbar wird, ist offensichtlich eine Überlegung, die in einem Brief enthalten ist, den er am 5. Mai 1928 aus Sofia an Don G. Dieci schrieb: „Wenn

man erst einmal auf alles verzichtet hat, wirklich auf alles, dann wird aller Wagemut die einfachste und natürlichste Sache der Welt." (Lettere dal Oriente, 50–53.) Dieses Motiv kehrt häufig wieder, z.B. am 5. Dezember 1959 in seinem Geistlichen Tagebuch: „Wagemutige Einfachheit … die ganz evangeliumsgemäß ist."

399 Scritti e discorsi I, 179.
400 Brief aus dem Jahr 1954, in: Giovanni e Paolo, 68.
401 Ansprache an die Fastenprediger vom 13. Februar 1955, in: Scritti e discorsi II, 26.
402 Geistl. Tagebuch: „Bei den Franziskanerkonventualen in Mühlbach im Pustertal", 9.–13. Juli 1958.
403 Scritti e discorsi IV, 35.
404 Wie schon G. Bevilacqua in seinem Vorwort zur 2. Ausgabe des „Giornale dell' Anima" von 1964 bemerkt, wo er vor einem zu oberflächlichen Verständnis der Spiritualität Roncallis warnt.
405 Geistl. Tagebuch, 1959.

Siglen und Abkürzungen häufig zitierter Werke

ADP = Acta et documenta concilio oecumenico Vaticano II apparando - Series
antepraeparatoria, Vatikanstadt 1960–1961

Algisi = L. Algisi, Giovanni XXIII, Turin ⁴1981

Amadei = R. Amadei, I cattolici bergamaschi e l' avvento del fascismo, in:
Chiesa, Azione cattolica e fascismo nell' Italia settentrionale durante il pon-
tificato di Pio XI (1922–1939), Mailand 1979, 359–400

Briefe an die Familie = Johannes XXIII., Briefe an die Familie, hg. von Loris
Francesco Capovilla, Bd. I: 1901–1944, Freiburg/Basel/Wien 1969; Bd. II:
1945–1962, Freiburg/Basel/Wien 1970

DMC = Giovanni XXIII, Discorsi, messaggi, colloqui, 6 Bände, Rom 1960–1967

Familiari = A.G. Roncalli, Lettere ai familiari 1901–1962, hg. von L. Capovilla,
2 Bände, Rom 1968

Fiducia = Fiducia e obbedienza. Lettere ai rettori del Seminario Romano 1901–
1959, hg. von C. Badalà, Mailand 1997

Geistl. Tagebuch = Johannes XXIII., Geistliches Tagebuch und andere Schriften,
deutschsprachige Ausgabe von „Il giornale dell' anima", Freiburg i.Br. 1964

Giornale = A.G. Roncalli, Il giornale dell' anima, hg. von L. Capovilla, Cinisello
B. ¹⁰1990

Giornale² = eine vollständigere Ausgabe von „Il giornale dell' anima, hg. von
A. Melloni, Bologna 1989

Giovanni e Paolo = L.F. Capovilla (Hg.), Giovanni e Paolo. Saggio di corrispondenza 1925–1962, Brescia 1982

Humanitas = A.G. Roncalli, Memorie e appunti 1919, in: Humanitas 28 (1973/
6) 419–473

Istanbul = A.G. Roncalli, La predicazione a Istanbul. Omelie, discorsi e note
pastorali, hg. von L. Capovilla, Florenz 1993

Lettere = Giovanni XXIII, Lettere 1958–1963, hg. von L. Capovilla, Rom 1978

Lettere familiari, hg. von G. Farnedi, Casale M. 1993

Obbedienza = F. della Salda, Obbedienza e pace. Il vescovo A.G. Roncalli tra
Sofia e Roma (1925–1934), Genua 1988

Pastore = Il Pastore. Corrispondenza dal 1911 al 1963 con i preti del S. Cuore
di Bergamo, hg. von G.B. Busetti, Padua 1982

Radini = A.G. Roncalli, Mons. Giacomo Maria Radini Tedeschi, vescovo di Bergamo, Bergamo 1914 und Rom 1963

Scritti e discorsi = A.G. Roncalli, Scritti e discorsi 1953–1958, 4 Bde, Rom 1959–1962

Souvenirs = A.G. Roncalli, Souvenirs d' un Nonce. Cahiers de France (1944–
1953), Rom 1963

II Vat/1 u. II Vat/2 = G. Alberigo/K. Wittstadt (Hg.), Geschichte des Zweiten
Vatikanischen Konzils, Bd. I, Die katholische Kirche auf dem Weg in ein
neues Zeitalter. Die Ankündigung und Vorbereitung des Zweiten Vatikanischen Konzils (Januar 1959 bis Oktober 1962), Mainz/Leuven 1997; Bd. II,
Das Konzil auf dem Weg zu sich selbst. Erste Sitzungsperiode und Interses-
sio (Oktober 1962–September 1963), Mainz/Leuven 2000

Zitate ohne weitere Hinweise auf den Fundort beziehen sich auf Kopien der
Originaltexte, die im „Fonds Roncalli" des Istituto per le Scienze Religiose in
Bologna aufbewahrt werden. Die Zitationsweise bei Texten von Roncalli respektiert deren bisweilen etwas gravitätischen Stil, nicht jedoch äußere Details
(wie Schreibung in Groß- oder Kleinbuchstaben).